Dr. Walter Fiedler

Gerhard Rohlfs

Wolfgang Genschorek

Im Alleingang durch die Wüste

Das Forscherleben des Gerhard Rohlfs

VEB F. A. Brockhaus Verlag Leipzig

Pioniere der Menschheit
Hervorragende Forscher und Entdecker
Herausgegeben von Dr. Wolfgang Genschorek (Leipzig)

ISBN 3-325-00263-3

2. Auflage

Lizenz-Nr. 450/155/6/90 . LSV 5008
Lektor: Roland Walter
Kartenredaktion: Helmut Sträubig
Gesamtgestaltung: Hans-Jörg Sittauer
Kartenzeichnung: Klaus Thieme
Printed in the German Democratic Republic
Gesamtherstellung: INTERDRUCK Graphischer Großbetrieb Leipzig,
Betrieb der ausgezeichneten Qualitätsarbeit, III/18/97
Redaktionsschluß: 27. 2. 1989
Bestell-Nr.: 587 141 6
01120

Inhalt

Erste Schritte

Sorgenkind der Familie. Der Arzt Gottfried Heinrich Rohlfs, der in Vegesack bei Bremen eine angesehene Praxis unterhielt, mußte sein ganzes Können aufbieten, um das Leben des am 14. April 1831 geborenen Sohnes Gerhard zu erhalten. Noch lange fürchteten die Eltern, das Kind wieder zu verlieren. Schwach und anfällig blieb Gerhard Rohlfs bis zu seiner Schulzeit. Eine Krankheit löste die andere ab. So bestand die Gefahr, daß sich die Eltern vor allem auf die körperliche Entwicklung ihres Sorgenkindes konzentrierten und dabei die erzieherischen Belange zu kurz kamen. Deshalb ist es wenig überraschend, daß Gerhard Rohlfs nicht nur ein kränkliches, sondern auch ein schwieriges, ja sogar eigensinniges Kind war. Sein Lieblingsaufenthalt war das Ufer der Weser, die dicht an seinem Geburtsort vorbeifloß und die Schiffe von der unweit gelegenen Hansestadt Bremen dem Meer entgegentrug. Hier war der ideale Ort, um von fernen Ländern und Erdteilen zu träumen. Das Rufen des Nebelhorns erinnerte ständig an den geheimen Wunsch, in die weite Welt hinauszufahren.

Zu der großen Patientenzahl des Vaters und zu den Gästen des Hauses zählten Seeleute, die von atemberaubenden Abenteuern erzählten, die das Herz des Jungen höher schlagen ließen.

Die Eltern hätten Gerhards Sehnsucht nach der Ferne kaum verstanden. Ebenso wie Großvater und Vater sowie zwei ältere Brüder Medizin studiert hatten, stand fest, auch Gerhard Rohlfs würde Arzt werden. Da die nächste Oberschule fünfzehn Kilometer entfernt war, ließ Dr. Rohlfs seine sieben Kinder von einem Privatlehrer unterrichten. Gerhard Rohlfs hat uns anschaulich seine Kindheitseindrücke überliefert:

»Unsere Familie setzte sich zusammen aus meinen Eltern, einer Schwester meines Vaters, die den Haushalt führte, und sieben Kindern, einem Hauslehrer und zwei Dienstmädchen ... Das Leben unserer Familie wickelte sich folgendermaßen ab:

Mein Vater stand früh auf, im Sommer um 5, im Winter um 7 Uhr, meine Tante wie Vater und ebenso die beiden Mädchen. Tante kochte den Kaffee, den Vater allein trank mit Semmel dazu. Für uns, Mutter und sich selbst kochte sie auch Kaffee, wozu aber Zichorie genommen wurde, und wir Kinder bekamen ein tüchtiges Butterbrot, bestehend aus Zwieback und Schwarzbrot dazu. Das Schwarzbrot wurde im Hause bereitet, wozu wir in der Regel den Roggen selbst bauten auf einem großen Felde, das vor unserem Hause sich befand. Diese selbstge-

Geburtshaus in Vegesack bei Bremen

kneteten, ca. 25 Pfd. großen Brote wurden dann zum Bäcker geschickt, der sie buk. Wir kamen ungefähr zwei Wochen mit zwei Broten aus.«

Während der Vater, der auch für das Füttern der Hühner zuständig war, seiner Praxis nachging, Mutter und Tante die Wirtschaft versorgten, wurden die Kinder im Zimmer des Lehrers, der ebenfalls im Hause wohnte, unterrichtet.

Besondere Anziehungskraft auf die Kinder hatte der Boden,

vor allem das hier seit vielen Jahren abgestellte Gerümpel. Eine wahre Fundgrube!

Das Haus betrat man durch eine große Diele, die in Küche, Wohnzimmer, Schlafzimmer der Mutter und die Stube der Tante führte. Die Kinder waren in einem mit dem Wohnhaus verbundenen Nebengebäude untergebracht, wo sie sich ungehört austoben konnten. An das Nebengebäude schloß sich der Stall an, der Pferd, Ziege und zwei Schweine beherbergte und in dem Futtermittel und Brennholz gelagert wurden.

Über die Tafelfreuden der Familie berichtet Gerhard Rohlfs: »Das Mittagessen war frugal, aber für die Verhältnisse, wie sie im Anfang der vierziger Jahre in Deutschland herrschten, gewiß reichlich und gut. Unabänderlich bestand dasselbe aus Fleischsuppe, in welcher etwas Reis und Suppenkraut gekocht waren; dann gab es Rindfleisch mit Kartoffeln und hernach Braten, Gemüse und täglich Kompotte. Anstatt des Bratens wurden oft Schinken, Fisch oder Rauchfleisch genossen, denn Fische waren natürlich billig und gut in unserem kleinen Hafenort zu haben. Das Gemüse zogen wir alles im Garten selbst, ebenso die Kartoffeln. Bei Tische tranken Vater und Mutter, sowie der Hauslehrer – unsere sämtlichen Hauslehrer waren Kandidaten der Theologie – Rotwein. Tante und wir Kinder aber mußten uns mit ›Pumpenheimer‹ begnügen.

Vater und Mutter liebten sehr, daß immer hübsch gedeckt war, und Vater selbst war für einen langen Mittagstisch. ›Beim Essen wird man nicht alt‹, pflegte er zu sagen ... Das Leinen des Tischtuches zeichnete sich stets durch ein tadelloses Weiß aus, und ebenso die Servietten, die uns Kindern umgebunden wurden. Ja, wenn Besuch kam, wurden wundervolles Damasttischzeug und Servietten benutzt, schöne Kristallgläser aufgetischt, während Karaffen zu damaliger Zeit noch unbekannt waren. Wenn Gesellschaft, d. h. Mittagessen, war, gab es Portwein, Weiß- oder Rotwein. Schaumwein oder auch Champagner waren ganz unbekannt ... Nach Tische konnten wir Kinder noch etwas Zeit erübrigen, im Garten zu spielen, und gingen dann wieder zum Unterricht, der mit Ausnahme von Mittwoch und Sonnabend von 2–4 dauerte. Nun tranken wir alle Kaffee; der Lehrer bekam nur des Morgens den seinen auf sein Zimmer. Nachmittags nahm er ihn, wie auch Vater, bei Mutter mit uns Kindern zusammen. Wir bekamen dazu mächtig große Butterbrote. Nach dem Kaffee wurde im Winter geschlittert oder Schlittschuh gelaufen, welch letzteres Vergnügen damals aber das weibliche Geschlecht noch nicht mitmachte. Wir Jungens hingegen schoben unsere Schwestern häufig im Schlitten.

Abends also versammelten wir uns wieder bei Mutter, und es

war nun Aufgabe der Schwestern, zu decken. Indes wurde nur eine warme Suppe, gewöhnlich ›Möschen‹, d. h. eine Biersuppe, mit Milch und Mehl angemacht, genossen. Ein ganz abscheuliches Essen, welches Vater nie mit aß. Dieser trank Tee oder Kaffee und aß dazu ein Butterbrot. Ich hätte diese widerliche Suppe auch gern zurückgewiesen, hätte dann aber auf Butterbrot Verzicht leisten müssen, das konnte ich nicht. Überhaupt zeichnete ich mich durch ganz außerordentlichen Appetit aus, so daß die alte Tante, die Platt zu sprechen liebte, oft genug ausrief: ›Et wart kin Freter geboren, et wart en mokt‹. So viel ich essen konnte, so faul war ich in der Schule, nur Geographie, Deutsch und Geschichte habe ich gut gelernt; auch für neuere Sprachen, als Englisch und Französisch, hatte ich Verständnis; Latein und Griechisch fand ich höchst langweilig, und in der Geometrie habe ich es auch später auf dem Gymnasium nur bis zum Pythagoras gebracht; Algebra blieb mir immer ein Buch mit sieben Siegeln.«

Mit fünfzehn Jahren war Gerhard Rohlfs, dem Elementarunterricht des Theologen entwachsen, auf das Gymnasium nach Osnabrück gewechselt. Hier hatte er, da er wenig Neigung zeigte, sich dem schulischen Zwang zu fügen, manche Probleme. Die Kränklichkeit der frühen Kinderjahre war längst überwunden. Ungestüm und unternehmungslustig war Gerhard Rohlfs für jeden Streich zu haben und wich keiner Rauferei aus. Die Quittung ließ nicht auf sich warten. Der Vater wurde über die »Aktivitäten« seines hoffnungsvollen Sprößlings informiert. Doch als der bewußte Brandbrief des Gymnasiums zu Hause eintraf, hatte Gerhard Rohlfs bereits das Weite gesucht. Er war aus dem Gymnasium ausgerissen, hatte seine Uhr für das notwendige Reisegeld versetzt und sich kurz entschlossen nach Amsterdam begeben, um sich als Schiffsjunge anheuern zu lassen. In buchstäblich letzter Minute gelang es der Mutter, den Ausreißer von dem Schiff zu holen, bevor dieses nach Ostindien auslief.

Um das Abitur ablegen zu können, setzte Gerhard Rohlfs nun seine schulische Ausbildung nach intensiven Ermahnungen in Celle fort. Obwohl es ihm auch hier schwer genug fiel, das notwendige Sitzfleisch aufzubringen, hielt er doch durch. Allerdings hatte er jetzt von der Büffelei genug und wollte vom Studieren nichts wissen.

Voller Tatendrang. Nach Hause zurückgekehrt, trat Rohlfs als Füsilier der Bremer Bürgerwehr bei und absolvierte die militärische Grundausbildung. Von den erträumten Heldentaten war

Hafen in Vegesack

allerdings in dem stupiden täglichen Diensteinerlei nichts zu spüren. Da nahmen sich die Berichte seiner Brüder Hermann und Heinrich, die 1848 als Militärärzte den Deutsch-Dänischen Krieg in Schleswig-Holstein mitgemacht hatten, als wahre Großtaten aus. Hätte er doch auch die Möglichkeit gehabt, im Revolutionskrieg seinen Mut unter Beweis zu stellen! Neben jugendlichem Tatendrang zeigte sich hier auch der Patriotismus des jungen Rohlfs, der von der beabsichtigten Dänisierung Schleswig-Holsteins nichts wissen wollte.

Die seit 1460 mit dem dänischen Königtum in Personalunion verbundenen Herzogtümer Schleswig und Holstein besaßen das verbriefte Recht der Zusammengehörigkeit. Nach dem Tode des dänischen Königs Christian VIII. versuchte sein Nachfolger Friedrich VII., Schleswig zu annektieren und staatsrechtlich mit Dänemark zu vereinen. Dabei machte er sich die Tatsache zunutze, daß der Wiener Kongreß 1815 nur Holstein zum Gliedstaat des Deutschen Bundes erklärt hatte. Die schleswig-holsteinische Bevölkerung erhob sich während der bürgerlich-demokratischen Revolution von 1848 am 24. März und setzte, geführt von dem Demokraten Wilhelm Hartwig Beseler (1806–1884), in Kiel eine provisorische Regierung ein. Die revolutionäre Volksbewegung hatte in kurzer Zeit das Land erfaßt und die Einführung demokratischer Grundrechte durchgesetzt. In die zur Verteidigung der Errungenschaften gebildeten Freikorps strömten Freiwillige aus allen Teilen Deutschlands, vor allem natürlich aus den nördlichen Gebieten. Die einmütige Haltung des Volkes zwang den Deutschen Bund, die provisorische Regierung Schleswig-Holsteins in der bewaffneten Auseinandersetzung mit Dänemark zu unterstützen. Das mit der Bundesexekution beauftragte Preußen erstrebte jedoch alles andere als demokratische Ziele. Der Unabhängigkeitskrieg gegen einen König von »Gottes Gnaden«, und sei es auch ein Däne, war nicht Sache des preußischen Königs. Nach einem Scheinkrieg, in dem die preußischen Truppen alles daransetzten, die mutigen Freikorps aufzulösen, wurde gegen den Willen der schleswig-holsteinischen Regierung, unter Mißachtung der Interessen des Volkes, am 26. August 1848 der Waffenstillstand von Malmö geschlossen, der in Wahrheit ein nationaler Verrat war.

Empört über diesen Schmachfrieden trat Gerhard Rohlfs der schleswig-holsteinischen Infanterie bei, in der er wegen seiner militärischen »Erfahrungen« gleich den Rang eines Unteroffiziers erhielt. So wenig ihm das anfängliche müßige Etappenleben in Kiel bekam, so entschlossen und mutig trat der junge Rohlfs für die Sache Schleswig-Holsteins ein, als im Sommer 1850 die Kampfhandlungen wieder begannen. Wegen seiner Tapferkeit in den Kämpfen bei Idstedt wurde er Ende Juli zum Leutnant befördert.

Doch alles Aufbegehren vermochte nichts an der Tatsache zu ändern, daß mit der Niederlage der bürgerlich-demokratischen Revolution von 1848/49 auch das Schicksal der Herzogtümer besiegelt war. Die alten Zustände wurden wieder hergestellt und die schleswig-holsteinische Armee stark reduziert. Bekümmert schrieb Rohlfs am 31. März 1851 nach Hause: »Freude ist hier jetzt nicht mehr, nur Verzweiflung und Schwermut findet man auf allen Gesichtern. Welche Hoffnung hatte man noch vor einem Jahre, und jetzt ist alles aus.«

Stud. med. Gerhard Rohlfs. Dem Wunsche der Eltern entsprechend, nahm Gerhard Rohlfs nach seiner Rückkehr das Medizinstudium auf. Erste Grundkenntnisse erwarb er sich in der traditionsreichen Universität Heidelberg. Er hatte das Glück, den hervorragenden Anatomen Jakob Henle (1809–1885) als Lehrer zu haben. Im Winter 1852 wechselte Rohlfs nach Würzburg über, wo er die Anatomievorlesungen bei Albert von Kölliker (1817–1905) besuchte. Vor allem aber übte Rudolf Virchow

(1821–1902), der wegen »revolutionärer Umtriebe« 1849 Berlin hatte verlassen müssen, mit seinen experimentellen Arbeiten, mit denen er die Grundlagen der Zellularpathologie schuf, großen Einfluß auf ihn aus.

Im Sommersemester 1853 ließ sich Rohlfs in Göttingen immatrikulieren. An dieser im Jahre 1737 gegründeten Universität hatten die zukunftsweisenden Ideen der Aufklärung den Naturwissenschaften zu einer dominierenden Stellung verholfen. Hier waren die berühmten »Göttinger Sieben« mutig der autokratischen Willkür des Königs von Hannover entgegengetreten. Diesen Traditionen war die Universität zutiefst verbunden.

Als Rohlfs sein Studium fortsetzte, hatte die Medizin ihre anfänglich große Anziehungskraft auf ihn bereits verloren. Das war um so bedauerlicher, da Gerhard Rohlfs offensichtlich Begabung und Talent für das Fach zeigte. Nicht umsonst hatte er zu den Lieblingsschülern Rudolf Virchows gezählt.

In dem Maße, wie sich Rohlfs' Abenteuerlust Bahn brach, wurden seine Vorlesungsbesuche zu immer seltener werdenden Gastrollen, und er beteiligte sich an dem leichtsinnigen Korpsleben der »Hannoverana«. Da ihm dafür die notwendigen Mittel fehlten, schreckte er vor »Ehrenschulden« bei begüterten Kommilitonen nicht zurück. Während der Semesterferien trieb ihn sein Tatendurst in die Ferne. Das Gerücht, es gäbe in der Habsburger Armee etwas zu erleben, genügte, nach Österreich zu reisen, um Soldat zu werden. Doch entsprach der stupide Dienst in der k. u. k. Armee nicht gerade seinen Vorstellungen. So »empfahl« er sich alsbald und verließ sein Regiment.

Um dem bevorstehenden Staatsexamen zu entgehen, verschwand der stud. med. Gerhard Rohlfs eines Tages, ohne eine Nachricht zu hinterlassen, und begab sich auf abenteuerliche Reisen, die ihn durch Italien und die Schweiz schließlich nach Frankreich führten. Inzwischen war das letzte Bargeld ausgegeben, und zum Veräußern stand auch nichts mehr zur Verfügung. Wie vielen aus dem Gleis Geratenen erschien Rohlfs der Eintritt in die Fremdenlegion (Légion étrangère) als »Rettung«. In Nimes mußte er erfahren, daß die 1830 gegründete Söldnertruppe an Abenteurern keinen Mangel hatte, aber sehr an Militärärzten interessiert war. So blieb ihm nichts anderes übrig, als doch wieder zu medizinischen Lehrbüchern zu greifen, um die verschütteten Kenntnisse aufzufrischen. Eine Geldsendung seiner Schwester ermöglichte es ihm, sich auf den »Concours« vorzubereiten. Das 1855 abgelegte Examen berechtigte zur Ausübung der militärärztlichen Tätigkeit in der Fremdenlegion, für die ärztliche Praxis in Deutschland wäre es nicht anerkannt worden. Doch Rohlfs beabsichtigte nicht, zurückzukehren.

Légion étrangère. Über die Legionärszeit Gerhard Rohlfs' gibt es nur wenig Informationen. Offenbar war dieser dunkle Punkt seines Lebens ihm sehr unangenehm, denn er äußerte sich später nur selten über diese Zeit. Bald nach dem militärärztlichen Examen ging er mit einer Einheit nach Nordafrika. Er betrat erstmals afrikanischen Boden, doch er kam nicht als Wissenschaftler und Entdecker, der mit seinen Forschungen zum Fortschritt der Menschheit beitragen wollte, schon gar nicht als Freund der dort lebenden Menschen, er stand im Solde der französischen Kolonialmacht. Wenn Rohlfs sich der Konsequenzen seines Entschlusses auch subjektiv keineswegs bewußt wurde, noch immer war jugendlicher Erlebnishunger das treibende Motiv, so ändert das nichts an der objektiven Wirkung seines Handelns. Zu seiner moralischen Entlastung muß angeführt werden, daß es unangemessen wäre, bei ihm unsere heutigen Kenntnisse über das Landsknechtkorps der Légion étrangère, deren Brutalität später vor allem die Befreiung der Völker vom Kolonialjoch verhindern sollte, vorauszusetzen.

Nach dem französischen Einfall in Nordafrika begann ein belgischer Emporkömmling, der sich selbst, um bei der französischen Finanzoligarchie Eindruck zu wecken, zum Generalleutnant und Baron ernannt hatte, das ihm äußerst einträglich erscheinendes Vorhaben in die Tat umzusetzen: Gegen Verpflegung und geringen Sold warb er politische Flüchtlinge, desertierte Soldaten und Abenteurer aller Schattierungen an, um mit ihnen eine Truppe auszubilden, die er dem im Juli 1830 an die Macht gelangten »Bürgerkönig« als billiges Kanonenfutter für koloniale Bestrebungen anbot. Das von Louis Philippe am 9. März 1831 unterzeichnete Edikt über die Umwandlung der Söldnertruppen in ein Regiment »Légion étrangère« ist die Geburtsurkunde der Fremdenlegion. Darin wurde u. a. festgelegt, daß sich jeder Legionär auf fünf Jahre Dienstzeit verpflichten mußte.

Im Herbst 1831 landeten die ersten 1800 Söldner in Nordafrika, um an der Eroberung des Landes teilzunehmen, die durch das französische Expeditionskorps am 14. Juni eingeleitet worden war. Das Gebiet des heutigen Algerien galt zu Beginn des 19. Jahrhunderts formal noch als Provinz des Osmanischen Reiches, doch war der Einfluß des türkischen Sultans in dem Maße zurückgegangen, wie sich die Macht des Deys als Statthalter erhöhte, der praktisch unabhängig von der Zentralregierung seine Gewalt ausübte. Die Beys, Provinzgouverneure der

Die französische Armee überfällt Algerien

heute Algier, Oran, Médéa und Constantine genannten Städte, waren ihm verantwortlich.

Der Herrschaftsbereich des Deys konzentrierte sich auf die größeren Orte und Küstengebiete, während die eigentlichen Herren des Landesinneren einheimische Stammesführer waren. Innere Fehden verhinderten die Bildung einer geschlossenen Abwehrfront gegen die türkische Oberschicht, doch der nie erlöschende Freiheitswillen des Volkes, besonders in den Bergen der Kabylei, hatte es vereitelt, daß sich die türkische Fremdherrschaft ausweitete.

Noch unter der Herrschaft der Bourbonen war der Eroberungsfeldzug am 31. Januar 1830 beschlossen worden. Die innenpolitischen Schwierigkeiten der nach der Niederlage Napoleons 1815 an die Macht gekommenen Dynastie hatten sich ständig vertieft. Nun sollte Kriegsruhm den verblaßten Glanz der Krone erneuern und von den inneren Widersprüchen ablenken. Insbesondere hoffte man, die wachsende Unzufriedenheit der Bourgeoisie durch Expansionen zu beheben. Die au-

Abd el-Kader (1808–1883)

ßenpolitische Konstellation erwies sich für das Vorhaben günstig, da von Großbritannien, Rußland, Österreich und Preußen kaum entschlossene Gegenmaßnahmen zu befürchten waren, ganz zu schweigen von Aktionen der Türkei.

Das Volk von Paris zwang in der Julirevolution 1830 den Bourbonenkönig Karl X. zum Rücktritt. Doch mit dem Wechsel der

Macht auf die Dynastie der Orléans wurde die eingeleitete Kolonialpolitik keineswegs unterbrochen, sondern erhielt angesichts der unter dem Bürgerkönig Louis Philippe beschleunigten industriellen Revolution noch größere Dimensionen. Frankreich hatte im Verlaufe des 18. Jahrhunderts den größten Teil seiner kolonialen Besitzungen in Amerika und Indien an den englischen Konkurrenten verloren. Die verbliebenen Gebiete (Réunion, Martinique, Guadeloupe, kleine Stützpunkte in Indien sowie am Senegal) befriedigten nicht die Ansprüche. Die wirtschaftliche Expansion suchte nach neuen Märkten, wobei der Überfall auf Algerien die »Neuerwerbung« größeren Stils einleitete.

Um eine Motivierung der Invasion war man nicht verlegen. Es galt, die »nationale Würde« zu retten. Dazu wurde der »beleidigende Fächerschlag« des Deys von Algier mit publizistischem Aufwand in Umlauf gesetzt. Wie verhielt es sich damit? Frankreich hatte in den vorangegangenen Jahrzehnten durch Vermittlung italienischer Händler große Mengen Getreide aus Algerien bezogen. Als es ans Bezahlen ging, wollte man die Schulden an die Italiener, nicht aber an Algier begleichen. Die Verhandlungen führte der französische Konsul Deval. Als der betrügerische Spekulant bei der Auseinandersetzung unverschämt auf seinem Unrecht beharrte, versetzte ihm Dey Husain einen leichten Schlag mit dem Fliegenwedel. Das sollte nun als Vorwand für die Annexion dienen. Offen blieb allerdings die Frage, warum die nach Genugtuung dürstende nationale Ehre so lange auf »Vergeltung« warten mußte, denn seit dem Zwischenfall waren inzwischen drei Jahre vergangen! –

Die in einer Stärke von 37000 Mann bei Sidi Ferrus, 23 km westlich von Algier, gelandete französische Expansionsarmee traf auf den tapferen Widerstand der Küstenbewohner. Infolge ihrer Übermacht drangen die französischen Truppen nach drei Wochen in Algier ein und eroberten innerhalb von zwei Jahren das Küstengebiet mit den großen Städten Algier, Oran und Bone (Annaba). Die Zersplitterung des Landes erschwerte den Kampf gegen die Eroberer, doch wurde mit den Widerstandsaktionen der einzelnen Stämme ein weiteres Eindringen des Gegners in die Südgebiete vereitelt. Die Lage veränderte sich, als die Stämme des Oran-Gebietes am 21. November 1832 den erst 24jährigen Marabut Abd el-Kader (1808–1883) zum Emir ausriefen. Unter seiner Führung wurde der Befreiungskampf organisiert. Es gelang Abd el-Kader im Kampf gegen die französischen Kolonialisten, im Gebiet von West- und Mittelalgerien einen zentralisierten Staat mit der Hauptstadt Mascara zu schaffen. Der französische General Desmichels war gezwungen, am

26. Februar 1834 die Selbständigkeit der westalgerischen Gebiete vertraglich anzuerkennen. Das hinderte die Kolonialmacht jedoch nicht, diese Vereinbarungen zu brechen. Doch Abd el-Kader hatte sich nicht der Illusion hingegeben, mit dem Abkommen den Frieden bereits gesichert zu haben, sondern er hatte sich entschlossen auf die zu erwartenden erneuten Überfälle vorbereitet. Gut gerüstet, vermochte er nicht nur alle Angriffe abzuwehren, sondern fügte den Kolonialisten auch schwere militärische Niederlagen zu, die sie zu weiteren Konzessionen zwangen. So mußte Frankreich am 30. März 1837 im Vertrag von Tafna die algerische Souveränität in der Provinz Oran, in weiten Teilen der Provinz Algier und im Beylik (Sitz und Herrschaftsgebiet eines Beys) Titteri anerkennen.

In Ostalgerien hatte der Bey von Constantine erbittert gegen die Interventen gekämpft, lehnte es aber ab, die militärische Führung Abd el-Kaders anzuerkennen. Das setzte die französische Armee in die Lage, die getrennt operierenden Einheiten des Beys zu schlagen. Der Freiheitswillen der Bevölkerung Ostalgeriens aber war ungebrochen. Abd el-Kader konnte seinen politischen Einfluß auch auf dieses Gebiet ausdehnen und bis zum Jahre 1839 mit Ausnahme der großen Städte praktisch ganz Algerien* unter seine Kontrolle bringen. Abd el-Kader war nicht nur ein mutiger Krieger und ausgezeichneter militärischer Taktiker, er erwies sich in den befreiten Gebieten auch als hervorragender Staatsmann und Wirtschaftsorganisator. Entgegen der Herrschaftsstruktur der früheren türkischen Behörden errichtete er einen neuen Staatsapparat. Das befreite Gebiet wurde in Distrikte eingeteilt, die von eingesetzten Beamten verwaltet wurden. Das zentralisierte Finanz- und Wirtschaftssystem setzte Abd el-Kader in die Lage, die Landesverteidigung auszubauen. Der von ihm errichtete algerische Staat verfügte über ein reguläres Heer von 10 000 gut ausgebildeten Soldaten, an deren Seite im Verteidigungsfall weitere 50 000 militärisch einsatzfähige Kräfte standen.

Als Frankreich, das die Konsolidierung des von Abd el-Kader errichteten Staates verhindern wollte, unter Bruch aller Verträge im Verlaufe des Jahres 1839 zum Generalangriff rüstete, gelang es der algerischen Armee, bis nach Algier vorzudringen und die Kolonialisten an den Rand einer militärischen Katastrophe zu bringen. Das inzwischen auf 58 000 Soldaten erweiterte französische Heer war zu keiner entscheidenden Abwehr mehr fähig. In dieser Situation stellte die französische Regierung zur Sicherung des Kolonialraubs auf Kosten des eigenen Volkes

* Das hier behandelte algerische Territorium ist nicht mit dem der heutigen Demokratischen Volksrepublik Algerien identisch.

Erbitterter Widerstandskampf gegen die Eindringlinge

Riesensummen zur Verfügung. Die Kolonialarmee wurde nahezu verdoppelt und General Bugeoud zu ihrem Oberbefehlshaber ernannt. Er leitete den barbarischen Vernichtungskrieg ein. Die Soldateska, deren gewaltiger Übermacht das Heer Abd el-Kaders auf die Dauer nicht gewachsen war, strebte vor allem nach der Zerstörung lebenswichtiger Hilfsquellen. So wurden die Ernte vernichtet, das Land verwüstet, Kanalisationssysteme zerstört, Frauen, Kinder und Greise ermordet. 1842 fiel die Hauptstadt Mascara in französische Hand und 1843 mußte sich Abd el-Kader nach Marokko zurückziehen, um von hier aus den Kampf gegen die Eindringlinge fortzusetzen. Da der marokkanische Thronfolger Mulai Muhammad ein gemeinsames Vorgehen ablehnte, wurde die militärische Schlagkraft geschwächt und die unerfahrene marokkanische Armee am 14. August 1844 von den Franzosen am Isly-Fluß vernichtend geschlagen. Die im Vertrag von Tanger am 10. September 1844 aufgezwungene Verpflichtung, alle Hilfeleistungen für die algerischen Freiheitskämpfer einzustellen, besiegelte die Niederlage des heldenhaft kämpfenden Volkes. Dem Wüten der Soldateska folgten Jahre der Friedhofsruhe. Die Eroberer begannen Algerien, das sie bereits am 22. Juli 1834 zum französischen Territorium erklärt hatten, völlig einzuverleiben. Die Stämme wurden in unfruchtbare

Gebiete vertrieben und das geraubte Land von europäischen Siedlern kolonisiert. Die von dem Generalgouverneur und seinem zivilen und militärischen Apparat geleiteten Aktionen beuteten systematisch das Land aus. Während 1833 8000 europäische Zivilisten in Algerien lebten, stieg ihre Zahl im Jahre 1856 auf 160000 und 1866 auf 220000 an. 1850 besaßen die Franzosen 115000 ha fruchtbaren Boden, 1870 waren es bereits 765000 und 1900 schließlich 1,7 Mio ha. Nicht allein der Landraub fügte der einheimischen Bevölkerung unermeßlichen Schaden zu. Die Kolonisten betrieben mit ihrem einseitigen Anbau von profitablen Exportkulturen (Obst, Gemüse, Wein) die Deformation der Landwirtschaft. Das zur völligen ökonomischen Abhängigkeit verurteilte Land wurde zum Rohstofflieferanten degradiert und auch das kulturelle und geistige Leben der Kolonialherrschaft unterworfen.

Gegen diese brutale Ausbeutung erhob sich in lokalen Aufständen die unterdrückte Bevölkerung. So brach 1845–46 in den Gebieten zwischen Oran und Algier ein Aufstand aus, der brutal niedergeschlagen wurde. 1854 erhoben sich die Stämme der Kabylei zu einem mehrjährigen Befreiungskrieg.

An diesen Kämpfen war die Einheit der Légion étrangère, der Gerhard Rohlfs angehörte, beteiligt. Wenn er zunächst als Feldscher auch nicht unmittelbar das Gemetzel erlebte, so hatte er während des sechsjährigen Einsatzes hinreichend Gelegenheit, die Grausamkeit der Interventen kennenzulernen. Eine Verlängerung seiner Dienstzeit lehnte er jedenfalls ab.

Kulturland Marokko. Für Gerhard Rohlfs lag die Zukunft im dunklen. Am liebsten wäre er in Afrika geblieben. Im Gegensatz zur Mehrheit der Legionäre, die als Landsknechte in der Ausführung des Kriegshandwerks ihre Erfüllung fanden, hatte er sich mit den Sitten und Gebräuchen der Bevölkerung vertraut gemacht und begonnen, sich umgangssprachliche Kenntnisse anzueignen. Freudig nahm er zur Kenntnis, daß im benachbarten Marokko die Armee reorganisiert werden sollte und Militärärzte gesucht würden. Bot sich hier vielleicht ein Ausweg aus der persönlichen Misere? Das alte Kulturland übte ohnehin einen ungemeinen Reiz auf den jungen Rohlfs aus. Die geographische Lage Marokkos zwischen der Iberischen Halbinsel und der Sahara, zwischen Atlantischem Ozean und Mittelmeer hatte zur Folge, daß das Land in seiner Geschichte vielfältigen äußeren Einflüssen ausgesetzt war.

Seit dem 12. Jahrhundert v. u. Z. setzten sich die Phöniker in den Küstengebieten fest und gründeten Handelskolonien.

Ihnen folgten die Karthager, deren Einfluß bis etwa zum Jahre 100 v. u. Z. reichte. Das Hinterland wurde von maurischen Berberstämmen, teils seßhaft, teils nomadisierend, besiedelt. Im 4. Jahrhundert v. u. Z. entstand in Nordmarokko das Königreich Mauretanien, das im Jahre 42 v. u. Z. in die römischen Provinzen Mauretania Caesariensis und Mauretania Tingitanis aufgeteilt wurde.

Zu Beginn des 8. Jahrhunderts erreichte die arabische Eroberungswelle, die die Entwicklung feudaler Verhältnisse beschleunigte, auch Marokko. Gleichzeitig breitete sich der Islam aus. Fortan regierten in Marokko Herrscher, die zugleich weltliche und religiöse Macht ausübten.

Die Stabilisierung der politischen Verhältnisse unter der Dynastie der Almoraviden (1036–1147) und der Almohaden (1147–1269), die ihre Macht über Nordafrika ausdehnten und schließlich nach Spanien vorstießen, bewirkte einen wirtschaftlichen Aufschwung. Zwischen den Mittelmeerländern und dem Inneren Afrikas entstand ein für Marokko äußerst einträglicher Transithandel, der die handwerkliche Produktion stimulierte. Vornehmlich die Leinen- und Baumwollweberei, die Tuchfabrikation und Töpferei sowie die Lederverarbeitung standen in voller Blüte. Produktion und Handel führten zum Aufschwung der Städte, in denen sich Kunst, Kultur und Wissenschaft entwickelten.

Der Versuch der Almohaden, den Maghreb unter ihrer Macht zu einigen, scheiterte an dem Autonomiestreben der Nomadenstämme und an der Offensive der Reconquista. Der Verlust Spaniens unterhöhlte die Macht der Almohaden. Nach ihrem Sturz durch die Mariniden entzogen sich die Feudalfürsten* der durch Fehden geschwächten Zentralgewalt. Der marokkanische Staat drohte im 15. Jahrhundert unter den Einwirkungen spanischer und portugiesischer Interventen zusammenzubrechen. Die Aggressoren besetzten die Küstengebiete mit den wirtschaftlich wichtigen Seehäfen und drangen in das Innere des Landes ein. Sie zerstörten die traditionellen Handelsverbindungen und unterbrachen die kulturellen Beziehungen Marokkos zu Europa. Das führte zu einer tiefen Krise des Wirtschafts- und Kulturlebens. Das pulsierende Leben in den Städten erlosch. Marokko stagnierte in seiner Entwicklung und blieb Agrarland. In dieser Misere ergriffen die streitbaren muslimischen Marabut-Bruderschaften die Initiative und leiteten die staatliche Erneuerung ein. Sie riefen zum Heiligen Krieg gegen die europäischen Eroberer auf, die bis zur Mitte des 16. Jahrhunderts aus ganz Südmarokko vertrieben wurden. Nach dem Sturz der schwachen Wattasidenherrscher übernahm 1553 die scherifische Dynastie der Saaditen die Macht und leitete eine Phase der inneren und äußeren Konsolidierung des Landes ein. Nachdem die marokkanische Armee 1578 unter Mulai al-Mansur die Portugiesen in der Schlacht bei Kasr el-Kebir vernichtend geschlagen und die politisch-militärische Offensive der Interventen zum Stillstand gebracht hatte, richteten die Saaditen ihre außerpolitische Aktivität nach Süden. 1591 wurden der westliche Sudan erobert, Timbuktu besetzt und das Songhai-Reich zerstört. Während dieser Zeit politischer Stabilität blühten Wirtschaft, Handel und Kultur wieder auf. Doch die Nachfolger des 1603 verstorbenen Mulai al-Mansur waren zu schwach, um den Zerfall des Reiches aufzuhalten, was die spanischen Okkupanten zu erneuten Überfällen ermunterte. Im Jahre 1666 wurde mit der Krönung Mulai er-Raschids die noch heute herrschende Alawitendynastie begründet. Unter seinem Nachfolger Mulai Ismail (1672–1729) konnte das Land politisch und wirtschaftlich gefestigt werden. Es gelang der marokkanischen Armee, bis 1769 mit Ausnahme von Mazagan die letzten europäischen Eroberungen an der Atlantikküste zu beseitigen.

Verstärkte Feudalfehden leiteten Ende des 18. Jahrhunderts den erneuten machtpolitischen Verfall ein, was Mitte des 19. Jahrhunderts Marokko wiederum zum Ziel kolonialer Expansionen werden ließ.

Frankreich, das bereits in Algerien eingedrungen war, unternahm von 1844 bis 1870 mehrfach Überfälle auf marokkanisches Gebiet. Die waffentechnisch überlegene französische Armee besiegte 1844 das marokkanische Heer und erzwang den schon erwähnten Vertrag von Tanger sowie 1845 den Grenzvertrag von Lalla-Maghinia. Dessen Bestimmungen waren bewußt unklar gehalten, so daß sie von Frankreich zu weiteren Annexionen mißbraucht werden konnten. So hieß es bereits im Artikel 1: Die Grenze »soll nicht durch Steine gekennzeichnet werden«. Die Aufzählung von Orten würde genügen, »daß diese Grenze ebenso klar und ebenso deutlich ist, wie eine abgesteckte Linie es wäre«. Artikel 4 erklärt: »In der Sahara braucht keine Gebietsgrenze zwischen den beiden Ländern festgelegt zu werden, da das Land nicht bestellbar ist.«

Auch Spanien trachtete nach Expansionen. Am 4. Februar 1860 eroberte es Tetuan und forderte eine hohe Kontribution. Von den übrigen kapitalistischen Staaten Europas wurden Marokko unter militärischem Druck in der zweiten Hälfte des

*Die feudalen Besitz- und Machtverhältnisse Nordafrikas sind nicht mit dem Hochfeudalismus des europäischen Mittelalters vergleichbar, sondern entsprechen in ihrer Form dem orientalischen Feudalismus.

19. Jahrhunderts ungleiche Verträge aufgezwungen, die den europäischen Mächten politische und wirtschaftliche Vorrechte einräumten. Als Rohlfs davon hörte, daß der Sultan nach den militärischen Niederlagen eine Reorganisation der Armee anstrebte, war er sofort bereit, seine Dienste anzubieten. Doch ebenso falsch, wie es gewesen wäre, in ihm während seiner Legionärszeit einen bewußten Verfechter des Kolonialismus zu sehen, wäre es jetzt, ihn zum Fürsprecher des nationalen Widerstandes gegen die europäische Expansion zu erheben. Noch immer trieb ihn, für den inzwischen Dreißigjährigen allerdings doch recht befremdlich, die Abenteuerlust, aber auch die Ungewißheit über den weiteren Lebensweg.

Voller Hoffnung ging Rohlfs am 7. April 1861 mit einem französischen Dampfer als Zwischendeckspassagier auf die Reise von Oran nach Tanger. Er nahm sich vor, ins Innere von Marokko zu gehen, um dort im Dienste der Regierung die medizinischen Kenntnisse zu verwerten.

Nach dreitägiger Fahrt entlang der algerischen Küste erreichte er das Ziel. Um sich näher zu informieren und beraten zu lassen, begab er sich zu dem englischen Konsul Sir Drummond Hay, der damals auch (vor der Reichsgründung) die Vertretung der deutschen Hansestädte wahrnahm.

Die freundliche Aufnahme im Konsulat war jedoch kein Trost

Panorama von Tanger

dafür, daß sich die erhoffte Anstellung bei der marokkanischen Armee als Illusion erwies. Die vermeintliche Reorganisation war nur ein Gerücht. Doch man konnte bei Gerhard Rohlfs zwar einen Traum zerstören, ihm die Hoffnung zu nehmen, war ausgeschlossen. Nun wollte er auf eigene Faust ins Landesinnere ziehen, um sein Glück zu versuchen. Das war ein großes Risiko. Die von Drummond Hay dringend empfohlene Sicherheitsvoraussetzung für ein solches Unternehmen, die formale Annahme des mohammedanischen Glaubens, leuchtete Rohlfs ein. Nach nur kurzem Überlegen entschied er sich:

»Der Reiz des Neuen, das Lockende, völlig unbekannte Gegenden durchziehen zu können, fremde Völker und Sitten, ihre Sprache und Gebräuche kennenzulernen, ein Trieb zu Abenteuern, ein Hang, Gefahren zu trotzen: alles dies bewog mich, das Wagnis auszuführen.«

Verwegenes Vorhaben. Alle Warnungen der ansässigen Europäer ignorierend, begann Rohlfs mit der Reisevorbereitung. Um nicht den Verdacht zu erregen, ein ausländischer Spion zu sein, brach er den Kontakt mit den europäischen Konsulaten und Gesandtschaften ab und nahm den Namen Mustafa an, den er auch während seiner späteren Forschungsreisen beibehielt. Die Vorbereitungen nahmen wenig Zeit in Anspruch. Die »Ausrüstung« war mehr als kümmerlich: »Ich hatte meine Sachen auf das Notdürftigste reduziert, ein Bündelchen mit Wäsche war alles, was ich bei mir hatte, nach Landessitte trug ich es an einem Stocke hängend auf der Schulter; eine weiße Djelaba (langes Wollhemd mit Kapuze) war meine Kleidung ... Ich hatte keine Waffen, ein kleines Buch mit Bleistift, um Notizen machen zu können, war in der Tasche verborgen. Das war meine ganze Ausrüstung.«

Die finanziellen Mittel, die Rohlfs zur Verfügung standen, beliefen sich auf eine Fünf-Pfund-Note, umgerechnet etwa 100 Mark, die er sicherheitshalber in seine Mütze einnähte. Er hatte zwar gelernt, etwas Arabisch zu verstehen, doch seine Fähigkeit zu sprechen beschränkte sich im wesentlichen auf die Glaubensformel »Lah ilah il allah Mohammed ressul ul lah« (Außer Gott kein Gott, Mohammed ist der Gesandte Gottes), was ihm durchaus als ausreichend erschien.

So trat Gerhard Rohlfs bereits fünf Tage nach seiner Ankunft in Marokko die Reise ins Ungewisse an. Es war ein glücklicher Umstand, daß er in dem Marokkaner Si Embark einen Reisebegleiter fand, den er von seinem Übertritt zum rechten Glauben überzeugt hatte. Si Embark machte ihn mit den marokkanischen

Lebensgewohnheiten vertraut. Dazu gehörte, daß sich Rohlfs das Haar abrasieren lassen mußte, was mit einem gewöhnlichen Messer alles andere als ein Vergnügen war. Er mußte sich daran gewöhnen, auf dem Erdboden zu schlafen, mit der Hand aus der Schüssel zu essen, vor allem aber niemals in Versuchung zu kommen, Frauen oder Mädchen anzuschauen.

Es war eine wunderliche Schar, bestehend aus zwei Männern und einem Esel, die sich anschickte, ins Landesinnere zu ziehen. Unterwegs trafen sie in einer Karawane zum letzten Male Europäer. Auch deren eindringliche Versuche, von dem abenteuerlichen Unternehmen abzuraten, fanden bei Rohlfs kein Gehör.

Aus Gerhard Rohlfs war Mustafa-el-Tabib (Tabib – der Arzt) geworden. Allerorts erregte die Gruppe, wo sie auftauchte, Staunen, aber auch Mißtrauen. Doch die Erklärung Si Embarks, sein Herr sei zum Islam übergetreten und befinde sich auf der Reise zum Groß-Scherif Sidi-el-Hadj-Abd-es-Ssalam, einem hohen geistlichen Würdenträger Marokkos, um den heiligen Segen für diese Wandlung zu erbitten, zerstreute die Bedenken. Rohlfs fand freundliche Aufnahme in einem Zeltdorf und wurde sogar in das »geheiligte Innere« des Familienzeltes eingelassen, was einem Fremden sonst streng verschlossen blieb:

»Auf diese Art, unscheinbar, ohne alle Mittel, aber ganz wie die dortige Bevölkerung selbst lebt – auf diese Art reisend, durfte ich hoffen, genau die Sitten und Gebräuche der Eingeborenen kennen zu lernen. Vor mir war keine Scheu, keine Zurückhaltung, jeder gab sich, wie er war, ja, ich kann sagen, auf dem Lande beeiferte man sich, mich mit allem, was mir neu und unbekannt war, bekannt zu machen.«

Natürlich stellte man ihm viele Fragen. Warum er denn nicht heirate und sich seßhaft zu machen wünsche? Um für sich und seinen Begleiter den Lebensunterhalt zu verdienen, begann sich Rohlfs als Arzt nützlich zu machen. Die Menschen der kleinen, in den Rif-Bergen gelegenen Ortschaften, die er auf dem Wege nach Quezzan durchquerte, strömten in Scharen herbei, um Hilfe zu erbitten. Da er weder Medikamente noch Instrumente bei sich hatte, bevorzugte Rohlfs die Behandlung von Fällen der »Kleinen Chirurgie«, mußte aber auch mancherlei »Wunderkuren« veranstalten, um den Nimbus des Geheimnisvollen nicht zu verlieren. Die Bezahlung war bei der tiefen Armut des Volkes äußerst gering und reichte gerade für das Notwendigste des Lebensunterhalts.

Allmählich wurde die Reise beschwerlicher. Das fruchtbare vegetationsreiche Küstengebiet, das durch die Rif-Berge vor den heißen Sandwinden geschützt wurde, lag hinter ihnen. Im-

Stadtteil von Tanger

mer mehr war der Atem der Wüste zu spüren. Etwa auf halbem Wege nach Quezzan mußte Rohlfs, dem der Marsch in den leichten Pantoffeln immer beschwerlicher wurde, eine Rast einlegen. Er verstaute die überflüssigen Kleidungsstücke in dem Tragekorb des Lastesels und legte sich an einem schattigen Platz zur Ruhe, während sein Begleiter in dem nahe gelegenen Zeltdorf einen Freund besuchen wollte. Doch er sollte eine böse Überraschung erleben:

»Ich wartete und wartete, Si Embark kam nicht wieder; die dem Untergange zueilende Sonne mahnte aber zum Aufbruch. Indes ein ängstliches Gefühl beschlich mich, so allein auf jetzt völlig einsamer Straße weiter zu ziehen, sämtlicher Sachen beraubt. Ich hatte vor, nach Tanger zurückzukehren, aber ich schämte mich, nach einer dreitägigen Reise dort und noch dazu unter solchen Verhältnissen wieder zu erscheinen. Ich nahm noch einen tüchtigen Trunk Wasser, und vorwärts zog ich nach Süden.«

So hatte Rohlfs gleich am Beginn seiner Reise die gesamte spärliche Habe einschließlich des »Stammkapitals« von 100,– M verloren. Nur leicht bekleidet, ohne jeden Besitz befand er sich, der Landessprache nicht mächtig, auf sich allein gestellt in verzweifelter Lage. Doch Rohlfs ließ sich nicht unterkriegen. Die Größe der Gefahr, unter der er die Weiterreise antreten mußte, wurde ihm erst richtig bewußt, als er am Abend des Unglückstages nach L'xor (El Qsar) gelangte, wo er großes Aufsehen erregte. Hunderte strömten herbei, den ungewöhnlichen Fremden zu betrachten, der sich mit seiner Radebrecherei nicht verständlich machen konnte und keineswegs den Eindruck erweckte, ein Glaubensbruder zu sein. Zum Glück erschienen zwei Ordnungswächter, die ihn aus seiner mißlichen Lage befreiten. Sie führten Rohlfs zum Kaid (Ortsvorsteher), der ihn verhörte. Als er die Harmlosigkeit des Fremden erkannte, wurde er immer freundlicher, riet aber dringend zur Umkehr. Das entsprach allerdings keineswegs Rohlfs' Ansicht, der trotz allem fest auf seinem Entschluß beharrte, den Groß-Scherif aufzusuchen. Da ein lange anhaltender Regen einsetzte, nahm er gern das Angebot des Kaid an, sein Gast zu sein. Das Funduk (Gasthaus), in dem er Quartier bezog, war Gegenstand allgemeinen Interesses. Mißtrauisch verfolgte die Bevölkerung den Tagesablauf des ungebetenen Ausländers, der unerklärlicherweise den Schutz der Obrigkeit genoß. Nach viertägigem Aufenthalt konnte Rohlfs sich nach Quezzan, dem marokkanischen Mekka, begeben. Die Reise verlief ohne weitere Zwischenfälle. Je mehr er sich der heiligen Stadt näherte, um so größer wurde die Pilgerschar, die an manchen Tagen mehr als tausend zählte.

Im Palast des Groß-Scherifs. Der in einen Gebirgskomplex eingebettete Ort hatte damals etwa 10000 Einwohner und konnte auf eine nahezu tausendjährige Geschichte zurückblikken. Natürlich erregte Rohlfs bei seinem Eintreffen erneut großes Aufsehen. Da er sich aber sofort nach dem Landsitz des Groß-Scherifs begab, verhielt man sich abwartend. Es war ungewöhnlich, daß jemand zum Allerheiligsten vordringen durfte. Im Garten des Palastes lagerten Hunderte Pilger, um wenigstens durch die geöffnete Tür einen Blick in die Gemächer des Oberhirten werfen zu dürfen. Falls den Leitern der von weither angereisten Pilgerzüge die Gunst einer kurzen Audienz zuteil wurde, bedeutete das ein unermeßliches Glück.

Offensichtlich hatte der Fremde das Interesse des Groß-Scherifs geweckt, denn als die Palastwache ihn am Weitergehen hinderte, erhielt sie den Befehl, Rohlfs einzulassen. Der etwa gleichaltrige Groß-Scherif hatte auf einem Teppich Platz genommen. Er trug einen französischen Waffenrock und rote Tuchhosen. An einer prächtigen goldenen Schärpe waren Revolver und Prunkdegen befestigt. Zu Rohlfs' Verwunderung erwies sich der Gewaltige in der ungezwungenen Unterhaltung

BARBERIS

als aufgeklärter Mann, der nicht nur an den europäischen Verhältnissen sehr interessiert war, sondern auch beachtliche politische und wirtschaftliche Kenntnisse besaß. Um sich über den Stand des technischen und wissenschaftlichen Fortschritts zu informieren, hatte er vor kurzem eine Reise nach Frankreich unternommen, und er war bestrebt, in einer umfangreichen Bibliothek die neueste ausländische Literatur zu sammeln. Rohlfs gewann das Vertrauen, ja sogar die Freundschaft des hohen geistlichen Würdenträgers. Er erhielt in unmittelbarer Nähe des Palastes, inmitten eines schönen Gartens, einen komfortablen Pavillon als Wohnung zugewiesen, in der sich sein Aufenthalt sehr angenehm gestaltete. Bereits am frühen Morgen suchte er täglich den Palast auf, um mit dem Groß-Scherif Kaffee zu trinken. Der Vormittag verlief in intensivem Gedankenaustausch. Dabei zeigte es sich, daß zwischen dem weltoffenen, reformfreudigen geistlichen Würdenträger und dem konservativen Sultan Spannungen bestanden. Für den Landesherrn war die Konkurrenz des beliebten und hochangesehenen Groß-Scherifs ein großes Ärgernis und eine potentielle Gefahr. Die Macht des Groß-Scherifs beruhte nicht nur auf seinem hohen geistlichen Amte. Ebenso groß war sein wirtschaftlicher Einfluß, den er als reicher Grundbesitzer ausübte. So vereinigten sich in seiner Person Religion und Ökonomie zu einer Machtsphäre, die auch der Sultan respektieren mußte.

Rohlfs nutzte die Zeit zur Besichtigung der Stadt. Der Palast des Groß-Scherifs stand in der Sauja, dem heiligen Viertel, das von den Wohngebieten durch Mauern abgetrennt war. Im Stadtinneren befand sich eine Vielzahl kleiner Läden, in denen die Pilger Lebensmittel kaufen konnten. Das geschäftige Treiben lockte die Händler herbei, die sich günstige Geschäfte versprachen. Neben der Straße des Lebensmittelhandels, in der auch Kaffeehäuser und Alkoholausschänke anzutreffen waren, hatten Textil- und Gewürzhändler ihre Stände bezogen oder übten fleißige Handwerker, vor allem Schuhmacher, Sattler, Schmiede und Schneider, ihr Gewerbe aus.

Da es bekannt geworden war, daß der Gast des Groß-Scherifs Arzt sei, hatte Rohlfs ausgiebig Gelegenheit, seine Kunst unter Beweis zu stellen. Eine verbreitete Behandlungsmethode war die sogenannte »Feuerkur«, die bei allen möglichen Erkrankungen und Beschwerden Anwendung fand. Feuerärzte boten auf den Straßen ihre Dienste an. In einem Holzkohlenfeuer wurden Eisenstäbe zur Weißglut gebracht und mit diesen über den

Schuhmacherbasar

Rücken der Patienten gestrichen. Je langsamer das geschah, je schmerzhafter die Prozedur war, desto wirkungsvoller versprach die Behandlung zu werden. Rohlfs, der sich der Sinnlosigkeit dieser Pferdekur bewußt war, kam nicht umhin, in sein ärztliches Repertoire, wollte er nicht an Ansehen verlieren, ebenfalls die »beliebte« Feuerkur aufzunehmen. Es widerstrebte ihm jedoch, diese furchtbare Quälerei auszuführen. So ließ er das Gerücht verbreiten, er habe durch lange Versuche das wesentlich wirksamere »kalte Feuer« entdeckt, bei dem er sich des Höllensteins bediente. Das rief bei der Feuerarzt-Konkurrenz, die um ihr gutes Geschäft fürchtete, Neid und Mißgunst hervor, so daß Rohlfs sich veranlaßt sah, seine Kalt-Feuer-Behandlung wieder einzustellen.

Insgeheim hatte der Groß-Scherif gehofft, der neue Freund Mustafa würde für immer bei ihm bleiben. Er hatte sich an die angenehme und anregende Gesellschaft so gewöhnt, daß ihn Rohlfs sogar auf den Reisen begleiten und mit ihm das große Herrschaftszelt teilen mußte. Doch sich hier in Quezzan, und sei es zu den günstigsten Bedingungen, zu etablieren, war keineswegs nach seinem Geschmack. Er wollte weiter, zunächst nach Fès, in die Metropole des Landes, um den Sultan aufzusuchen. Dabei hoffte er nach wie vor auf eine Anstellung in der marokkanischen Armee.

Nach herzlichem Abschied stellte der Groß-Scherif seinem Gast zur Weiterreise ein Maultier zur Verfügung. Mit einem Empfehlungsschreiben an den Sultan hoffte er, ihm den Weg zu ebnen. Obwohl Fès nur etwa anderthalb Tagesreisen entfernt lag, dauerte die Tour doppelt so lange, da der Kaufmann, der Rohlfs begleitete, unterwegs seine Geschäfte tätigte. Doch Zeit war schließlich das einzige, was Mustafa ausreichend zur Verfügung stand. Er genoß die reizvolle Landschaft, erfreute sich an den fruchtbaren Getreidefeldern, Olivenhainen, Obstplantagen und Weingärten, die alle das persönliche Eigentum seines Beschützers waren.

Leibarzt des Sultans. In Fès, der Hauptstadt des Landes, angekommen, führte der Weg als erstes in das Zeltlager der Armee, das unter dem Befehl des Obersten Hadj Asus stand. Dieser machte Rohlfs Hoffnung, daß ihm das Empfehlungsschreiben eine Anstellung als Armeearzt ermöglichen könnte. Doch galt es zunächst einmal, das Interesse des Sultans zu wecken. Dazu bot sich bereits am folgenden Tag, an dem eine Parade stattfand, Gelegenheit. Hadj Asus reihte Mustafa in eine Abteilung ein, und der absonderlich gekleidete Fremde fiel sogleich dem

Hofraum eines marokkanischen Hauses

Landesherrn auf. Er rief den Oberkommandierenden zu sich und ließ sich über das Anliegen des Ausländers informieren. Huldvoll stimmte der Sultan Rohlfs' Wünschen zu und übertrug die Erledigung der Angelegenheit seinem Kriegsminister Si Abd Allah, der Rohlfs zum Chefarzt der marokkanischen Armee ernannte. Damit fand sein Wunschtraum in so hohem Maße Erfüllung, daß es ihn geradezu beunruhigte. Seine ärztlichen Pflichten bestanden in Folgendem:

»Als Obliegenheit wurde mir bezeichnet, alle Soldaten, die sich krank meldeten, zu untersuchen und zu behandeln. Die Medikamente hatten sie von mir zu bekommen, mußten aber dafür bezahlen. Mein Gehalt war täglich auf 2½ Unzen angesetzt, ungefähr 3 bis 4 Groschen. So klein das nun auch klingt, so sind doch die Verhältnisse in Marokko derart, daß man damit recht gut existieren konnte, zumal mir volle Freiheit blieb, Privatpraxis zu treiben, wo und soviel ich wollte. Man kümmerte sich überdies nicht viel um mich.«

So konnte sich Rohlfs den Tagesablauf nach eigenem Ermessen recht angenehm gestalten, weil ihm als Chefarzt Diener zur Verfügung standen. Sein kometenhafter Aufstieg mußte natürlich bei den ihm unterstellten Armeeärzten Mißgunst erregen.

Empfangsraum

Rohlfs mietete sich in Fès ein Haus, wo er seine Privatpraxis ausübte, in der er es bald zu hohem Ansehen brachte. Er hatte sich gerade eingelebt, da verlegte der Sultan seine Residenz nach Meknès (Mikenes). Es war ein merkwürdiger Troß, der da völlig ungeordnet loszog. Die Soldaten wurden von ihren Frauen und Kindern begleitet. Auch Beamte, Handwerker und Kaufleute hatten sich der bunt zusammengewürfelten Truppe mit einer Vielzahl von Kamelen und Maultieren angeschlossen. Die Lieblingsfrauen des Sultans durften nicht fehlen. Sie mußten ihn im Gegensatz zu den im Haremsstammhaus Ansässigen stets auf seinen Reisen begleiten. Es waren, wie Rohlfs berichtet, »über hundert Frauen und junge Mädchen, dicht verschleiert auf Maultieren daherreitend, diese allein eine geschlossene Masse bildend, denn auf schnellen Pferden hielten die Eunuchen diese Lieblingsweiber des Herrschers zusammen. Es war dies gewissermaßen der ambulante Harem des Sultans, die schönsten, jüngsten und fettesten Frauenzimmer der vier Harems von Fès, Mikenes, Arbat und Maraksch.«

Glücklicherweise mußte Rohlfs nicht im Feldlager der Armee kampieren, sondern konnte in der Stadt eine Wohnung beziehen, wo er sich bald wieder regen Patientenzuspruchs erfreute: »Ich praktizierte oder hielt ein Poliklinikum ab. Meine Medika-

Palast des Großwesirs

mente bestanden wie die der marokkanischen Ärzte aus einem großen Kohlenbecken mit Eisenstäben zum Weißglühen, aus großen Töpfen mit Salben, Kampferöl, Brechpulver, Abführmitteln und verschiedenen unschädlichen, gefärbten Mehlpulversorten für Hypochonder und hysterische Kranke.«

Großes Aufsehen erregte sein Aushängeschild, auf das er mit großen arabischen Buchstaben geschrieben hatte »Mustafa der Deutsche, Arzt und Wundarzt«. Eine solche Geschäftstüchtigkeit wirkte sensationell: »Von Morgens früh bis Abends spät standen Jung und Alt, Vornehme und Geringe, Männer und Weiber vor der Bude und buchstabierten die langen arabischen Buchstaben, welche zwei große Bogen Papier einnahmen. Der Erfolg war vollständig.«

Bei den guten Einnahmen war es ihm gar nicht recht, als er den Auftrag erhielt, nach Fès zurückzukehren, um dort den erkrankten Gouverneur zu behandeln. Da er aber täglich nicht mehr als ein bis zwei Stunden mit seinem hohen Patienten beschäftigt war, bot sich ihm reichlich Gelegenheit, die Stadt gründlich kennenzulernen. Bisher hatten nur wenige Europäer Gelegenheit gehabt, in der Sultansresidenz zu weilen. Die Informationen über die wahrscheinlich bereits von den Römern gegründete Stadt waren deshalb nur sehr dürftig und widersprüchlich. Nachdem Fès von den Wandalen, die 429 unter Geiserich mit etwa 80000 Mann nach Nordafrika übergesetzt waren, zerstört worden war, wurde es 807 als Residenz der arabischen Idrisidendynastie von Idris II. wieder aufgebaut. Die Blütezeit erlebte Fès im 12./13. Jahrhundert unter den Almohaden. Die aufblühende Wirtschaft, es waren Anfang des 16. Jahrhunderts etwa 10000 Arbeiter in der Weberei beschäftigt, verfiel noch am Ende des gleichen Säkulums. Das hatte den Niedergang der Stadt zur Folge, so daß Rohlfs nur noch Reste des früheren Glanzes antraf. Fès war in zwei Hälften geteilt. In das von Bergen eingeschlossene Alt-Fès und in Neu-Fès, die durch eine Straße verbunden waren. Die Stadt hatte, wie Rohlfs informiert, ein »düsteres Aussehen, was noch dadurch vermehrt wird, daß kein einziges Haus nach der Straßenseite Fenster hat und fast alle zwei oder drei Stockwerke hoch sind.

Ein großer Übelstand ist auch der, daß man keine Pflasterung in Fès kennt, man ist im Sommer einem entsetzlichen Staube ausgesetzt und hat im Winter die größte Mühe, durch den tiefen Schmutz fortzukommen.«

Als Arzt interessierten ihn besonders die hygienischen Verhältnisse, und er stellte mit Bewunderung fest, daß die Trink- und Gebrauchswasserversorgung durch unterirdische Kanäle ebenso gut geregelt war wie die Abwasserbeseitigung. Trotz einer verheerenden Choleraepidemie, die 1859 viele Tausend Opfer gefordert hatte, lebten in Fès etwa 100000 Einwohner, die vor allem in Manufakturen der Lederverarbeitung, in Töpfereien und anderen Handwerken arbeiteten und die Wirtschaft belebten, so daß Fès wieder einen wachsenden Rang unter den Handelsstädten einnahm und enge Beziehungen nach Frankreich, Spanien und Portugal unterhalten wurden. An der Spitze der städtischen Administration standen zwei Gouverneure, ein Bascha, der in Alt-Fès und ein Kaid, der in Neu-Fès residierte. Zur Funktion der marokkanischen Staatsbeamten machte Rohlfs eine aufschlußreiche Feststellung. Sie bekamen kein Gehalt, sondern »sie müssen im Gegenteil der Regierung, oder der Kasse des Sultans, Gelder abliefern. Sie können allerdings dafür von ihren Schutzbefohlenen so viel erpressen, wie sie wollen. Da nun jeder Beamte davon ausgeht, seinen Säckel zu füllen, außerdem aber große Summen dem Sultan abzuführen hat, so kann man sich denken, wie schlecht das Volk dabei fährt.«

Rohlfs erkannte sehr richtig, daß diese Ausplünderung der Bevölkerung eine Hauptursache für den Verfall des Landes war, denn »es giebt sich kein Mensch Mühe, den Boden so ergiebig wie möglich zu machen, weil er weiß, daß die Erzeugnisse der Regierung verfallen sind.«

Fés. Innenansicht des Bab Jyaf

Die Behandlung hoher Würdenträger war für einen Arzt sehr problematisch. So mußte er bei Arzneiverordnungen diese erst selbst einnehmen, um damit zu beweisen, daß er kein Attentat plane. Als Bascha Ben Thaleb plötzlich verstarb, wurde Rohlfs des Giftmordes verdächtigt. Zu seinem Glück war der Sohn des Verstorbenen anwesend, der die aufgebrachte Menge beruhigte und mit Rohlfs sicherheitshalber nach Meknès fuhr. Hier wartete bereits ein neuer namhafter Patient. Jeden Mittag mußte Rohlfs dem an rheumatischen Beschwerden leidenden Großwesir zwei bis drei Stunden die Füße mit Kampferspiritus einreiben. Doch die höchste Ehrung stand ihm noch bevor. Der Sultan, der aufmerksam Rohlfs Tätigkeit verfolgt hatte, ernannte ihn zu seinem Leibarzt. In dieser Funktion war er zugleich für die Haremsdamen zuständig. Rohlfs berichtet: »Es kamen nun jeden Morgen zwei Marghaseni aus dem Harem, um mich zu rufen. Dort angekommen, nahm mich der Oberste der Eunuchen ... in Empfang, und bald darauf wurde ich in ein Vorgemach geführt, wo ich die Damen vorfand, welche sich behandeln lassen wollten.«

Anfangs weigerten sich die Frauen, sich vor dem Fremden zu entschleiern, doch auf ausdrücklichen Befehl des Sultans fielen schließlich die Tücher zum Zwecke der ärztlichen Behandlung. Übrigens wäre es ein großer Irrtum anzunehmen, daß sich hinter den Schleiern besondere Reize verbargen. Rohlfs belehrte uns aus eigener Anschauung: »Man glaube nur nicht, daß irgendwie besondere Schönheiten im Harem wären, oder diese müßten sich nicht gezeigt haben, meistens waren es sehr junge Geschöpfe mit recht vollen Formen. Die oft kostbaren Anzüge und die vielen Schmucksachen waren mit Schmutz überladen, und in der Regel an den Kleidern irgend etwas zerrissen. Alle aber, abgesehen von ihrem albernen und läppischen Wesen, waren recht freundlich und hätte ich nicht die Vorsicht gebraucht, zu sagen, die und die, nachdem sie zwei oder drei Mal zur Visite gekommen waren, nicht wieder vorzuführen, so wäre wohl nach einiger Zeit der ganze Harem herausgekommen. Sie schienen das Krankmelden als einen angenehmen Zeitvertreib zu betrachten, eine ernstlich Kranke habe ich in der ganzen Zeit meines Aufenthaltes nicht gesehen. Ich hütete mich denn auch sehr, irgendwie selbst Medizin zu geben ... Ich beschränkte mich auf diätetische Anordnungen und kulinarische Rezepte.« Mit der gewachsenen Würde stiegen auch die Anforderungen an den »Leibarzt«. Jeder hohe Beamte wollte von seiner ärztlichen Kunst profitieren. Das brachte zwar eine Menge Geld ein, abgesehen von dem Gehalt, das auf sich warten ließ, nahm aber auch viel Zeit in Anspruch, so daß Rohlfs ärgerlich feststellen mußte: »Ich war daher so beschäftigt, daß ich nur die Abende für mich hatte.« Das entsprach nicht seinem Vorhaben. Er war nicht nach Marokko gekommen, um von früh bis spät zu praktizieren. Er wollte etwas erleben, Land und Leute kennenlernen. So zog er bald den Schluß: »Des Hofes war ich so müde, daß ich nur daran dachte, wie ich fortkommen könne.«

Leider konnte er auch nur wenig von Meknès, der zweiten Residenz des Sultans, sehen, ganz zu schweigen von einer

Fès. Haupteingang, Medersa Bu-Ananlya

Reise in die Umgebung. Es war auffallend, daß die Mehrheit der etwa 40000 bis 50000 Einwohner im Gegensatz zu dem Handelszentrum Fès in irgendeiner Form in Beziehung zum Hofe oder zur Armee stand. Die erhoffte Abreise war ohne die Zustimmung oder gar gegen den Willen des Sultans undenkbar, der aber hatte sich auf einen langen, wenn nicht gar ständigen Aufenthalt seines »Gastes« eingestellt. Da kam Rohlfs ein glücklicher Umstand zu Hilfe. Der englische Gesandte, den er vor Antritt der Reise aufgesucht hatte, um seinen Rat zu hören, erschien zu einem Staatsbesuch. Ihm wurde ein großartiger Empfang zuteil, setzte doch der von Frankreich und Spanien bedrohte Sultan durchaus berechtigte Hoffnungen auf England, das eine Machterweiterung der anderen europäischen Kolonialmächte nicht geneigt war, in Kauf zu nehmen.

Nur mit großer List gelang es Rohlfs, zu Sir Drummond Hay vorzudringen, um sein Anliegen vorzutragen. Die Unterstützung durch den englischen Gesandten wirkte Wunder. Rohlfs wurde nicht nur von allen Verpflichtungen entbunden, er erhielt auch den begehrten Firman-ali, das Recht, nach Belieben im ganzen Reich umherzureisen und dabei den Schutz des Landesherrn zu genießen. Freilich hatte der Schutzbrief nur soweit Bedeutung, wie die Macht des Sultans reichte.

Am liebsten wäre Rohlfs sofort nach Süden gezogen, doch die bisherigen Erfahrungen veranlaßten ihn, von dem Vorhaben Abstand zu nehmen: »Jetzt aber war auch der Wunsch, das eigentliche Land Marokko zu durchreisen, erst recht wach gerufen, und namentlich fühlte ich einen starken Trieb von nun an

Fés. Gesamtansicht des Souk-El-Khemis

Meknés. Bab el Mansour el Aley

weiter in das Innere Afrikas einzudringen. Aber ich war mir nun auch erst recht bewußt geworden, wie viel noch abging, solche gefährliche Reisen ohne Mittel ausführen zu können. Wenn auch einesteils gerade diese Mittellosigkeit ein großer Schutzbrief für mich war, so hatte ich andererseits im Arabischen wenige Fortschritte bis dahin gemacht. Der Umstand, daß ich fortwährend einen Dolmetsch zur Seite gehabt, machte, daß ich kaum mehr von dieser Sprache verstand als beim Beginn der Reise. Auch war ich mit den Sitten und Gebräuchen des eigentlichen Volkes noch zu wenig vertraut.«

So beschloß Rohlfs, zunächst in die heilige Stadt zurückzukehren, da er hier auf gute Aufnahme durch den Groß-Scherif rechnen durfte und in dem Pilgerzentrum die besten Voraussetzungen fand, Land und Leute gründlich kennenzulernen. Quezzan lag in einer reizvollen Landschaft, die zu Ausflügen einlud: »Gewiß gibt es keine romantischere Umgebung als die der heiligen Stadt Uessan. Die dicht bewachsenen Berge der nächsten Umgebung, im Hintergrunde die zackigen Felsen der Rifberge, die strotzende Fruchtbarkeit des Bodens, der dem Auge überall das saftigste Grün der verschiedenen Bäume und Stauden bietet, wie sie überhaupt die Länder um das Mittelmeer in so großer Mannigfaltigkeit hervorbringen, alles dies verursacht, daß die Zeit und wenn auch der Weg beschwerlich und ermüdend ist, rasch verläuft.«

Die Ausflüge waren besonders in Begleitung des Groß-Scherifs interessant. Die Gläubigen kamen in Scharen herbeigelaufen, um den Oberhirten, wenigstens aber sein Pferd, die Tragbahre oder einen anderen Gegenstand zu berühren, um dadurch des Segens teilhaftig zu werden. Die Gouverneure der durchreisten Gebiete wetteiferten mit Ehrerbietungen und Geschenken, um die Gunst des hohen geistlichen Würdenträgers zu erwerben. Die Rückkehr in die heilige Stadt war mit großem Trubel verbunden, der nicht unbedingt Rohlfs' Beifall fand: »Vor Sonnenaufgang am folgenden Tage weckten mich schon die Flintenschüsse und die schrecklichen Klänge der unvermeidlichen Musik, es war dies nur die Einleitung zur statthabenden Feierlichkeit. Nachdem wir in aller Eile Kaffee getrunken und gefrühstückt, stiegen wir zu Pferde, und unter knatterndem Feuer, dem Lärm der Musikanten, dem Lululu der Weiber setzte sich der Zug in Bewegung. Aber obschon wir nur eine Stunde von der Stadt entfernt waren, erreichten wir dieselbe erst gegen Mittag. Alle Augenblicke kam eine neue Musikbande mit ihren abscheulichen Instrumenten und es wurde Halt gemacht, oder es kamen mit Flinten bewaffnete Abteilungen und gaben eine Salve dicht vor den Füßen des Groß-Scherifs, man bildete Kreise und dann, wie die Teufel herumspringend, schossen sie ihre Flinten in den Boden und warfen sie darauf hoch in die Luft, um sie hernach geschickt wieder aufzufangen. Reiter organisierten sich, und im gestreckten Galopp auf uns losjagend, schossen sie dicht vor uns die Flinten ab und schwenkten dann mit ihren Pferden zu beiden Seiten auseinander. Ich war froh, als wir endlich die Stadt erreichten, aber hier war uns das Entsetzlichste noch vorbehalten, gewissermaßen der Triumphbogen, durch den der Groß-Scherif den Einzug in seine getreue und heilige Stadt Uessan halten sollte.«

Über den Charakter des Staatswesens war sich Gerhard Rohlfs völlig im klaren: »Marokko hat eine Regierung so despotisch und tyrannisch eingerichtet, wie man sie eben nur da findet, wo zu gleicher Zeit geistige und weltliche Herrrschaft in einer Position vereint ist«. Neben dem Sultan als autokratischem Souverän hatte ein Triumvirat die höchste politische Macht im Reiche inne: der Erste Minister, ein ehemaliger Lehrer des Sultans von großem Einfluß, der Minister des Kaiserlichen Hauses, der sämtliche Palastangelegenheiten regelte, und der Kriegsminister. Ein besonders einträgliches Amt war das des Mschuar, der dem Sultan die Besucher und Bittsteller zuführte. Es versteht sich, daß das je nach Wert des Geschenks

Meknés. Bab el Gechla

oder Höhe der Bestechungssumme »seinen Gang« nahm. Der Großsiegelbewahrer übte eine Art Innenministerfunktion aus. Ein Finanzminister bzw. Schatzmeister erübrigte sich, da der Sultan den Schlüssel zur Hauptkasse selbst verwahrte und eifrig über alle eingehenden Abgaben wachte. In der despotischen Hierarchie war alles, soweit es die unmittelbare Umgebung oder gar die Person des Sultans betraf, bis in alle Einzelheiten funktionell geregelt. So gab es nicht nur den Mundkoch, den

Teeservierer oder Speiseträger, sondern auch den Pantoffelumdreher, damit diese immer fußgerecht lagen, den Steigbügelhalter und andere »wichtige« Lakaien, die ein ebenso großes wie kostspieliges Heer von Bediensteten ergaben.

Die Provinzen und einige wichtige Städte wurden durch vom Sultan ernannte Gouverneure (Kaids, Schichs oder Baschas) verwaltet, die wiederum eine willfährige, bestechliche Beamtenschaft um sich versammelten. Die Bürde des korrupten, despotischen Systems lastete auf dem Volk. So fanden Abenteurer, die unter allerlei verheißungsvollen Versprechungen ein besseres Leben in Aussicht stellten, leicht Anhänger für ihre zumeist nur allzu eigensüchtigen Interessen und Ziele. So hatte sich im Januar 1862 ein Gegensultan erhoben, der gleichsam als neuer Messias Erlösung verhieß. Sein Versuch, den Groß-Scherif für seine Ziele zu gewinnen, traf auf größte Zurückhaltung. Auch der Sultan verhielt sich zunächst noch abwartend. Als jedoch der Einfluß des Aufrührers wuchs und gefährlich zu werden drohte, ließ er die Revolte niederschlagen.

Rohlfs, der sich inzwischen die Sitten und Gebräuche des Landes angeeignet und auch die arabische Sprache gelernt hatte, beschloß, möglichst bald die Rückreise anzutreten. Ein Jahr hatte er nun bereits in Quezzan zugebracht. Doch wie konnte er die Erlaubnis zur Abreise erhalten? »Ich durfte nicht daran denken, dem Groß-Scherif zu sagen, daß ich ihn für immer verlassen wollte, da er sich einmal vollkommen mit dem Gedanken vertraut gemacht hatte, ich würde immer bei ihm bleiben.«

Schließlich bekam er die Genehmigung zu einer »kleinen Reise« und verließ die heilige Stadt in der Hoffnung auf Nimmerwiedersehen. Er begab sich nach Tanger zurück, wo er bei Sir Drummond Hay die Aufzeichnungen seiner Erlebnisse am Hofe des Groß-Scherifs und Sultans hinterließ. Es war das erste Mal, daß ein Europäer Gelegenheit gehabt hatte, so lange eine Stellung in Marokko auszuüben, die ihm derartig tiefe Einblicke in das Staatswesen verschaffte. Entscheidend für die weitere Entwicklung von Gerhard Rohlfs aber war, daß ihn die Erlebnisse und Erfahrungen des ersten Marokkoaufenthalts vom Abenteuer zum bewußten Entdecker reifen ließen. Es war sein Ziel, als Forscher ins Innere des afrikanischen Kontinents vorzudringen, wobei die »Königin der Wüste«, das sagenverklärte Timbuktu zu erreichen, sein großer Traum war.

Welchen Stand hatte die Erforschung der später von Rohlfs bereisten Gebiete erreicht, als er sich als Autodidakt entschloß, seinen Beitrag zur wissenschaftlichen Erschließung Afrikas zu leisten?

Bahnbrecher der Saharaforschung. Afrika war längst durch ozeanische Entdeckungsfahrten, die den direkten Seeweg nach Indien erschließen sollten, umfahren, seine Küstengebiete erforscht worden, ehe die Erkundung des Landesinneren begann.

Die früheste Schilderung einer Saharaexpedition, die vermutlich in den Fessan vordrang, ist zwar bereits von dem »Vater der Geschichte«, Herodot (um 484 v. u. Z.–425 v. u. Z), überliefert, doch erst mit der Kolonisierung Nordafrikas durch die Römer entstanden ein halbes Jahrtausend später die nächsten Berichte. So erreichte der Prokonsul Cornelius Balbus mit einer Militärexpedition den Fessan. Septimus Flaccus und Julius Maternus drangen 5 Jahrzehnte später bis in das Tschadbecken vor. Heinrich Barth konnte auf seiner großen Expedition vielfältige Spuren dieser ersten Saharadurchquerer entdecken.

Als sich seit dem 7. Jahrhundert die Araber in Nordafrika ausbreiteten und die Handelstätigkeit belebten, erreichte auch die geographische Wissenschaft einen ersten Höhepunkt. Edrisi (1100–1166) stieß von Marokko aus nach Süden vor. Ibn Battuta (1304–1377), der bedeutendste arabische Weltreisende, zog 1352 im Auftrage des Sultans von Marokko in das Nigergebiet und gelangte durch die westliche Sahara nach Timbuktu.

Während die frühen arabischen Reisewerke in blumigem Stil vielerlei Fabeln und religiöse Phantastereien enthielten, liefern die Schriften des Afrikareisenden Al-Hassan Ibn Mohammed al-Wassan (1492–1550), der durch Seeräuber nach Rom verschleppt wurde, zum Christentum übertrat und sich künftig Leo Africanus nannte, fundierte sachliche Informationen.

Das erste schriftliche Zeugnis eines europäischen Saharareisenden stammt von dem Genuesen Antonio Malfante, der 1447 im Auftrag des Bankhauses Centurione ins Innere des Kontinents reiste, um zu ergründen, woher das Gold aus Tropisch-Afrika kam. Im Jahre 1670 erreichte der Franzose Paul Imbert von Marokko aus Timbuktu.

Trotz all dieser Pioniertaten blieben bis Ende des 18. Jahrhunderts die Kenntnisse über die Sahara nur sehr fragmentarisch. Die planmäßige Erforschung Afrikas wurde 1788 mit der Gründung der britischen »Gesellschaft zur Förderung der Entdekkung der inneren Teile Afrikas« (Association for Promoting the Discovery of the Interior Parts of Africa) eingeleitet. Da Großbritannien mit der Unabhängigkeit der Vereinigten Staaten von Amerika 1783 sein Hauptkolonialgebiet verloren hatte, war es bestrebt, dafür Ersatz zu schaffen. So bildeten weniger wissenschaftliche Ziele das Anliegen der neuen »Gesellschaft«, als vielmehr das Streben, die unerschlossenen Gebiete der englischen Wirtschaft als Rohstoffquellen und Absatzmärkte nutzbar zu machen. Noch im Gründungsjahr erhielt John Ledyard den Auftrag, Nordafrika von Osten nach Westen zu durchqueren. Ein wahrhaft utopisches Unterfangen und der deutlichste Beweis dafür, daß man von der Problematik der Aufgabe keine Vorstellungen hatte. Ledyard verstarb, bevor er die Reise antreten konnte. Auch die beiden folgenden Expeditionen, die den Zugang zur Sahara erschließen sollten, waren Fehlschläge: Bereits nach wenigen Tagen wurde der von Tripolis aus gestartete ehemalige Vizekonsul von Tanger, Lucas, durch Stammesfehden aufgehalten. Houghton, der von Mauretanien aus vordringen wollte, fand den Tod.

Der erste erfolgreiche europäische Saharaforscher war der deutsche Afrikareisende Friedrich Konrad Hornemann (1772–1801), der 1796 in den Dienst der Afrikanischen Gesellschaft getreten war. Er hatte den Auftrag, von Ägypten aus die Frage einer etwaigen Verbindung zwischen Nil und Niger zu klären. Die Erforschung der Sahara war nicht sein eigentliches Anliegen, doch, um den Niger zu erreichen, mußte er die Wüste durchschreiten, und bei dieser denkwürdigen Erstdurchquerung vermittelte Hornemann auf wissenschaftlicher Grundlage wichtige Informationen über den Charakter des Wüstengürtels. Er gelangte an den Niger, starb aber kurz nach Erreichen des Ziels an Ruhr.

Nach seinem tragischen Tode beauftragte die Afrikanische Gesellschaft im Jahre 1819 den jungen Sekretär der britischen Botschaft in Paris, Joseph Ritchie sowie den Kapitän G. F. Lyon mit einer Sudan-Expedition. Sie stießen, von Tripolis ausgehend, bis nach Mursuk, dem Zentrum des Fessan, vor. Doch als Ritchie hier verstarb, war Lyon zur Rückkehr gezwungen.

Drei Landsleute beschlossen, das Unternehmen fortzusetzen: der Arzt und Naturforscher Walter Oudney (1791–1824), der Seemann Hugh Clapperton (1788–1827) und der Kapitän Dixon Denham (1786–1828). Ebenfalls von Tripolis ausgehend, gelangten sie als erste Europäer der Neuzeit zum Tschadsee.

Noch immer lagen der britischen Regierung keine brauchbaren Informationen über das sagenumwobene Timbuktu vor. Der Forscher Alexander Gordon Laing (1793–1826) wurde in das Landesinnere entsandt, um das Geheimnis aufzuklären. Er erreichte als erster europäischer Forscher über Ghadames und Tuat 1826 das Ziel, wurde aber auf dem Rückweg getötet. Da seine Aufzeichnungen verlorengingen, blieben die Rätsel um die Wüstenstadt weiterhin ungelöst. Auf eigene Initiative beschloß der Franzose René Caillié (1799–1838), sein Glück zu versuchen. Von Sierra Leone aus erreichte er nach strapazenreicher Reise mit spärlichster Ausrüstung 1828 die »Königin der Wüste« und wurde von den Eindrücken, die sich ihm boten, die im krassen Widerspruch zu den sagenhaften Reichtümern der Stadt standen, wie sie in allerlei Fabeln gepriesen wurden, bitter enttäuscht. Der Rückweg, den er in Begleitung einer Karawane antrat, führte ihn durch die Westsahara nach Marokko. In Europa wurden die Nachrichten des unbekannten Außenseiters angezweifelt. So versuchte sieben Jahre später der englische Arzt John Davidson erneut einen Vorstoß von Norden aus. Inzwischen war durch Hugh Clapperton und Richard Lander (1804–1834) die Nigerforschung zu einem ersten Abschluß gebracht worden. Damit war 1830 der Nigerlauf geklärt, und es trat eine Stagnation der Saharaforschung ein, die bislang gewissermaßen »Nebenprodukt« des übergeordneten Nigerproblems gewesen war. So wertvoll die Einzelinformationen der bisherigen Forscher über das Wüstengebiet auch waren, eine wissenschaftliche Erforschung der Sahara konnte während ihrer »Durchreisen« allerdings nicht vorgenommen werden.

Mit Heinrich Barth (1821–1865), der 1850 seine große Afrikaexpedition zunächst als Begleiter von James Richardson (1809–1851) angetreten hatte, nach dessen Tode aber die Leitung übernahm, wurde die klassische Zeit der systematischen wissenschaftlichen Saharaforschung eingeleitet. Nach Erschließung des weitgehend unbekannten Gharian-Gebirges hatte er den Weg nach dem Fessan durch die berüchtigte Hammada el-Hamra gewählt. Von Mursuk aus zog Barth, in dessen Begleitung sich Adolf Overweg (1822–1852) befand, westwärts nach der Oase Ghat. Nach kurzem Abstecher nach Agades begab er sich durch das bisher von keinem Europäer beschrittene Tuareg-Hochland Aïr nach Tintellust und schließlich nach Kukawa, der Residenz des Herrschers von Bornu. Nachdem er in den folgenden vier Jahren den Sudan erforscht und sich acht Monate in Timbuktu aufgehalten hatte, durchquerte er auf der Rückreise erneut die Sahara. Mit seinen Forschungen, die ihn durch verschiedene Bereiche der großen Wüste führten, brachte er den eindeutigen Beweis der außerordentlich vielgestaltigen Reliefverhältnisse der Sahara.

Nachdem Barths Begleiter Overweg, der das Tschadgebiet erforschte, 1852 verstorben war, entsandte die Londoner Afrikanische Gesellschaft Eduard Vogel (1829–1856) zur Unterstützung Barths in den Sudan. Nach Hornemann durchquerte Vogel die mittlere Sahara auf der Route Tripolis–Mursuk–Kukawa erneut, lieferte aber dabei erstmals exakte Ortsbestimmungen und Höhenmessungen. Nach der Heimreise Barths begab er sich in das Sultanat Wadai, wo er unter dem Verdacht, ein türkischer Spion zu sein, getötet wurde. Als erster Europäer hatte es Moritz von Beurmann (1835–1863) im Jahre 1860 gewagt, die Nubische Wüste zu durchqueren. Zwei Jahre später durchzog er auch die Libysche Wüste und erreichte über Sella und Zuilla Mursuk, um von dort weiter zum Tschadsee zu gehen. Als Mitglied der 7. Hilfsexpedition zur Aufklärung des Schicksals E. Vogels fand er in Mao, an der Westgrenze des Gebiets von Wadai, den Tod. Neben Barth und Rohlfs, der mit seinen sechs Forschungsreisen zweifellos die größten Wegstrekken im Wüstengebiet bewältigt hatte, zählt Gustav Nachtigal (1834–1885) zu den drei großen Vertretern der klassischen Periode deutscher Sahara- und Sudanforschung. Er durchstreifte die mittlere Sahara. Seine Expedition in das Gebirgsland Tibesti, den Sitz der Tibbu, zählt zu den hervorragendsten Pionierleistungen der Afrikaforschung. In Kukawa schlug er für drei Jahre sein Lager auf und bereiste von hier aus das Tschadgebiet. Dabei konnte er das Schicksal von Eduard Vogel und Moritz von Beurmann aufklären.

Zu den großen Saharaforschern zählt auch der Franzose Henri Duveyrier (1840–1892). Mit seinen Forschungen im Süden Algeriens begründete er das Wissen um die westliche und die zentrale Sahara. Besonders hervorzuheben ist sein enger Kontakt mit den Tuareg. Es gibt kaum einen weiteren Forschungsreisenden, der ein so enges freundschaftliches Verhältnis mit den Einheimischen hatte. Duveyrier war mit dem Leben der Tuareg so verbunden, daß sie ihn als einen der ihren ansahen.

Fortsetzer seines Werkes waren auf geographischem Gebiet Fernand Foureau (1850–1914), einer der erfolgreichsten Saharaforscher, und Charles Eugene, im Bereich der Tuaregforschung Vicomte de Foucauld (1858–1916). Mehr als sechzehn Jahre lebte der Humanist als »Einheimischer« inmitten des Wüstenvolkes und erkundete dessen Lebensweise, Sitten und Gebräuche.

Auf zoologischem Gebiet erwarb sich Erwin von Bary (1846–1877) mit dem Nachweis der Fauna vergangener Epochen in der Zentralsahara große Verdienste.

Gewissermaßen den Abschluß der klassischen Zeit der Afrikaforschung bildet das Wirken des Österreichers Oskar Lenz (1848–1925), der 1880 in einem aufsehenerregenden Zug in dreißig Tagen von Marokko nach Timbuktu reiste und als vierter Europäer die »Königin der Wüste« erreichte.

Seit Mitte des 19. Jahrhunderts wurde die Erforschung der Sahara zunehmend Gegenstand eines internationalen Wettstreites. Dabei standen für die Auftraggeber nationales Prestige und mehr noch ökonomische Interessen im Vordergrund. Es muß zur Ehre der mutigen Entdeckerpersönlichkeiten der frühen Forschungsperiode hervorgehoben werden, daß sie konträr zu diesen Manipulationen unter Einsatz ihres Lebens um Vervollkommnung des Weltbildes rangen und sich in der Regel von tiefem humanitären Streben leiten ließen. Mit ihnen endete die »klassische Zeit« der Saharaforschung, die zweifellos noch viele Detailfragen offen gelassen hatte, deren Klärung in der Folgezeit mit Hilfe der modernen Technik erfolgen sollte. Zu diesem »technischen Fortschritt« wurde freilich auch in wachsendem Maße von den Kolonialmächten die »Befriedung« der sich wehrenden Völker mit Waffengewalt gezählt.

Als im Jahre 1869 in den Vereinigten Staaten die erste Eisenbahnverbindung zwischen Atlantischem und Stillem Ozean fertiggestellt worden war, regte dieses Projekt den französischen Minister Freycinet zum Plan einer transsaharischen Eisenbahnlinie an, um »Algerien und das Senegal, wo hundert Millionen Verbraucher ... einen unbegrenzten Absatzmarkt sichern, durch eine Eisenbahn zu verbinden«. Fünf Jahrzehnte lang wurde eine Vielzahl von Projekten diskutiert und verworfen. Ausschüsse und Ämter wurden gegründet und Studienreisen zur Erforschung der geeigneten Trasse unternommen. So auch die unter Leitung des Oberstleutnants Flatters stehende Expedition, die scheiterte, weil die Tuareg sich entschlossen gegen den beabsichtigten Landraub wehrten. Die französische Presse lief gegen die objektiven Darstellungen, die Henri Duveyrier von den Tuareg als friedfertigem, gastfreundlichem Volk gegeben hatte, Sturm. Dabei verkannte man völlig den Gegensatz zwischen der humanitären Mission des von den Einheimischen hoch geschätzten Forschers und den verhaßten kolonialen Bestrebungen.

Gegen Ende des 19. Jahrhunderts wurden Reisen einzelner Pioniere im Dienste der Wissenschaft die Ausnahme. Staatliche Expeditionen mit politischen und ökonomischen Zielstellungen, die sich häufig mit brutaler militärischer Gewalt den Weg bahnten, herrschten vor. Davon waren die Reisen Gerhard Rohlfs weit entfernt. Mittellos und unbewaffnet zog er ins Landesinnere. Es gibt kaum einen weiteren Forscher, der fast ohne Unterstützung so viel erreichte. Erschwerend war für seine Arbeit die Tatsache, daß er die großen Aufgaben ohne entsprechende wissenschaftliche Ausbildung in Angriff nahm. Um so bewundernswerter erscheint das Engagement, mit dem er sein Ziel verfolgte.

Entlang der Küste. Besonders vertrauenerweckend sah der Spanier, den Gerhard Rohlfs in einem ärmlichen Fonduk (Herberge) kennengelernt hatte, nicht aus, doch die Reise in die Sahara allein anzutreten war ein zu großes Wagnis. Und der Spanier, den offensichtlich eine dunkle Vergangenheit nach Marokko und zur formalen Annahme des Islam gezwungen hatte, gab die Zusage, ihn für wenig Lohn als Diener, Eseltreiber und Arzthelfer auf der gefahrvollen Route zu begleiten. Es war eine recht kümmerliche »Expedition«, die sich auf den Weg machte. Die ganze Habe befand sich in einem kleinen Korb auf dem Rücken des Esels.

Reich war hingegen die Vergangenheit des Gebiets, durch das sie entlang der Küste des Meeres bis El Arâich, der ersten Station ihrer Reise, zogen. Die bedeutende Niederlassung der Punier, Griechen und Römer am Atlantischen Ozean war nur noch ein Ruinenfeld. Auch die Angriffe der europäischen Mächte auf die neu errichtete marokkanische Stadt hatten ihre Spuren hinterlassen. Portugal hatte das Vernichtungswerk eingeleitet. Ihm folgten 1785 Frankreich und schließlich 1829 auch Österreich. Die etwa fünftausend Einwohner der Stadt lebten vor allem vom Handel.

Die folgenden vier Tageswanderungen führten entlang einer Landzunge, die den brandenden Ozean von einem weiten Sumpfgebiet trennte. In diesem Vogelparadies lebten Tausende Enten, Flamingos und Pelikane. Die erfrischenden Fluten luden Wanderer, die überall freundliche Aufnahme fanden, zum Baden ein. In Slâ', einem Küstenort von etwa 10000 Einwohnern, war der Empfang verständlicherweise weniger herzlich. Hier hatten viele von den Spaniern vertriebene Marokkaner eine neue Heimat gefunden, die voller Haß auf ihre europäischen Unterdrücker waren. In geringer Entfernung lag an der Mündung des Bou Regreg das geradezu modern anmutende Handelszentrum Rabat, das schon damals 30000 Einwohner zählte (heute 250000). Rabat bildete einen natürlichen Hafen, wo die von Fès und Mèknes herangeschafften Waren verschifft wurden. Bedeutung hatten auch die eigenen Teppich-, Schuh- und Mattenmanufakturen erlangt.

Rohlfs zog es weiter in unbekanntes Gebiet, so daß er bald wieder aufbrach. Nichts deutete darauf hin, daß das Städtchen Ed-Darel-Beida, das nächste Ziel seiner Reise, in wenigen Jahrzehnten unter französischem Einfluß die Wirtschaftsmetropole und Millionenstadt Casablanca werden würde.

Während in den Handelsstädten, die er bisher kennengelernt hatte, der Anteil der europäischen Bevölkerung sehr groß war, fand Rohlfs in Asamor weder Konsuln noch andere Europäer

Blick auf Marrakech

vor, so daß er hier erstmals das typische marokkanische Wirtschaftsleben erleben konnte:

»So ist denn auch Asamor eine vollkommen marokkanische Stadt, der ganze Handel, die Industrie haben etwas urwüchsig Marokkanisches an sich. In dieser schönen Flußmündung, welche meilenweit nach oben hin noch salziges Meerwasser hinauftreibt, sieht man nie europäische Schiffe. Der ganze Handel von Asamor mit dem Binnenhandel beruht auf eigener Produktion und Manufaktur.«

Ein besonderer Anziehungspunkt war die um 1010 gegründete Königsresidenz Marrakech. Die noch gut erhaltene imposante Umfassungsmauer mit ihren Wachtürmen gab dem Ort ein mittelalterliches Gepräge. Das Wahrzeichen der Stadt, die berühmte Kutubiya-Moschee, eine der größten Sakralbauten des Kontinents, bot etwa 25000 Gläubigen Platz. Von den prächtigen Königspalästen waren nur noch Reste zu sehen. Einstmals war Marrakech unter der Dynastie der Almohaden (1147–1269) ein geistiges Weltzentrum, in dem sich berühmte Ärzte, Philosophen, Mathematiker und Geographen eingefunden hatten. Noch im 16. Jahrhundert, einer Zeit neuer Blüte, war Marrakech Sammelpunkt arabischer Dichtkunst. Rohlfs

Mogador

wollte sich die berühmte Stadt am Fuße des Atlas nicht entgehen lassen und machte in Begleitung einer Eselkarawane einen Abstecher ins Landesinnere. Da aber unvorhergesehenerweise der Sultan mit seiner Armee in der Stadt weilte, zog er es nach dreitägigem Aufenthalt vor, wieder nach Asamor zurückzukehren, um die Reise entlang der Küste fortzusetzen. In der Nähe von Masagon ereilte ihn ein schweres Mißgeschick:

»Ein neues Unglück sollte mich hier erreichen, der Spanier, mein Begleiter, war Nachts mit dem Esel aufgebrochen und hatte das Weite gesucht. Er hatte mir nichts zurückgelassen, als was ich auf dem Leibe trug, und ein kleines Ledertäschchen, welches ich als Kissen unter dem Kopfe hatte, und worin glücklicherweise etwas Geld war. Die Hauptsumme aber, alles was ich an Kleidung besaß, hatte er aufgepackt und war damit verschwunden.«

So war ihm nun bereits zum zweiten Male die ohnehin äußerst spärliche Habe gestohlen worden. Die mißliche Lage wurde noch durch eine fieberhafte Infektion erschwert, die Rohlfs nicht behandeln konnte, da auch die Medizin zu dem Diebesgut zählte. Nur mit Mühe schleppte er sich bis Safi, wo ihm der englische Konsul das dringend benötigte Chinin zur Verfügung stellte. Bettelarm setzte Rohlfs nun völlig allein den Weg fort und war darauf angewiesen, den Lebensunterhalt durch seine ärztliche Tätigkeit zu verdienen.

Da Agadir von europäischen Schiffen nicht angelaufen werden durfte, war Mogador (Essaouira) neben Tanger der größte Handelsplatz Marokkos. England lieferte Baumwollstoffe und Tee, Zucker kam aus Belgien und Frankreich, Stahlwaren und Waffen aus England und Deutschland, während Produkte des Landes, wie Getreide, Felle, Wolle und Früchte, als Exporte nach Europa verladen wurden.

Nach kurzem Aufenthalt war Rohlfs wieder soweit hergestellt, daß er die Reise fortsetzen konnte. Bis Agadir verlief der Weg noch entlang der Küste. Die Umwege mitgerechnet, hatte er bereits mehr als tausend Kilometer zurückgelegt. Er war stolz darauf, nicht wie früher in den Tag hinein nur in seinem Abenteuerdrang gelebt zu haben. Ungeachtet aller Schwierigkeiten hatte er erstmals auf dieser Route gewissenhaft Notizen und Aufzeichnungen angefertigt.

Eine Woche machte Rohlfs in Agadir Station, jener Stadt, nach der knapp fünf Jahrzehnte später der deutsche Imperialismus seinen berüchtigten »Panthersprung« unternahm, um das Interesse an den nahe gelegenen Erzvorkommen zum Ausdruck zu bringen. Diese Kriegsprovokation wurde durch einen Kompromiß der Großmächte beigelegt; daß das auf Kosten des marokkanischen Volkes geschah, war dabei ohne Belang. Während Frankreich das »Recht« zur kolonialen Unterwerfung des Landes erhielt, wurden den deutschen Imperialisten eine Reihe wirtschaftlicher Vorteile eingeräumt.

Entdeckung des Anti-Atlas und der Tafilelt-Oasen. Von Agadir aus sollte die eigentliche Expedition nach Osten über die Ausläufer des Atlas in die marokkanische Sahara führen. Zunächst aber schloß sich das ebenso malerische wie fruchtbare Sus-Gebiet an die Küstenlandschaft an. Bis hierher reichte der Einfluß des Sultans nicht mehr, so daß der Schutzbrief wenig Nutzen hatte. Es war deshalb sicherer, im Geleit einer Karawane zu reisen. Auf dem Wege nach Taroudant lernte Rohlfs erstmals das Leben in einer großen Kamelkarawane kennen. Nur mühsam konnte er Schritt halten. Das Fieber hatte ihn erneut gepackt, die notdürftig zusammengeflickten leichten Pantoffeln hielten kaum noch an den Füßen. Unter diesen Bedingungen hatte er nur wenig Sinn für die Schönheit der Landschaft, die im Norden von dem gewaltigen Atlasgebirge gesäumt wurde. Mit letzter Kraft erreichte er Taroudant, wo ihn die Krankheit zu einem mehrwöchigen Aufenthalt zwang. Die Stadt war ein wichtiger Handelsplatz der nordwestlichen Sahara. Die etwa 10000 Einwohner lebten vor allem von der Leder-, Kupfer- und Eisenverarbeitung. Imponierend war die großzügige Anlage des Ortes:

»Die Stadt ist ein einziger großer Garten, nur nach dem Zentrum drängen sich die Häuser, welche meist nur aus einem Erdgeschoß bestehen, mehr zusammen, und hier befinden sich auch die Buden und Gewölbe, wo man arbeitet und verkauft, hier sind auch die Funduks.«

Als Rohlfs Taroudant mit einer Karawane verließ, war er keineswegs wieder gesund. Eine kräftezehrende Darmkrankheit machte die Weiterreise zur Qual. Um sich die kärglichen Mahlzeiten zu verdienen, mußte er, obwohl er sich kaum auf den Beinen halten konnte, als Kameltreiber arbeiten.

Von den landschaftlichen Reizen war bald nichts mehr zu sehen. Das Gelände wurde immer vegetationsärmer und steiniger. Nur die Hoffnung, möglichst bald die Dra-Oasen zu erreichen, hielt den Erschöpften aufrecht. Als Rohlfs schließlich in dem ersten Oasenort Tanzetta eintraf, war ihm keineswegs bewußt, ein Gebirgssystem entdeckt zu haben, das bisher noch

Kabylendorf am Atlas

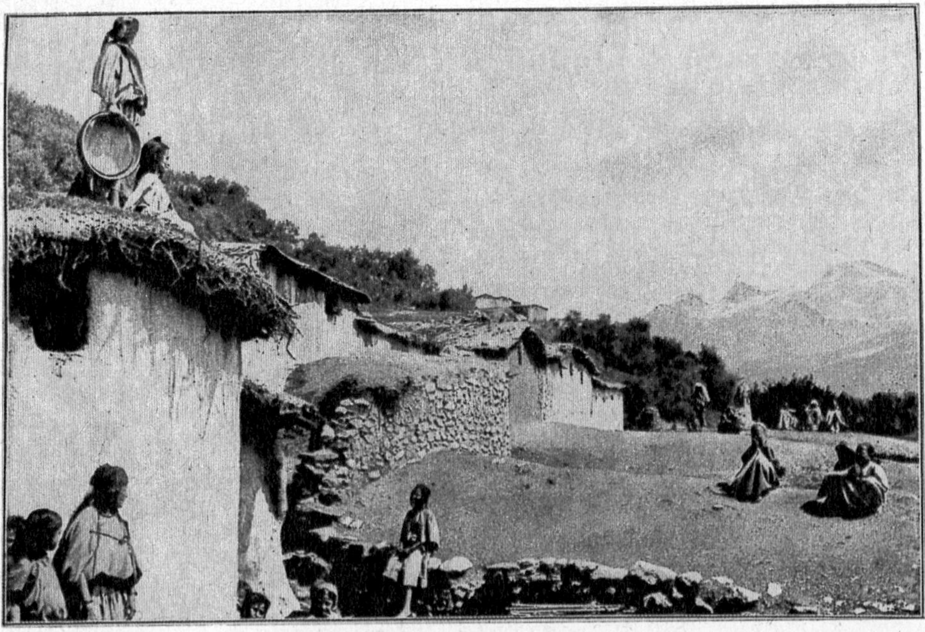

kein Europäer betreten hatte. Er hatte zwar bemerkt, daß der Weg sowohl nördlich als auch im Süden von einer hohen Bergkette umsäumt war, aber angenommen, die Karawane habe sich durch ein Paßsystem des Hohen Atlas den Weg gebahnt. Erst die spätere eingehende wissenschaftliche Auswertung der Rohlfsschen Reisenotizen durch den Geographen August Petermann (1822–1878) ergab, daß Rohlfs ein bisher unbekanntes Gebirge südlich des Hohen Atlas durchquert hatte. Der englische Geograph Hooker gab dem etwa 350 km langen Gebirgszug 1878 die Bezeichnung Anti-Atlas.

Nach achttägiger Ruhepause wurde der Weg nach Tamagrut, dem eine gute Tagesreise entfernten Hauptort der Oase, fortgesetzt. Nach einem Abstecher nach Ktaua, dem südlichen Teil des Dra-Gebietes, wo noch Tauschhandel mit Sklaven aus dem Westsudan gegen europäische Waren blühte, es wurden hier Sklaven zu 50 Francs erworben und mit achtfachem Gewinn in Fès oder Marrakech verkauft –, begab sich Rohlfs wiederum in Begleitung einer Karawane in nordöstlicher Richtung nach der Oase Tafilelt. Als erster Europäer hatte im Jahre 1828 René Caillie bei seiner Rückkehr von Timbuktu dieses Gebiet durchschritten. Von dem zermürbenden Marsch entkräftet, wollte Rohlfs in Abuam, dem ersten Ort der Tafilelt-Oasen, im Schatten der großen Moschee ein wenig ausruhen, wurde aber bald sehr unsanft durch einen Fußtritt geweckt. Das Argument des Fremden, er sei ein zum Islam bekehrter Deutscher, beeindruckte die aufgebrachte Menge wenig, im Gegenteil, die herbeieilenden Einheimischen ließen seine Lage immer bedrohlicher werden. Die Gewaltaktionen der französischen Kolonialherren im nahegelegenen Algerien waren hier nicht unbekannt geblieben und hatten tiefes Mißtrauen gegen alle Ausländer genährt. Als man schließlich in Rohlfs Taschen einen alten französischen Paß fand, schien sein Schicksal als entlarvter Spion besiegelt zu sein. Glücklicherweise hielt sich der marokkanische Prinz Abd ar-Rhaman ben Sliman in der Oase auf, der den Beschuldigten von dem schweren Verdacht befreite. Der Prinz, bald ein guter Freund von Rohlfs, war ein nach Tafilelt verbannter vermeintlicher Widersacher des Sultans. Da der Einfluß Abd ar-Rhamans in den südöstlichen Gebieten die Macht des Landesherrn übertraf, erwiesen sich hier die Empfehlungsschreiben des Prinzen für die Erforschung der Saharaoase Tafilelt von großem Nutzen.

Dank seiner Gastfreundschaft konnte Rohlfs sich erholen und mit seiner ärztlichen Praxis für die Weiterreise manchen Notgroschen verdienen. Er setzte den Weg mit einer Karawane in Richtung Nordosten fort. Je mehr er sich der algerischen

Grenze näherte, um so unsicherer wurde das Terrain, in dem Wegelagerer auf Beute lauerten.

Heimtückischer Überfall. Nach zweitägigem Wüstenmarsch wurde die Oase Buanan erreicht, wo Rohlfs zehn Tage bei Scheich Thaleb Mohammed ben Abd Allah Aufnahme fand. Er beging jedoch die Unvorsichtigkeit, beim Geldwechseln die ersparten sechzig französischen Taler und einige marokkanische Münzen zu zeigen und damit die Habgier des Gastgebers zu wecken. Obwohl dieser bisher immer geraten hatte, die Weiterreise nur im Geleit einer größeren Karawane zu wagen, gab er nun plötzlich die Empfehlung, bis zu der unweit gelegenen Oase Knetsa, nur begleitet von einem Diener, den er zur Verfügung stellen wollte, zu gehen, da dort eher eine größere Karawane anzutreffen sei. Um der Tageshitze zu entgehen, schlug der Scheich vor, am Abend abzureisen. Ohne Verdacht zu schöpfen, ging Rohlfs freudig auf den Vorschlag ein und legte sich nach etwa vierstündigem Marsch zur Ruhe. Das Erwachen war furchtbar. Der Scheich hatte ihn verfolgt und im Schlaf überfallen. Der von ihm abgegebene Schuß war jedoch nicht tödlich, so daß Rohlfs den Räuber erkannte: »Wie lange ich geschlafen, erinnere ich mich nicht. Als ich erwachte, stand der Scheich der Oase dicht über mich gebeugt vor mir, die rauchende Mündung seiner langen Flinte war noch auf meine Brust gerichtet. Er hatte aber nicht, wie er wohl beabsichtigt hatte, mein Herz getroffen, sondern nur meinen linken Oberarm zerschmettert; im Begriff, mit der Rechten meine Pistole zu ergreifen, hieb mir der Scheich mit seinem Säbel meine rechte Hand auseinander. Von dem Augenblick sank ich auch schon durch das aus dem linken Arm in Strömen quellende Blut wie tot zusammen. Mein Diener rettete sich durch die Flucht.

Als ich am folgenden Morgen zu mir kam, fand ich mich allein, mit neun Wunden, denn auch noch, als ich schon bewußtlos dalag, mußten diese Unmenschen, um mich nach ihrer Meinung vollkommen zu töten, auf mich geschossen und eingehauen haben. Meine sämtlichen Sachen, mit Ausnahme der blutdurchtränkten Kleider, hatten sie mitgenommen. Obgleich das Wasser nicht weit von mir entfernt war, konnte ich es nicht erreichen, ich war zu entkräftet, um mich zu erheben, ich versuchte mich hinzurollen, alles vergebens, ich litt entsetzlich vom brennenden Durste.«

Zwei Tage und zwei Nächte blieb Rohlfs unter unsagbaren Schmerzen, dem Verdursten nahe, in dieser Lage liegen: »Halb war mein Zustand wachend, halb ohnmächtig. Ich hatte die

Beladen einer Karawane

schrecklichsten Visionen. Manchmal glaubte ich, Leute zu sehen, und strengte nun alle Kräfte an, um sie herbeizurufen, aber immer waren es Täuschungen. Mit dem Leben hatte ich vollkommen abgeschlossen. Hauptsächlich quälte mich die fürchterlichste Angst, von Hyänen oder Schakalen angefallen und lebendig verzehrt zu werden.«

Schließlich glaubte er am dritten Tage erneut menschliche Stimmen zu hören. Es waren zwei ärmlich gekleidete Mönche des etwa zehn Kilometer entfernten Klosters, die gekommen waren, den Totgesagten zu beerdigen. Sie gaben ihm Wasser und versprachen, Hilfe zu holen. Doch Stunden vergingen, und erneut glaubte Rohlfs, seinem Schicksal ausgeliefert zu sein, als schließlich in der Nacht sechs Männer mit einem Maultier erschienen. Sie legten den Schwerverletzten vorsichtig über das Tragtier. Der etwa dreistündige Transport verursachte wahre Höllenqualen. Die Retter, Scheich Sidi Lakschmi und dessen Sohn, bereiteten ihm ein Lager und leisteten, soweit es möglich war, Hilfe. Rohlfs' inständiger Bitte, doch den linken Arm, der nur noch an einigen Muskeln und der Haut lose herabhing, mit einem Messer abzutrennen, lehnten sie strikt ab. Statt dessen preßten sie den Arm in provisorisch bereitete Schienen, wickelten eine feste Fellbinde darum und bestrichen das Ganze mit

Lehm. Die anderen Wunden wurden mit einem Ziegenbutter-Kräuter-Gemisch behandelt und mit Baumwolle abgedeckt.

Die Hilfsbereitschaft der Oasenbewohner war grenzenlos. Sie boten alles auf, was nur möglich war. Sie holten stärkende Lebensmittel aus reicheren Oasen und fütterten den Hilflosen. Dank der aufopfernden Pflege waren nach acht Wochen die schweren Wunden am Körper, am Bein und der rechten Hand verheilt. Auch der zerschossene linke Oberarm schien gerettet. Durch Bildung von Knochenkeimgewebe waren die zerschmetterten Knochen überbrückt worden und zusammengewachsen. Die Wunde blieb allerdings offen und eiterte noch nach Jahren. Das Schlimmste war überstanden: »Endlich nach langem Schmerzenslager, um so unangenehmer deshalb, weil ich keine Kleidungsstücke zum Wechseln hatte, konnte ich das Ende meiner Reise antreten«, vermerkte Rohlfs in seinen Aufzeichnungen.

Der Abschied von den Lebensrettern und Freunden war äußerst herzlich. Dank der Einwirkung durch Scheich Sidi Lakschmi mußte der Attentäter die geraubten Papiere einschließlich der wichtigsten Reisenotizen zurückgeben. Zu einer Verurteilung des Banditen, der das Geld zurückbehielt, kam es jedoch nicht.

Rohlfs ließ es nicht nur bei der Danksagung für die Rettung und aufopfernde Pflege bewenden. Das Vorwort seines zweiten Reisewerkes »Reise durch Marokko, Übersteigung des Großen Atlas« sah vor, daß »die Hälfte des Ertrages für die Bewohner der kleinen Oase in der Sahara bestimmt ist, welche den Verfasser auf seiner ersten Reise, als er meuchlings im Schlafe überfallen und fast zu Tode verwundet wurde, vom Tode des Verschmachtens retteten, und in der Folge so gut heilten und pflegten, daß derselbe schon nach Verlauf einiger Monate die hier beschriebene Reise ausführen konnte«. So trug er bei der armen selbstlos handelnden Bevölkerung einen Teil seiner Dankesschuld ab.

In Begleitung von Sidi Lakschmi begab sich Rohlfs nach der nächstgelegenen Oase Knetsa, wo er sich nach wenigen Tagen als Treiber einer Karawane nach Figig anschließen konnte. Es war ein schwerer Marsch, den er zu überstehen hatte. Alle paar hundert Meter drohten ihn die Kräfte zu verlassen. Er mußte die Zähne zusammenbeißen, um die Schwächeanfälle und furchtbaren Schmerzen der wieder aufbrechenden, kaum verheilten Wunden zu überstehen. Trotz dieser Pein versäumte es Rohlfs

Mein erster Aufenthalt
in
Marokko
und
Reise südlich vom Atlas
durch
die Oasen Draa und Tafilet.

Von

Gerhard Rohlfs.

BREMEN, 1873.
Verlag von J. Kühtmann's Buchhandlung,
U. L. Fr. Kirchhof 4.

nicht, seine Beobachtungen über Land und Leute zu notieren. In der Oase Isch endete der Herrschaftsbereich des Sultans von Marokko. Als mittelloser, völlig entkräfteter Kameltreiber überschritt Gerhard Rohlfs alias Mustafa-el-Tabib die algerische Grenze. In Géryville befand sich eine französische Garnison, wo er in einem Militärlazarett Aufnahme fand. Nach wochenlanger Pflege konnte er im Sommer 1863 nach Algier weiterreisen. Der Militärarzt hatte inzwischen die Familie benachrichtigt, die überglücklich war, von dem verschollen Geglaubten ein Lebenszeichen zu erhalten. Vater Rohlfs schickte Geld, und der Bruder Hermann Rohlfs begab sich sofort auf die Reise, um den Vermißten in seine ärztliche Obhut zu nehmen. Dabei mußte er feststellen, daß die Wunden keineswegs verheilt waren und auch der Allgemeinzustand noch sehr zu wünschen übrig ließ. An eine baldige Heimkehr war nicht zu denken. Die sehnsüchtig wartenden Eltern erhielten die Mitteilung: »So leid es mir tut, ich kann ihn nicht mitbringen. Der plötzliche Klimawechsel, zumal jetzt der Winter anbricht, wäre kaum zu verantworten. Gerhard braucht Sonne, Wärme und Ruhe.«

Schweren Herzens kehrte Hermann Rohlfs allein nach Bremen zurück und nahm die Tagebücher, Aufzeichnungen und Kartenskizzen des Bruders mit nach Deutschland. Gerhard Rohlfs bezweifelte zwar, ob das sinnvoll wäre; was würden die Koryphäen schon von den Notizen eines namenlosen Außenseiters ohne abgeschlossene akademische Ausbildung halten? Hermann Rohlfs war keineswegs so pessimistisch, immerhin kannte er einige führende Geographen, die er für das Material zu interessieren hoffte. In hohem Ansehen stand August Petermann, Vorstandsmitglied der Kartographischen Anstalt von Johann Georg Justus Perthes (1749–1816) in Gotha. Namentlich die von ihm herausgegebenen »Mittheilungen aus Justus Perthes' Geographischer Anstalt über wichtige neue Erforschungen auf dem Gesamtgebiete der Geographie« hatten sich zu einem Zentralorgan der geographischen Wissenschaft entwickelt. Petermann unternahm selbst keine Forschungsreisen, hatte sich aber als unermüdlicher Förderer und Berater der Entdecker große Verdienste erworben. Auf sein Bestreben war Eduard Vogel zur Unterstützung von Heinrich Barth in den Sudan entsandt worden. Als Vogel im Sultanat Wadai verschollen blieb, veranlaßte Petermann die Suchexpedition Moritz von Beurmanns, der im Februar 1863 ein tragisches Ende fand, was bei der Rückkehr von Gerhard Rohlfs noch nicht bekannt war.

Rohlfs' Aufzeichnungen wurden August Petermann zur Verfügung gestellt. Es war zwar nicht zu übersehen, daß dem Neuling die wissenschaftlichen Voraussetzungen fehlten, daß es ihm in Ermangelung der erforderlichen Instrumente und Geräte nicht möglich gewesen war, auf seiner Reise exakte Messungen und Beobachtungen durchzuführen. Doch es wurde deutlich, hier war ein Mann am Werke, der zweifellos großes Talent hatte, und sich mutig und uneigennützig in den Dienst der Wissenschaft zu stellen bereit war. Die Ergebnisse seiner ersten Reise, die er als Abenteurer begann und als angehender Forscher beendete, lagen auf der Hand: Rohlfs hatte einen bisher unbekannten Gebirgszug, den Anti-Atlas, entdeckt und dieses Gebirge als erster Europäer überschritten. Auch die Oasen des Wadi Dra und Tafilelt wurden von ihm erstmals beschrieben.

Petermann war von den Aufzeichnungen derart beeindruckt, daß er sie noch im Jahre 1863 in gekürzter Fassung als »Tagebuch einer Reise durch die südlichen Provinzen von Marokko 1862« in seinen »Geographischen Mittheilungen« veröffentlichte und den Autor damit in der Fachwelt, in der die Schrift Aufsehen erregte, bekannt machte. Die umfangreichere Buchveröffentlichung erfolgte erst im Jahre 1873 unter dem Titel »Mein erster Aufenthalt in Marokko und Reise südlich vom Atlas durch die Oasen Dra und Tafilelt«.

Gerhard Rohlfs hatte die Befähigung zur wissenschaftlichen Arbeit unter Beweis gestellt. Aus dem Abenteurer war ein Entdecker geworden, der das Interesse der Fachwelt geweckt hatte.

Erste Forschungsreise

Überquerung des Atlas. Es gab für Gerhard Rohlfs keinen Zweifel, er würde das begonnene Werk fortsetzen. Der Entschluß, in die Sahara vorzudringen, um unbekannte Gebiete zu erforschen, stand fest. Sein Ziel war das noch immer sagenumwobene Timbuktu. Die Pariser Geographische Gesellschaft hatte achttausend Francs als Preis für denjenigen ausgesetzt, dem es gelingen würde, von Norden durch die Sahara in die schwer zugängliche Stadt vorzudringen. Rohlfs reizte weniger das Geld als die Größe der Aufgabe. Doch ohne finanzielle Mittel, so wie bisher, konnte er keine Forschungsreise durchführen. August Petermann war bereit, das kühne Unternehmen zu fördern. Dank seiner Fürsprache stellten der Bremer Senat und die Königlich-Geographische Gesellschaft (Großbritannien) jeweils 300 Taler zur Verfügung. Fast so viel wie diese beiden Institutionen spendete der Bruder Hermann Rohlfs aus privaten

Mitteln. (275 Taler, die von der Berliner Gesellschaft für Erdkunde beigetragen werden sollten, trafen erst ein, als Rohlfs die Reise bereits angetreten hatte.) Wenn auch 1 100 Taler für die Ausrüstung und Ausführung einer derartigen Expedition äußerst spärlich waren – im Vergleich zu den 100 Mark, mit denen Gerhard Rohlfs seine erste Reise angetreten hatte, waren sie eine große Ermutigung. Voller Zuversicht schrieb er nach Hause: »Eine innere Stimme sagt mir, daß ich mein Ziel erreichen werde, zumal da keine Anstrengung, kein Hindernis für mich zu groß ist, und an meinem Mute und meiner Hingebung kann nach meiner letzten Reise wohl kein Zweifel sein. Ihr könnt also ganz ruhig sein, nach ein paar Jahren wird hoffentlich mein Name mit Ehren an der Seite Heinrich Barths, Mungo Parks, Leo Afrikanus' und anderer genannt werden.«

Ohne nach Hause zurückgekehrt zu sein, trat Gerhard Rohlfs im Dezember 1863 nach gründlicher Vorbereitung die neue Expedition von Algier aus an. Den Tell-Atlas, das angrenzende Hochland und den Sahara-Atlas durchquerend, erreichte er nach einigen Wochen die Oase Laghuat. Hier mußte er vernehmen, daß ein Streit um Wasserstellen im angrenzenden Saharagebiet eine Weiterreise nach Süden praktisch unmöglich machte. Damit war die geplante Expedition über die Tuat-Oasen nach Timbuktu vorerst vereitelt. Er mußte an die Küste zurückkehren. Allerdings widerstrebte es Rohlfs, der wieder unter dem Namen Mustafa-el-Tabib reiste, den gleichen Weg zu nehmen. Wo es nur möglich war, wollte er neue Eindrücke sammeln. So kehrte er über Géryville, wo er noch vor wenigen Monaten im Militärlazarett Pflege gefunden hatte, zurück an das Mittelmeer, das er bei Oran erreichte. Von hier begab er sich mit einem Dampfer nach Tanger und erwarb noch verschiedene Gegenstände und Instrumente zur Vervollkommnung der Ausrüstung. Sir Drummond Hay übergab ihm erneut bereitwillig ein Empfehlungsschreiben und stellte ihm den Diener Hammed als Begleiter zur Verfügung. Rohlfs war fest entschlossen, frei von Sensationslust eine wissenschaftliche Expedition durchzuführen, auch wenn das eventuell auf Kosten der Popularität geschehen müßte: »Bei wissenschaftlichen Reisen ist aber Genauigkeit und nüchterne Auffassung das erste, was der beobachtende Forscher dem Publikum gegenüber einzuhalten hat ... Hauptsache für den, der in unerforschte Länder eindringt, ist und bleibt nüchterne Wahrheit und unparteiische Auffassung alles dessen, was er zu beobachten Gelegenheit hat.«

Rohlfs' Reisebericht beginnt sachlich-nüchtern: »Am 14. März 1864 um 8 Uhr Morgens reiste ich mit meinem Diener Hammed und einem Führer von Tanger ab.« Dank seiner Mittel

Sommerresidenz des Deys von Algier

hatte sich Rohlfs zwei Pferde und einen Lastesel für das Gepäck leisten können. Auf dem Wege nach Quezzan begegnete er zahlreichen Pilgerkarawanen. Rohlfs zeigte für Leben, Sitten und Gebräuche der Einwohner des Landes großes Interesse und machte, wenn er unbeobachtet war, ausgiebig Notizen: »Die Häuser in den Dörfern sind alle auf dieselbe Art erbaut; sie umschließen nur einen mehr oder minder langen Raum, der etwas mehr als 3 Meter Breite hat, sind aus Stein und Lehm aufgeführt und durchweg mit Stroh oder Binsen gedeckt. Fenster findet man nirgends, nur eine niedrige Tür dient als Eingang und um Licht zu geben; ein Reicher hat manchmal drei oder vier solcher Häuser, die dann einen Hof bilden, in dem Nachts das Vieh bewahrt wird. Jedes Dorf hat eine Jemma (Moschee), die als Gotteshaus dient, in welchem die Fremden übernachten und bewirtet werden. Hier kommen abends die verheirateten Bewohner zusammen, jeder bringt seine Schüssel mit, und die Gäste essen in Gemeinschaft mit den Bewohnern; die Kinder bekommen die Reste, die Weiber essen für sich zu Hause.«

Der Regen floß in Strömen und weichte die Wege zu Morästen auf. Das Durchqueren von Gewässern barg die Gefahr, durch die Strömung weggespült zu werden. Am Ued Sus mußte man abwarten, bis die Überschwemmung wieder etwas zurückgegangen und der Weg passierbar war. Glücklich wurde die heilige Stadt Quezzan, in der Rohlfs bereits während der ersten Reise einige Monate als Gast des Groß-Scherifs geweilt hatte, erreicht. Sein Eintreffen löste zunächst Unglauben, dann aber freudige Überraschung aus. Die Erklärung für dieses eigentümliche Verhalten war einfach. Ein Bote aus Tafilelt hatte unlängst den Tod Mustafas gemeldet, der das Opfer eines Raubüberfalls geworden sei. Umso größer war nun die Freude, den Totgeglaubten wiederzusehen. Groß-Scherif Sidi-Abd-es-Ssalam nahm den Freund sofort in die privaten Gemächer des Palastes auf und bewirtete ihn aufs beste. Von einer baldigen Abreise wollte er allerdings nichts wissen, das unerwartete Wiedersehen mußte ausgiebig gefeiert werden. So unternahmen beide eine gemeinsame Jagdreise, die Rohlfs zu wissenschaftlichen Untersuchungen nutzte. Wo immer sie auftauchten, überboten sich die Einwohner der Dörfer, und mochten sie noch so arm sein, darin, ihren geistlichen Oberhirten mit Geschenken zu erfreuen, um sich das Seelenheil zu erkaufen.

Die gemeinsame Reise führte bis an die Atlantikküste. Rohlfs war von den Eindrücken, die er ohne Belastung und Gefahren im vollen Umfang genießen konnte, geradezu überwältigt:

»Man kann sich keine herrlichere Gegend denken als dies üppige Gebirgsland, wo jeder Fleck angebaut ist und doch alles dem Auge wild erscheint, denn hier gibt es keine Hecken, keine Einfriedungen wie bei uns; hier Getreide und Bohnen, dort Feigen und Wein mit Öl vermischt, alles bunt durcheinander, und jeder Gipfel von einem Dorfe gekrönt wie in der Großen Kabylie. Dazu überall Wasser und die Quellen auch wie in der Kabylie überall von zierlichen Überwölbungen gegen die Sonne geschützt. Bald jedoch hatten wir das Gebirge hinter uns und befanden uns nun in einem fruchtbaren, überall angebauten, wellenförmigen Land.« Sein Anliegen war aber kein Vergnügungs- oder Erholungsaufenthalt, sondern eine Forschungsexpedition. So wurde am 7. Mai 1864 nach herzlichem Abschied die Weiterreise angetreten. Rohlfs' Hoffnung hatte sich erfüllt. Der Groß-Scherif stattete ihn mit etwa zwanzig Briefen an seine Emkaden in den Oasen aus. Die Emkaden hatten die Aufgabe, Pilgerreisen nach Quezzan zu organisieren und durchziehende Pilger zu versorgen. Sie nahmen auch Geschenke für ihren Herrn entgegen und übermittelten dafür dessen Segen. Sidi-Abd-es-Ssalam hatte dafür gesorgt, daß die Emkaden als seine Stützpunkte das ganze Land überzogen. Das kam Rohlfs nun zugute, denn jeder von ihnen würde bestrebt sein, dem Freund des Groß-Scherifs nach Kräften zu helfen.

Gerhard Rohlfs schloß sich einer Pilgerschar an, die, mit dem

Segen des Oberhirten versehen, in ihre Heimatoasen zurückkehrte. Wolkenbruchartiger Regen und schwere Stürme erschwerten das Vorankommen in der gebirgigen Landschaft. Die starken Niederschläge setzten plötzlich ohne Übergang ein und konnten stunden-, ja tagelang dauern: »Wir hatten kaum Zeit, unsere Sachen ins Jemma-Zelt zu flüchten, als ein Platzregen über uns hereinströmte, wie man sie eben nur in diesen südlichen Gegenden antrifft. Dazu war das Zelt sehr klein, so daß wir fast einer auf dem anderen lagen; ich hatte für meine Füße keinen Platz im Zelt, so daß ich sie dem Regen preisgeben mußte, und auf meiner Schulter ruhte die ganze Nacht hindurch das greise Haupt einer der Beni-Mgill (Berber-Stamm, W. G.), der nicht aufhörte, seine einförmigen Lieder zu singen. An Schlaf war für mich unter diesen Umständen nicht zu denken.«

Die Gipfel des Atlas rückten näher, und der Aufstieg wurde immer beschwerlicher. Am 11. Mai erreichte man die erste nach Osten verlaufende Atlaskette. Je höher man kam, umso kälter wurde es. Von den Gipfeln leuchtete der Schnee, und die herrliche Natur entschädigte für die mühsame Wanderung.

Die Große Moschee in Algier

In der Schönheit aber verbargen sich große Gefahren. Das unwegsame Terrain war ein Gebiet des Faustrechts, in dem der Stärkere triumphierte. Zwischen den Bergstämmen der Ait-Yussi und Beni-Mtir schwelte seit Jahren eine Auseinandersetzung, die jederzeit in offenen Kampf umschlagen konnte und die Karawanenwege durch den Atlas verunsicherte. Verschiedentlich wurde die Pilgergruppe von Wegelagerern angegriffen, und Rohlfs hielt für alle Fälle seine Waffe schußbereit. Meist genügten der Hinweis auf die Freundschaft mit dem Groß-Scherif und die Drohung, die Missetäter würden den Zorn des Gewaltigen zu spüren bekommen, daß die Banditen ihn ungeschoren passieren ließen.

Am 20. Mai 1864 erreichte die Gruppe den Dschebel Ayachi. Auf schmalen, steil abfallenden Pfaden führte der Weg nun bergab, um jedoch bald wieder äußerst beschwerlich zum Paß Tisint el Rit anzusteigen. Auf 2589 Metern Höhe erreichte Rohlfs hier den höchsten Punkt seiner Atlasüberquerung. Endlich verloren sich die kahlen, schroffen Berge, und man näherte sich einer Ebene.

Steppenlandschaft, Sandwind und ansteigende Temperaturen ließen mehr und mehr die Nähe der Wüste spüren.

Erforschung der Tafilelt-Oasen. Am 26. Mai kam der Zug in dem Dörfchen Iflis, dem ersten Ort der Tafilelt-Oasen, an. Die Einwohner wollten ihren Augen nicht trauen, daß es eine so kleine Mannschaft gewagt hatte, das beschwerliche und gefährliche Gebirge zu überqueren, ja man hegte sogar den Verdacht, die Ankömmlinge stünden mit den Wegelagerern im Bunde, da es sonst unerklärlich war, daß sie unbehelligt das Ziel erreichten.

Erleichtert und stolz konnte Rohlfs in seinem Tagebuch notieren, als erster Europäer den Mittleren und Hohen Atlas bewältigt zu haben. In Iflis löste sich die Reisegruppe auf. Die Pilger gingen in ihre Heimatorte, während sich Rohlfs mit seinem Diener Hammed der fruchtbaren Landschaft Tafilelts zuwandte. Diese wohl größte Sahara-Oase erstreckte sich über 500 Quadratkilometer. In etwa hundert Dörfern lebten schätzungsweise 100000 Menschen, meist Angehörige verschiedener Berberstämme. Rohlfs wollte sich einige Zeit in Tafilelt, dem Ort, nach dem die ganze Oase benannt wurde, aufhalten, da er hier auf die Unterstützung des Prinzen Mulai hoffen durfte, mit dem er sich bereits angefreundet hatte. So blieb er nur kurze Zeit in Medaghra, wurde aber hier von einer Vielzahl Kranker und eingebildeter Kranker behelligt, die davon gehört hatten, daß der

Tabib aus dem heiligen Quezzan kam und demzufolge ein wahrer »Wunderdoktor« sein müsse. Ja, man nahm ihn sogar als »Teufelsaustreiber« in Anspruch. Rohlfs beklagt sich: »Der Krankenzulauf nimmt immer noch zu, ich habe keinen Augenblick Ruhe, selbst auf der Straße verfolgt man mich.« Um so mehr Grund, die Reise alsbald fortzusetzen und auch in Ertib und Tissimi nur kurz Station zu machen.

Kurz vor Tafilelt gelegen, war Abuam ein bedeutender Handelsplatz. Auf dem Markt herrschte emsiges Treiben: »Kein bunteres und belebteres Bild als der große Markt, der drei Mal wöchentlich vor Abuam abgehalten wird. Da das Bauholz selten ist, so sind sämtliche Buden wie auch die Häuser der Dörfer aus Ton in der Form eines Maulwurfhaufens aufgeführt. Und wie in den anderen Marokkanischen Städten bilden diese Buden Straßen, und jede Straße hat ihren besonderen Verkaufszweig. Links beim Eingang hat man die Krämergasse, rechts davon ab mündet die lange Straße der Tuch-, Seidenwaren- und Kattunhändler, fast ausschließlich aus Kaufleuten von Fès bestehend. An die Straße der Krämer schließt sich die der Öl-, Butter- und Seifenverkäufer an, dann kommen die Buden der Kiftaverkäufer, bei uns würde man Restaurants sagen. Weiterhin die Waffenstraße, Trödlerstraße, Wollhändlerstraße, Schreiner, Schuster, Schneider, jedes Handwerk, jede Ware hat eine eigene Straße. Dann gibt es außerdem mehrere große Plätze, wo im Freien verkauft wird: der Gemüse- und Obstplatz, der Dattelplatz, der Salzplatz, der Matten- und Teppichplatz und der Viehmarkt.«

In Tafilelt fand Rohlfs im Hause des Prinzen freundliche Aufnahme. Wie der Prinz waren noch weitere Familienmitglieder des Sultans hierher verdammt worden, von denen er fürchtete, daß sie Ansprüche auf den Thron geltend machen könnten. Er hoffte damit, einer Palastrevolte vorzubeugen. Nach Tafilelt wurden auch die Haremsdamen eines verstorbenen Herrschers gebracht, da sich der neue Landesherr natürlich den Harem nach eigenem Geschmack gestalten und nicht die Frauen seines Vorgängers übernehmen wollte. Streng bewacht verblieben hier die Unglücklichen bis zum Tode, ohne jemals die Freiheit wiederzuerlangen. Für den Lebensunterhalt der etwa dreihundert Frauen standen nur äußerst geringe Mittel zur Verfügung, so daß sie in Not und Armut lebten. Rohlfs, der den Auftrag erhalten hatte, einige kranke Haremsdamen zu behandeln, war zutiefst entsetzt über das Elend, das sich ihm bot.

Auch in Tafilelt war seine ärztliche Kunst gefragt: »Der Zulauf der Kranken vergrößert sich von Tag zu Tag, seit ich die Frauen im Harem behandeln durfte, oder vielmehr behandeln mußte, ist mein ärztliches Ansehen über alle Maßen gestiegen. Sogar auf den Straßen läuft man mir nach und läßt mir auch bei Nacht keine Ruhe. Aber wie wenig kann ich tun, ohne zentnerweise Medikamente zu verteilen. Zwei Drittel der Bevölkerung leidet an verschiedenen Krankheiten der Augen. Viele werden erblinden oder sind es schon, weil sie niemand nach unseren Methoden zu behandeln versteht. Aber von mir erwartet man, daß schon das Auflegen der Hand genügt, und ich soll sogar böse Geister vertreiben.«

Trotz aller unliebsamen Störungen war es Rohlfs möglich, die Oase, die er 1862 nur flüchtig kennengelernt hatte, intensiv zu erforschen und erstmals eingehend zu beschreiben. Die Vermutung, er sei als Christ von den europäischen Regierungen und Handelsleuten ausgesandt, um das Land für deren Interesse zu erkunden, kam wieder auf. Dank der guten Beziehungen zu früheren Freunden, wozu auch der Kadi Ali von Rissani zählte, konnte der Verdacht zerstreut und die Gefahr behoben werden.

Da nur sehr selten Karawanen nach Tuat zogen, mußte Rohlfs länger warten als beabsichtigt. Schließlich gelang es ihm, mit einem Berber vom Stamm der Duemini, die südlich von Tafilelt siedelten, zu vereinbaren, daß er ihn und seinen Diener Hammed die etwa 500 Kilometer weite Strecke bis Tuat begleitete. Rohlfs begann sofort mit den Reisevorbereitungen. Auf dem Markt kaufte er reichlich Vorräte für 10 Tage, etwa die Zeit, in der eine neue Einkaufsmöglichkeit erreicht würde. Da laut Vertrag zwei Kamele zur Verfügung gestellt wurden, konnten Pferde und Esel verkauft werden. Gleich am Anfang der Reise gab es böse Überraschungen. Räuber hatten es auf Rohlfs Besitz abgesehen, und nur mit viel List gelang es, ihnen zu entgehen. Aus der erhofften Reittour wurde es nichts, da der sie führende Berber so viele Waren aufgekauft hatte, daß alle zur Verfügung stehenden Kamele als Transporttiere benötigt wurden. So mußten Rohlfs und sein Begleiter am 7. Juli wohl oder übel zu Fuß aufbrechen, was bei steinigem Weg und großer Hitze kein Vergnügen war. In der Mittagszeit zeigte das Thermometer über 60 °C an. Noch schlimmer als die schreckliche Hitze war der Wüstenwind, der wie ein Sandstrahlgebläse Abertausende kleine heiße Sandkörnchen durch die Kleidung dringen ließ. Rohlfs klagt: »Die Einförmigkeit der Gegend ist durch nichts unterbrochen, so weit das Auge reicht, auch nicht der geringste Höhenzug, auch nicht der geringste Baum oder Strauch ist wahrzunehmen. Der harte feste Boden ist mit scharfen kleinen Steinen bedeckt, die das Gehen unerträglich machen und unser Schuhwerk, das ohnedies nicht vom besten war, bald abnutzten, denn man wird sich erinnern, daß ich wie alle zu Fuß gehen mußte. Dabei die große Hitze, die Mittags im Schatten nie unter 40° betrug, und der unersättliche Durst.«

Ohne die bereits erworbenen Erfahrungen und die trainierte Widerstandskraft seines Körpers hätte Gerhard Rohlfs schwerlich die Strapazen des langen Wüstenmarsches überstanden. Am Ende der Hammada gelangte die Karawane in das fruchtbare Wadi Rir. Rohlfs machte bei der Oase Buanan nur sehr ungern Rast, verbanden sich doch für ihn mit diesem Ort die schlimmsten Erinnerungen. Vor zwei Jahren wäre er hier fast einem Mordanschlag zum Opfer gefallen.

Obwohl das Wadi nur nach starkem Winterregen Wasser führte, war auch jetzt durch feuchten Sand der unterirdische Flußlauf erkennbar. Da das Wadi nach Osten lief, Rohlfs aber die südlich gelegene Oase Igli anstrebte, verließ er das Flußbett, stieß aber bald auf das ebenfalls aus dem Atlas kommende Wadi Saura.

Die Unstimmigkeiten mit dem Berber hatten sich vertieft. Nur gegen Erpressung von höherem Lohn war er überhaupt bereit, die Führung weiter zu übernehmen. Der endlose Fußmarsch zehrte an Rohlfs' Energie: »Vor allen Dingen kam es mir darauf an, Kamele zu mieten, um reiten zu können, denn meine Kräfte waren durch diese Märsche, durch die entsetzlichen Schweiße, schlechte Kost, Hunger und Durst auf dem letzten Punkt angekommen. Wenn man bedenkt, daß tags im Schatten die durchschnittliche Hitze 40 °C betrug, so wird man überzeugt sein, was ein Nordländer, selbst wenn er wie ich seit Jahren in wärmeren Klimaten gelebt hat, ausstehen mußte.«

Glücklicherweise gelang es, in Iglis Kamele bis zu der Oase Karsas zu mieten, so daß die Reise auf dieser Wegstrecke leichter fiel. Inzwischen hatte sich die zur Verfügung stehende Summe so stark dezimiert, daß sich Rohlfs nicht zum Kauf der Kamele entschließen konnte. Finanzielle Sorgen sollten in zunehmendem Maße die Weiterführung der Expedition beeinflussen. Rohlfs deutete es bereits jetzt an: »Wer eine solche Reise mit so geringen Mitteln übernimmt, wie sie mir zu Gebote stehen, muß alles erwägen und vorher bedenken.«

Da die Gegend von Karsas durch Wüstenräuber verunsichert wurde, war es zweckmäßig, die Reise nach den Tuat-Oasen in Begleitung einer Karawane anzutreten, auf die man allerdings wieder lange warten mußte. Rohlfs ließ die Zeit nicht ungenutzt verstreichen, sondern vervollkommnete seine Aufzeichnungen. Wie kaum ein anderer europäischer Forscher vor oder nach ihm hatte er sich an die Verhältnisse der Wüste gewöhnt und sich mit den Lebensgewohnheiten und Eigenschaften der Wüstenbewohner vertraut gemacht. Von der Legende ihres vermeintlichen »siebten Sinnes« hielt er allerdings gar nichts und gab ihren erstaunlichen Fähigkeiten eine völlig natürliche Erklärung: »Wer so wenig Gelegenheit hat, seinen Verstand mit anderen Dingen zu beschäftigen, als mit denen, die sich in seiner Umgebung befinden, der muß sich doch ganz und gar mit diesen wenigen befassen. Denn was sieht man in einer Wüste außer Steinen, Sand und stellenweise ganz geringer Vegetation. Es gibt keine Abwechslung vom ewigen Einerlei. Da ist es doch selbstverständlich, daß diese Menschen ihre Sinne und ihren Verstand auf jene noch so winzigen Kleinigkeiten konzentrieren. Die sind ja für sie lebenswichtig.«

Welcher Art waren nun diese besonderen Fähigkeiten?

»So weiß jeder Wüstenbewohner die Fußstapfen eines männlichen von denen eines weiblichen Kamels zu unterscheiden. Die meisten Bewohner eines Ksor oder Duar kennen die Fußstapfen ihrer Mitbewohner, sie unterscheiden, ob ein Araber oder Berber vor ihnen her marschiert ist, indem die Sandalen der einen anders sind als die der anderen. Sie wissen ferner an gewissen Kräutern und Stauden, ob man sich einem Flußbette nähert, weil sie eben nur in einem solchen fortkommen; ja sie können nachts unterscheiden, ob ein Kamel dicht vorher marschiert ist, indem sie die Fußstapfen beriechen, da das Kamel einen sehr stark ausdünstenden widerlichen Geruch hat, der für einige Zeit den Fußstapfen eigen bleibt.«

Nach Durchquerung einer aus nacktem Gestein bestehenden Felswüste und Überschreiten hoher Sanddünen erreichte die Karawane am 13. August Tsabit, die Pforte zu den berühmten Tuat-Oasen. Rohlfs war es als erstem Europäer gelungen, bis zu diesem Oasengebiet vorzudringen und es eingehend zu erforschen. In Brinken, einem Ort von etwa 3000 Einwohnern, erregte seine Ankunft offensichtlich Mißfallen. Scheich Muhammad ben Mikki war bestrebt, ihn völlig zu ignorieren. Er wollte seine Selbständigkeit damit betonen, daß er sich dem Einfluß des Groß-Scherifs nicht unterwarf, ganz zu schweigen von der staatlichen Oberhoheit des Sultans. Die Tatsache, daß Rohlfs gleiche Empfehlungsschreiben an ihn und an Scheich Abd el-Kader, den Herrscher von Tidikelt, seinen größten Widersacher, hatte, in dessen Gebiet er weiterreisen wollte, trug nicht dazu bei, freundschaftliche Gefühle zu wecken.

Am 15. August erlebte Rohlfs in Brinken das Geburtsfest des Propheten. Um sein Ansehen als guter Mohammedaner nicht in Frage zu stellen, beteiligte er sich eifrig an den bis zum frühen Morgen währenden Feiern, die vor allem in wilde Schießereien ausarteten. Das frostige Klima veranlaßte ihn, bald weiterzuziehen. In der Oase Timmi, seinem nächsten Ziel, war der Empfang umso herzlicher. Von hier aus unternahm Rohlfs einen Abstecher nach Tamentit, einer wichtigen Stadt im Bereich der Tuat-Oasen. Zwischen beiden Orten erstreckte sich eine von einem ausgetrockneten Salzsumpf gebildete schneeweiße Salzkruste. In Tamentit blühten Handel und Handwerk, vor allem die Schuh- und Kleidermacher, Waffenschmiede und Schlosser zeichneten sich durch hohes handwerkliches Können aus. Hier verbreitete sich erneut der Ruf des Tabibs als Wundertäter, der allein durch Handauflegen Schmerzen stillen und Krankheiten heilen könne. Als zu allem Überfluß noch das Gerücht verbreitet wurde, Mustafa sei Nachkomme eines Bruders des Propheten, konnte Rohlfs' Ansehen, der jetzt sogar noch seinen Segen spenden mußte, kaum höher sein. Während seiner Anwesenheit in den Tuat-Oasen war seit Beginn der Expedition bereits ein Jahr vergangen: »Heute vor einem Jahre trat ich meine Reise von Algier aus an, und so schnell ich die ersten Stunden zurücklegte – denn auf dem Weg von Algier bis Blida benutzte ich die Eisenbahn – so langsam komme ich jetzt vorwärts. Es ist jedoch nicht meine Schuld und besser langsam und sicher als schnell und vielleicht aller Früchte beraubt, denn je weiter ich vordringe, desto unsicherer wird der Weg. Und auch die gerühmte Sicherheit der Wege Tuats ist nicht weit her, denn man bekriegt sich untereinander und außerdem werden die Wege noch unsicher gemacht durch Wegelagerer.«

Freundliche Aufnahme wurde dem Reisenden auch bei dem wohlhabenden Vorsteher des Klosters Kinnta zuteil. Der Weg führte weiter am Wadi Msaud entlang, zur Oase Sali, wo Scheich Sidi Muhammad bereits ungeduldig wartete, um endlich auch in den Genuß der ärztlichen Kunst Mustafas zu kommen, dessen Ruf sich in Windeseile über die gesamten Tuat-Oasen verbreitet hatte.

Scheich Abd el-Kader, Herrscher von Tidikelt. Am 10. September 1864 begab sich Rohlfs im Geleit einer kleinen Getreide-Karawane auf den Weg in ein neues Oasengebiet. Drei Tage dauerte der Marsch durch vegetationsloses steiniges Terrain, da wurde Aulef, der westlichste Ort der Oase Tidikelt, erreicht. Ohne Aufenthalt zog Rohlfs In-Salah, dem Zentrum der Oase, entgegen. Er hatte Eile, denn von hier aus hoffte er den Marsch nach dem Hauptziel der Expedition, nach Timbuktu, antreten zu können.

Alle Bedenken gegenüber Scheich Hadsch Abd el-Kader uld Bu Guda, über den allerlei üble Gerüchte kursierten, erwiesen sich als völlig unbegründet. Rohlfs wurde von dem berühmten und zugleich gefürchteten Herrscher, dessen Machtbereich sich weit über die Oase hinaus auf die ganze nördliche Zentralsahara erstreckte, nicht nur freundlich aufgenommen, sondern er fand bei ihm auch weitgehende Unterstützung. Abd el-Kader hatte zielstrebig ein funktionsfähiges Herrschaftssystem ausgebaut und dessen wirtschaftliche Basis durch Gewinnung neuer landwirtschaftlicher Nutzflächen und Bau von Bewässerungsanlagen gestärkt. Mit diesen Maßnahmen wollte er ein Bollwerk gegen die europäischen Eindringlinge errichten. Große Förderung genossen Handwerk und Handel. Nach In-Salah kamen Karawanen aus den Sultanaten des Sudan und vom Niger, von Tunis und Tripolis, Kufra und Mursuk, um Waren auszutauschen. Im wesentlichen wurde hier Transithandel abgewickelt, die in In-Salah erzeugten Produkte dienten der Versorgung innerhalb der Oase Tidikelt. In der Handelsmetropole herrschte ein buntes Treiben aller Völkerschaften der Sahara, die den Ruhm des Herrschers in ihre Heimatoasen und Städte trugen.

Der Mächtige verstand zwar den Wunsch seines Gastes, so bald wie möglich nach Timbuktu zu ziehen, vermochte aber dieses Anliegen nicht zu unterstützen. Das Empfehlungsschreiben des Groß-Scherifs enthielt ausdrücklich den Auftrag, für eine sichere Reise Mustafas zu Scheich el Bakay, dem Herrscher Timbuktus, der Heinrich Barth so fürsorglich aufgenommen hatte, Sorge zu tragen. Sicherheit konnte Abd el-Kader aber nur gewährleisten, wenn der Gast mit einer großen Karawane reiste, die er selbst zur »Königin der Wüste« sandte, das war aber erst in etwa einem halben Jahr möglich. Es hieß sich also gedulden. In der Wartezeit stand Mustafa ein Haus als vorzügliches Quartier zur Verfügung. Geduld aber war eine Eigenschaft, die sich Rohlfs noch immer nicht erworben hatte. Hinzu kam, daß seine Mittel immer geringer wurden und daß In-Salah ein teures Pflaster war. Die versiegende Finanzquelle war jedoch nicht die Hauptursache des Drängens. Zweifellos hätte der wohlhabende, hilfsbereite Scheich ihm jede gewünschte Summe geliehen. Es waren der unbefriedigte Unternehmungsdrang, die Forscherleidenschaft und auch die Ungewißheit, wie sich in einem halben Jahr die Lage darstellen würde. Für eine Weiterreise zu diesem Zeitpunkt konnte ebenfalls keine Garantie übernommen werden. Wie leicht war es möglich, daß Auseinandersetzungen feindlicher Stämme die Karawanenwege versperrten oder daß innere Unruhen in Timbuktu, über die Heinrich Barth ausführlich berichtet hatte, die Abreise als zu großes Risiko erscheinen ließen. Zweifellos war Gerhard Rohlfs in In-Salah an einem entscheidenden Wendepunkt seiner Expedition angekommen. Er traf den Entschluß, an die Mittelmeerküste zurückzukehren. Bis Oran oder Algier mochten es etwa 1500 Kilometer sein, die in zwei Monaten bewältigt werden konnten. Allerdings widerstrebte es seinem Forschergeist, den zwar »einfachsten«, aber bereits weitgehend bekannten Weg zu wählen. Wenn schon das ursprüngliche Ziel ein Traum bleiben mußte, dann sollte wenigstens auf dem Rückweg unbekanntes Gebiet erforscht werden. Dazu bot sich eine Route in nordöstlicher Richtung an, die über Ghadames nach Tripolis führte. Doch auch dieser Vorschlag fand nicht die Zustimmung des Scheichs. So mußte sich Rohlfs zunächst damit abfinden, seinen Aufenthalt, der nun bereits zwei Monate dauerte, weiter zu verlängern. An Langeweile litt er keineswegs. Er durchforschte gewissenhaft das Oasengebiet und lieferte, da die Tagebücher Gordon Laings, der erstmals hier gewesen war, verloren gegangen waren, die erste Beschreibung der Landschaft. Ein ungewöhnliches Phänomen war das weibliche Schönheitsideal der Bevölkerung. Je beleibter eine Frau, um so größer war ihre Anziehungskraft. So wetteiferten die Frauen und Mädchen durch Konsum riesiger Mengen von Kamelmilch und Kamelbutter, die ersehnte Leibesfülle zu erreichen. Wer sich kaum noch fortbewegen konnte, war Schönheitskönigin.

Ein Umstand, der es Rohlfs zweckmäßig erscheinen ließ, das Gebiet möglichst bald zu verlassen, war die Gefahr, mit zunehmender Aufenthaltsdauer als Schein-Moslem entlarvt zu werden. An Neidern und Erpressern fehlte es nicht, die ihn bei dem Gewaltigen als Christen anschwärzen wollten. Hauptwidersacher war Si-Otman, ein Scheich des Foghar-Stammes. Da er jedoch einer Einladung Napoleons III. nach Frankreich gefolgt war, anstelle der heiligen Pflicht einer Pilgerreise nach Mekka zu genügen, standen seine Argumente zum Glück auf schwachen Füßen. Abd el-Kader vertraute seinem Gast. Hätte denn der verehrte Groß-Scherif einem Ungläubigen seine Freundschaft geschenkt und Empfehlungsbriefe für ihn in alle Oasen der Zentralsahara gesandt? Doch wehe dem Reisenden, wenn die Wahrheit über seine Herkunft enthüllt worden wäre!

Als schließlich die Nachricht eintraf, daß Scheich el Bakay sich in kriegerischen Auseinandersetzungen mit den Tuareg befand und sich die Abreise einer Karawane nach Timbuktu damit auf lange Zeit verzögern würde, entsprach Abd el-Kader endlich dem Wunsche seines Gastes und war bereit, ihn mit einer Karawane über Ghadames nach Tripolis reisen zu lassen.

Rohlfs machte sich sogleich an die Vorbereitungen: »Ich habe jetzt auch angefangen, meine Einkäufe zu machen, und zwar für 30 Tage Lebensmittel, denn zwischen hier und Rhadames (Ghadames) ist nichts zu bekommen, auch habe ich meine Wasserschläuche noch vermehrt, so daß ich jetzt auf 10 Tage Wasservorrat mitnehmen kann. Übermorgen werden wir wahrscheinlich aufbrechen.«

Rückkehr. Am 29. Oktober 1864 trat die Karawane die Reise an. Beim Abschied mußte Mustafa versprechen, im Frühjahr des kommenden Jahres nach In-Salah zurückzukehren. Die hundertzwanzig Kamele eines reichen Kaufmanns aus Ghadames setzten sich nur äußerst langsam in Bewegung. Ihre Fracht bestand vornehmlich aus kostbaren Straußenfedern und Elfenbein. Für den eigenen Bedarf und den seines treuen Dieners Hammed Tandjani, der ihn noch immer begleitete, hatte Rohlfs zwei Zentner Datteln, einen Zentner Gerstenmehl sowie einen halben Zentner getrocknetes Ziegenfleisch gekauft. Das versprach nicht gerade eine abwechslungsreiche Kost, doch zu Besserem hatte der Rest des Geldes nicht gereicht. Die Leitung der Karawane und die Versorgung der Kamele übernahmen gegen reichlichen Lohn Tuareg, die in dem unsicheren Gebiet auch gegen alle Angreifer Schutz boten.

Zunächst führte der eintönige Weg tagelang durch eine Ebene. Zum Unglück waren einige der Brunnen, auf die die Reisenden angewiesen waren, Bitterquellen, die zu einer ebenso intensiven wie unfreiwilligen Abführkur »verhalfen«.

Als man eines Tages nach der Nachtruhe die Zelte verließ, hingen in den Dornbüschen Unmengen von Heuschrecken, die von der Kälte der Nacht noch erstarrt waren. Sie boten eine willkommene Bereicherung des Speiseangebots: »Diese Heuschrecke, eine der auch in Deutschland vorkommenden größeren Arten, gab uns einen erwünschten Zuwachs für unsere Küche. Man ißt sie auf Kohlen geröstet, mit etwas Pfeffer und Salz bestreut, nachdem Kopf, Eingeweide und Flügel entfernt wurden. So zugerichtet geben sie ein schmackhaftes Essen, man kann sich jedoch denken, daß Tausende von Heuschrecken dazu gehören, um einen hungrigen Magen zu füllen. Die Tuareg pflegen deshalb auch eine andere Prozedur anzuwenden, sie rösten sie, stoßen sie zu Pulver und mischen dieses Pulver mit Dattelmehl. Ob dies indes ein für einen Europäer genießbares Essen abgibt, kann ich nicht sagen, denn obgleich mich die Vettern Sidi Ottmanns häufig einluden, an ihrem Heuschrekkenmahl teilzunehmen, konnte ich mich doch nicht überwinden, es zu kosten. Geröstete Heuschrecken habe ich dagegen häufig gegessen und ich kann sagen, daß sie genießbar sind.«

Mitte November durchquerte die Karawane das Wadi Irharhar. Mit etwa tausend Kilometern Länge und zwanzig Kilometern Breite ist es eines der größten Trockentäler der Sahara. Man beeilte sich, das Terrain zu verlassen. Wenn sich auch keiner der Treiber daran erinnern konnte, daß das Wadi jemals Wasser geführt hätte, würden Regenfälle, die auch am Oberlauf einsetzen konnten, binnen kurzer Zeit das Sandbett in einen reißenden Strom verwandeln, aus dem es kein Entrinnen gab.

Es war ein ungeschriebenes, ehernes Gesetz der Wüste, daß bei ausgehendem Wasservorrat der verbleibende Rest Gemeingut der Karawane wurde, damit alle so lange wie möglich den größten Durst stillen konnten. Den Wasserrest in egoistischer Weise zu nutzen, galt als eines der schwersten Verbrechen.

Angesichts der schier unendlichen Weite kam Rohlfs zu der Überlegung: »Wann wird die Zeit kommen, wo die Chemie die Mittel an die Hand geben wird, Steine, Felsen im Großen in fruchtbare Erde zu verwandeln, damit auch diese Teile der Erde, die dann eine Bevölkerung von Millionen ernähren könnten, bevölkert werden?«

Das Wadi mündete in die völlig vegetationslose, mit scharfkantigen Steinen übersäte Hammada el-Hamara. Wie eine Erlösung mutete es deshalb an, als man während einer Nachtwanderung inmitten dieser Einöde die Palmen der kleinen Oase Temasani erblickte. Alle waren unendlich »froh, nach so vielen Reisetagen diesen kleinen Ort, der wie ein Eiland im Meere hier von allen bewohnten Orten über 10 Tagesmärsche entfernt in der Wüste liegt, erreicht zu haben«.

Nach einem Rasttag wurde am 17. November die Oase in nordöstlicher Richtung verlassen. Dabei gelangte man zu der großen Karawanenstraße, die von Tripolis über Ghadames und Ghat in den Sudan führt. Damit kam Rohlfs, nachdem er seit Quezzan eine Hunderte Kilometer lange, bisher unbekannte Strecke zurückgelegt hatte, wieder in bereits erforschtes Gebiet. Heinrich Barth hatte am Anfang seiner großen Sudanexpedition diesen Weg beschritten. Nach beschwerlichem Marsch durch die steinige Einöde kam Ende November Ghadames in Sicht: »Am 28. November endlich, also 30 Tage nachdem wir von Ain-Salah abgereist waren, durften wir hoffen, Rhadames zu erreichen und von dem einmonatlichen Kamelritt ausruhen zu können. Ohne jegliche Bekanntschaft in Rhadames, ohne einen Empfehlungsbrief (denn mein Plan war, von Ain-Salah aus nach Timbuktu und nicht nach Tripolis zu gehen) mußte ich darauf bedacht sein, mir Quartier zu verschaffen.«

Rohlfs schickte seinen Diener Hammed voraus, damit dieser ihn als Arzt Sidi Hadsch Abd es Salams anmelden und in der Moschee ein Quartier besorgen konnte. Ghadames hatte keinen Oasencharakter, es war vielmehr eine von Mauern umgebene Wüstenstadt. Außerhalb der Stadtmauern, die vor der Versandung schützten, gab es keine Vegetation. So war die Bevölkerung, sosehr sie auch das Stadtinnere zu einem blühenden Garten gestaltete, auf die Versorgung von außen angewiesen. In dem Ort, eines der wichtigsten Handelszentren der Sahara, gab es keine Versorgungsschwierigkeiten. Wohl jede Familie war in irgendeiner Form an dem lebhaften Transithandel beteiligt. Noch immer blühte hier trotz aller nomineller Verbote der Sklavenhandel. Eine wirksame Durchsetzung des Anti-Sklaverei-Paktes der europäischen Großmächte, dem auch die Türkei angehörte, war so lange nicht möglich, wie die türkischen Statthalter, deren Aufgabe es gewesen wäre, die Einhaltung des Verbotes durchzusetzen, selbst an dem Handel mit dem »schwarzen Elfenbein« Unsummen verdienten. So erhielt der türkische Pascha für die Sklaven, die auf dem Markt von Ghadames öffentlich versteigert wurden, anteiligen Gewinn.

Ghadames war eine alte Stadt und bestand bereits zu einer Zeit, als der Ort noch von Vegetation umgeben und an eine Versandung nicht zu denken war. Im Jahre 19 v. u. Z. wurde Ghadames von dem römischen Konsul Cornelius Balbus erobert und unter dem Namen Cydamus später der römischen Provinz Numidia einverleibt. Im Jahre 666 nahmen die Araber die weitgehend zerstörte Stadt ein und ließen sie als Ghadames wieder erstehen. Zahlreiche Ruinen alter Bauwerke kündeten auch außerhalb der Stadtmauern von der Römerzeit. Als Statthalter des Sultans von Konstantinopel residierte hier seit 1844 ein türkischer Pascha, der Rohlfs eine Audienz gewährte. So freundlich der Empfang auch schien, war doch äußerste Vorsicht geboten. Rohlfs hatte hier zuviel gesehen, was ihn als Zeugen höchst unangenehm werden lassen könnte. Auch die einheimischen Großhändler fürchteten die Konkurrenz. Rohlfs konnte sich also aus Sicherheitsgründen keiner Karawane nach Tripolis anschließen. Allein mit seinem Diener Hammed in Richtung Küste zu ziehen war auch ausgeschlossen. Ein Ausweg aus der schwierigen Lage bot sich mit dem monatlich hier eintreffenden Kurier des Sultans, der die amtlichen Mitteilungen überbrachte. Wenn es gelang, in seiner Begleitung zu reisen, wäre die Sicherheit gewährleistet. Das Vorhaben glückte, und Rohlfs konnte nach etwa zweiwöchigem Aufenthalt in der Wüstenstadt am 12. Dezember die letzte Etappe der Rückreise antreten.

Da Informationen über angeblich die Karawanenstraße verunsichernde Wüstenräuber kursierten, wurde ein Umweg über Derg gewählt. Unweit dieses Ortes endete, wie Rohlfs in einem Bericht vermerkte, die Vollwüste: »Wir befanden uns von da an fortwährend in einem bewachsenen Lande und wenn auch die Jahreszeit noch nicht die kleinen Kräuter und Gräser hatte hervorsprossen lassen, so sieht man doch an den zahlreichen Viehexkrementen, daß hier im Frühjahr geweidet wird ... Im Innern der Häuser zeigt sich indes wie auch in Rhadames eine Art Luxus, man merkt, daß man die eigentliche Wüste hinter sich hat und sich einer, wenn nicht europäischen, so doch mit europäischen Produkten versehenen Stadt nähert.«

Den Weihnachtsabend verbrachte Rohlfs in Gharian. Das Dorf bot mit seinen unterirdischen Wohnstätten einen interessanten Eindruck. Diese ungewöhnliche, wohl einmalige Form der Behausung war von den Bewohnern als Schutz vor der Hitze gewählt worden.

Das Steppengebiet ging in fruchtbare Felder über. Die sich mehrenden Dörfer kündigten die nahe Küste an. Am 28. Dezember 1864 war der große Augenblick gekommen: Von einem Hügel aus konnte Gerhard Rohlfs das Meer erblicken. Am nächsten Tag traf er in Tripolis ein. Die Expedition, eine Großtat in der Erforschung der Sahara, war abgeschlossen.

Rohlfs begab sich zu dem österreichischen Konsul Luigi Rossi, der in ihm zunächst einen Araber vermutete. Eine inzwischen eingetroffene Überweisung enthob ihn der Geldsorgen, denn die Finanzen waren inzwischen völlig aufgebraucht. Noch am Tage der Ankunft telegrafierte er seiner Familie die glückliche Rückkehr.

Die ungestüme Neugier der in Tripolis ansässigen Europäer, die sich nicht zurückhalten ließen, das »Wüstenwunder« Rohlfs zu besichtigen, fügte dem Forscher großen Schaden zu. Die mohammedanische Bevölkerung erfuhr, daß Mustafa als falscher Moslem durch die Wüste gezogen war, um sich des Schutzes und Beistands ihrer Glaubensbrüder zu versichern. Das mußte Empörung auslösen und als sensationelle Kunde auch in die Oasen dringen. Der türkische Pascha empfing Konsul Rossi zu einer Sonderaudienz, um sich über den Vorfall, der großes Aufsehen erregt hatte, zu informieren. Eine spätere Unterredung zwischen Mahmud Pascha und Gerhard Rohlfs verlief zwar in einer freundschaftlichen Atmosphäre, doch der Pascha warnte unmißverständlich und eindringlich davor, daß Rohlfs die geplante Reise nach Timbuktu durch das Tuareg-Gebiet antrete. Er würde nicht nur als Verräter des Glaubens, sondern vor allem als vermeintlicher Spion im Solde Frankreichs verfolgt werden.

Rohlfs hatte keineswegs beabsichtigt, seine Freunde und Helfer zu brüskieren. Er wollte nach wie vor als Moslem gelten und legte keinen Wert auf Publizität. Doch die Sensationslust der

Konsulatsmitarbeiter und weiterer Europäer durchkreuzte sein Vorhaben, möglichst bald wieder von Tripolis nach Tidikelt aufzubrechen, um die Expedition nach Timbuktu antreten zu können.

Man sollte annehmen, daß die strapazenreiche Route, auf der Rohlfs nahezu fünftausend Kilometer zurückgelegt hatte, nur ein kerngesunder Mensch durchhalten kann. Doch das gesundheitliche Befinden des Forschers ließ sehr zu wünschen übrig. Drei Finger der verletzten Hand waren unbeweglich. Die Schußwunde am Arm hatte sich geöffnet und eiterte. Auch die Folgen der schweren Darmerkrankung waren keineswegs überwunden. Es hatte eines unbändigen eisernen Willens bedurft, ungeachtet dieser Behinderungen das angestrebte Ziel zu erreichen. Nach der bescheidenen Auffassung des Forschers selbst hatte er das beabsichtigte Vorhaben nicht verwirklicht:

»Freilich hatte ich diesmal nicht das vorgesteckte Ziel erreicht, wenn man indes die geringen Mittel kennt, die mir für die Reise zur Verfügung standen (ich hatte 300 Taler vom Bremer Senat, eine gleiche Summe von der englischen Geographischen Gesellschaft und 500 Taler von meinem ältesten Bruder Doktor Hermann Rohlfs in Bremen), so wird man sich nicht wundern, daß ich Timbuktu nicht erreichte.« Noch von Tripolis aus sandte er das Tagebuch seiner Expedition an August Petermann nach Gotha, der es in den »Geographischen Mittheilungen« 1864 und 1865 veröffentlichte. Eine bearbeitete Buchausgabe erschien 1868 unter dem Titel »Reise durch Marokko, Übersteigung des Großen Atlas, Exploration der Oasen Tafilelt, Tuat und Tidikelt und Reise durch die große Wüste über Ghadames nach Tripolis«.

Nahezu zehn Jahre hatte Rohlfs die Heimat nicht gesehen. Eltern und Geschwister wollten ihn möglichst bald wiedersehen, und auch August Petermann sowie die Geographischen Gesellschaften von Berlin und Paris waren brennend an einem persönlichen Reisebericht interessiert. So entschloß sich Gerhard Rohlfs, obwohl er den plötzlichen Klimawechsel fürchtete, zur Abreise nach Deutschland.

Allerdings sollte es nur eine kurze Besuchsreise sein, die baldige Rückkehr nach Afrika zur Fortsetzung der Forschungen stand für ihn fest. Welches waren die Ergebnisse seiner ersten großen Expedition, für die ihm die Pariser Geographische Gesellschaft ihre höchste Auszeichnung, die Goldene Medaille, verlieh?

Erste Forschungsreise

Reise durch Marokko,

Uebersteigung des grossen Atlas.

Exploration der Oasen von Tafilet, Tuat und Tidikelt

und

Reise durch die grosse Wüste

über Rhadames nach Tripoli.

Von

Gerhard Rohlfs.

Mit einer Karte von Nord-Afrika.

VIERTE AUSGABE.

NORDEN, 1884.
HINRICUS FISCHER NACHFOLGER.
VERLAGSBUCHHANDLUNG.

Gerhard Rohlfs hatte als erster Europäer die westliche Sahara in ihrer ganzen Breite durchquert und über dieses Gebiet eine Fülle von Kenntnissen vermittelt. Er gab Aufklärung über die westlichen und mittleren Provinzen Marokkos und informierte über den Einfluß des in Quezzan residierenden Groß-Scherifs als hohen geistlichen Würdenträger. Rohlfs' Erstüberquerung des Mittleren und Hohen Atlas bot wichtige Angaben über die geologische Beschaffenheit der Gebirge und machte in Europa erstmals bekannt, daß der Atlas aus drei parallel verlaufenden Gebirgsketten besteht, die durch den Moulouya und das Wadi Dra getrennt werden.

Rohlfs hatte als erster Europäer die Hammada el-Kebir zwischen Tafilelt und Wadi Rir durchwandert. Doch das wohl wichtigste Ergebnis der Expedition war die Entdeckung, Erforschung und Beschreibung der Oasengebiete des Wadi Rir, Wadi Saura sowie der Oasenarchipele Tuat und Tidikelt. Es kann deshalb mit Recht festgestellt werden, daß Rohlfs' Entscheidung, von Tuat nach Osten zu ziehen, die geographische Wissenschaft mehr bereicherte, als das bei der ursprünglich geplanten Route nach Timbuktu möglich gewesen wäre. Ende Januar 1865 bestieg Gerhard Rohlfs in Tripolis den Dampfer, der ihn nach Europa bringen sollte. Erst auf der Seereise nach Malta legte er die arabische Kleidung und den angenommenen Namen Mustafa-el-Tabib ab. In Malta mußte er sich eine Woche gedulden, ehe die Reise fortgesetzt werden konnte. Der Weg über Frankreich bot die beste Verkehrsverbindung nach der Heimat. Eltern und Geschwister verwöhnten den so lange Vermißten nach Kräften. Der Vater war besonders stolz. Vor einem Jahrzehnt hatte der »mißratene« Sohn bei Nacht und Nebel als Abenteurer die Familie verlassen, jetzt war er als in aller Welt geachteter bedeutender Forscher zurückgekehrt.

In Gotha erwartete August Petermann den kühnen Entdecker. Hermann Rohlfs begleitete seinen Bruder nach Thüringen. Petermann hatte sich inzwischen in den Reisebericht vertieft und war des Lobes voll. Rohlfs' Absicht, möglichst bald eine neue Expedition anzutreten, fand seine begeisterte Zustimmung, und in gemeinsamen intensiven Gesprächen entstand der Reiseplan. Hauptziel sollte es sein, die von Heinrich Barth eingeleitete Forschung fortzusetzen und über die Völker und Sultanate in Zentralafrika Klarheit zu gewinnen. Als zweckmäßigste Route erschien der Weg von Tripolis über Ghadames, durch das Gebirgsland Ahaggar in der zentralen Sahara zum Tschadsee. Gegebenenfalls war es möglich, während dieser Expedition auch das noch immer ungewisse Schicksal von Eduard Vogel und Moritz von Beurmann aufzuklären. Dieser Plan konnte nicht in die Tat umgesetzt werden, ohne daß der berühmteste Afrikaforscher Heinrich Barth konsultiert wurde, der 1855 von seiner großen Expedition zurückgekehrt war, und nachdem er in England nicht die erhoffte Anstellung gefunden hatte, seit dem 4. Januar 1859 in Berlin lebte. Seine reichen Erfahrungen galt es unbedingt zu nutzen. Der berühmte Heinrich Barth hatte den jungen Kollegen herzlich eingeladen und ihm Hilfe in Aussicht gestellt: »So aber lade ich Sie immerhin ein, mein Gast auf einige Tage zu sein. Sie können bei mir wohnen und habe ich ein Zimmer für Sie bereit. Dann werde ich einige Herren einladen, deren Bekanntschaft Ihnen immerhin nützen kann.«

Rohlfs war überrascht, daß Barth das Vorhaben nicht in gleicher Weise begrüßte. Im Gegenteil, er warnte dringend davor, die vorgesehene Route einzuschlagen, da Rohlfs' Sicherheit durch die inzwischen allgemein bekannte Tatsache, daß er als verkappter Moslem gereist war, aufs höchste gefährdet schien. Barth schlug vor, vom Fessan aus über das Gebirgsland Tibbu nach Wadai und Darfur vorzudringen, um die westlichen Nilzuflüsse zu erreichen. Zweifellos war das eine beeindruckende Aufgabenstellung, doch schienen die mit ihrer Durchführung verbundenen Gefahren keineswegs geringer als bei dem Rohlfs-Petermannschen Plan. Ohne endgültige Entscheidung trennten sich die beiden Afrikaforscher als gute Freunde.

Wie ein Brief an Perthes vom 13. März 1865 zeigt, war Heinrich Barth sehr von der Energie und Zielstrebigkeit des jungen Kollegen angetan: »Zu großer Freude habe ich Bekanntschaft des Herrn Rohlfs gemacht, der in seiner Festigkeit und Bestimmtheit einen entschieden günstigeren Eindruck machte als Herr von Beurmann, dem es an Klarheit nicht wenig fehlte. Hoffen wir, daß es ihm gelingt, recht schöne Resultate zu erreichen. Er hat mit mir viel über die beiden verschiedenen Punkte gesprochen, die Herr Prof. Petermann in den Mittheilungen über Rohlfs' Reise im letzten Hefte der Mittheilungen bespricht und ich habe ihn meine Ansicht kundgetan, daß er in der östlichen Hälfte der Wüste im Gebiet der Tedā mehr und reicheres Feld habe als im Westen, ganz abgesehen davon, daß er von dem günstigsten Punkte, letzteren zu erforschen, nun einmal verdrängt ist, für ihn sich durch seine Erkennung als Christ nach verständiger Berechnung fast unmöglich gemacht hat. Im Gebiet der Tedā, selbst wenn er nicht über dasselbe hinauskommen sollte, hat er mit meinem Material an der Hand ein ungeheures Feld der Forschung von der allergrößten Bedeutung und fast traue ich ihm zu, daß es ihm bei leidlich günstigen Umständen gelingen möge, über jenes Wüstengebiet hinaus nach S. in das Gebiet des Nils vorzudringen.«

Leider war das Treffen der beiden Forscher ihre erste und zugleich letzte Zusammenkunft, da Heinrich Barth wenige Monate später, erst vierundvierzigjährig, verstarb.

Große Expedition quer durch Afrika

Gewissenhafte Vorbereitungen. Bevor Gerhard Rohlfs die neue Expedition antrat, kehrte er nochmals zu den Eltern zurück, um sich zu verabschieden. In Begleitung seines Bruders fuhr er am 23. Februar 1865 nach Paris und begann hier mit ersten Expeditionsvorbereitungen. Inzwischen hatte er sich zur Durchführung des mit Petermann ausgearbeiteten Plans entschlossen. Petermann ließ nichts unversucht, die für die Expedition notwendigen Mittel aufzutreiben. Das war ein schweres Unterfangen, nicht selten mit entwürdigender Bettelei im Dienste der Wissenschaft verbunden. Da jedwede staatliche Förderung fehlte, war man auf Spenden angewiesen. So stellten der Bremer Senat, die Berliner Gesellschaft für Erdkunde und die Königlich-Geographische Gesellschaft (Großbritannien) je 300 Taler zur Verfügung. König Wilhelm I. von Preußen »opferte« 800 Taler aus der »Privatschatulle«. Summa summarum kamen 1700 Taler zusammen. Im Vergleich dazu hatte die Richardson-Barthsche Expedition, die wahrlich nicht im Überfluß schwelgen konnte, einen Etat von 100000 Talern! Um den Betrag wenigstens etwas ansehnlicher zu gestalten, gab Hermann Rohlfs dem Bruder aus seinen Ersparnissen weitere 800 Taler.

Gerhard Rohlfs war nicht verwöhnt. Die erste Reise hatte er mit 100 Mark, die zweite mit 1000 Talern begonnen, und nun dieses unerwartete Vermögen. Für ihn waren 2500 Taler ein unvorstellbarer Fortschritt! In Paris erwarb er die notwendigste wissenschaftliche Ausrüstung, Waffen und Geschenke. Er nutzte die Zeit, um sich mit französischen Saharaforschern zu beraten, vor allem mit Henri Duveyrier, dem bedeutenden Tuareg-Kenner. Frei von nationalistischem Egoismus waren alle bereit, ihr Wissen dem deutschen Kollegen zur Verfügung zu stellen. Anfang März reiste Gerhard Rohlfs von Marseille über Malta nach Tripolis. Am 19. März 1865 betrat er erneut afrikanischen Boden und wurde von seinem treuen Begleiter Hammed im Hafen von Tripolis herzlich begrüßt. Rohlfs begann die neue große Aufgabe voller Optimismus: »Mit wie frohen Gefühlen landet der Afrikareisende, nachdem er die Fluten des Mittelmeeres durchfurcht, auf dem afrikanischen Kontinent, den er während der Dauer seiner Reisen gewissermaßen als seine Heimat betrachtet! Hier hofft er der geographischen Kenntnis neue Länder, neue Gebirge, Flüsse und Seen zu erschließen, hier hofft er neue Völker zu finden mit andern Sitten, anderer Religion.«

Die trüben Erfahrungen mit den Belästigungen Neugieriger noch gut in Erinnerung, bezog Gerhard Rohlfs, um die abschließenden Vorbereitungen in Ruhe ausführen zu können, ein Haus am Rande der Stadt. In dem französischen Generalkonsul Botta, der sich als Orientalist einen international geachteten Namen gemacht hatte, fand er einen guten Berater. Botta warnte davor, einem Empfehlungsschreiben des türkischen Sultans, das August Petermann mit Hilfe des preußischen Gesandten besorgt hatte, zu große Bedeutung beizumessen. Dieser Firman-ali lautete: »Die Gesandtschaft seiner Majestät des Königs von Preußen bei Unserer Pforte der Glückseligkeit haben mittels amtlicher Note Uns benachrichtigt, daß Mustafa-Bey, ein hochangesehner deutscher Untertan, eine Reise durch Afrika anzutreten gedenkt, und hat Uns gebeten, ihm einen Kaiserlichen Firman auszustellen. Wir fordern dich daher auf, Generalgouverneur von Tripolitanien, diesen Mustafa-Bey, der in seiner Heimat Gerhard Rohlfs genannt wird, gastfreundlich aufzunehmen und ihm die gehörige Ehre zu erweisen. Du sollst ihn speisen und Quartier beschaffen. Du sollst ihm gegen Entgelt die notwendigen Treiber und Kamele beschaffen. Du sollst achtgeben, daß er wohlbehalten reist und daß ihm kein Leid geschieht. Zu diesem Zweck haben wir vorstehenden kaiserlichen Firman erlassen. Gehorche gemäß seinem erhabenen Inhalt, und also ebenso all jene, denen Du gebietest. Geschrieben am achten Tag des Monats Silkade im Jahre 1270«. (Zeitrechnung nach dem Zeitpunkt der Auswanderung des Propheten Mohammed von Mekka nach Medina im Jahre 622. Da der arabische Kalender nach Mondjahren rechnet, ist keine vergleichbare Beziehung zu unserem Kalendersystem herstellbar.)

Das hörte sich zwar recht beruhigend und verheißungsvoll an, doch es war bekannt, daß ein an unbekannter Stelle angebrachtes Geheimzeichen gegebenenfalls den Inhalt völlig verändern, ja sogar in sein Gegenteil verkehren konnte. Zum anderen kümmerten die Beamten der Provinzen die Gebote des weit entfernten Sultans herzlich wenig. Es war wirksamer, sich auch der Unterstützung des tripolitanischen Generalgouverneurs zu versichern. Durch Vermittlung Bottas war Mahmud Pascha gern zu einem solchen Zeugnis bereit. In einer Audienz warnte er Gerhard Rohlfs dringend, die geplante Route einzuschlagen, da er mit der Empörung der Tuareg rechnen mußte.

Rohlfs beharrte jedoch auf seinem Vorhaben. Erneut wollte er in arabischer Kleidung als Moslem reisen. Wie während der ersten Reisen nannte er sich Mustafa, allerdings nicht mehr el Tabib, dieses »Firmenschild« hatte ihm zuviel Zulauf verschafft, und auf zusätzliche Einnahmen durch ärztliche Praxis glaubte er nicht mehr angewiesen zu sein. Er nannte sich fortan Mustafa-el-Nemsi, Mustafa der Deutsche. Die Reisevorbereitung konnte sich nicht auf die Auswahl der Ausrüstung und Instrumente beschränken. Wichtiger war die Zusammenstellung einer geeigneten Mannschaft. Die zuverlässigste Stütze war der getreue Hammed Tadjanis, der Rohlfs durch viele Gefahren bereits Hunderte Kilometer begleitet hatte. So treu und rechtschaffen er war, hatte er doch einen großen Fehler, er war äußerst leichtgläubig und alles andere als ein guter Wirtschafter. Mit ihm hatten die Händler bei ihren Betrügereien ein leichtes Spiel. Es galt also, einen gewissenhaften, sparsamen »Buchhalter« und Einkäufer zu engagieren, dem das finanziell-materielle Wohl und Wehe der Expedition übertragen werden konnte. Das würde Rohlfs, der sich um all diese zeitaufwendigen Dinge bisher hatte selbst kümmern müssen, entlasten und mehr Möglichkeiten für wissenschaftliche Arbeiten bieten.

Der österreichische Konsul kannte einen Mann, der diese Eigenschaften besaß, Mohammed Schtaui. Freilich hatte dieser die Fähigkeit, sich gegen Betrügereien zur Wehr zu setzen, allzu deutlich bewiesen, da er einen Dattelhändler, der beim Abwiegen Steine in den Korb legte, voller Zorn erschlug. Zur Strafe war der Missetäter nach Amerika verbannt worden, wo er sich als Hafenarbeiter durchgeschlagen hatte. Die Liebe zur Heimat hatte ihn nach Afrika zurückgetrieben. Rohlfs war bereit, ihm eine Chance zu bieten und nahm ihn in die Mannschaft auf. Bereits beim Kauf von Ausrüstungsgegenständen, vor allem von Geschenkartikeln, stellte Mohammed Schtaui seine wirtschaftlichen Fähigkeiten unter Beweis. Zu günstigen Sonderpreisen erwarb er rote Mützen, gelbe Turbane und zentnerweise farbige Glasperlen.

Die erforderlichen Einkäufe hatten schon eine ansehnliche Lücke in den Reiseetat gerissen, doch Rohlfs hatte keine Bedenken: »Mir bangte ... keinen Augenblick davor, im Besitz einer verhältnismäßig so geringen Geldsumme die weite Reise anzutreten. Hatte ich doch meine erste Reise ganz ohne Mittel unternommen und auf der zweiten, durch ein Gebiet, dessen Längenausdehnung ungefähr der Distanz zwischen Lissabon und Memel gleichkommt, nicht mehr als etwa 1000 Taler gebraucht. Was mir diesmal an Geld zur Verfügung stand, belief sich auf etwa 2500 Taler.«

In der Tatsache, daß die Expedition von staatlichen Institutionen keine Zuwendung erhalten hatte, sah Rohlfs keinen Nachteil – im Gegenteil: Damit war er allen beschränkenden Bedingungen enthoben, die in der Regel mit derartigen Stipendien verbunden waren. Nach eigener freier Entscheidung konnte er nach bestem Wissen und Gewissen das Vorhaben leiten. Das war ihm ungleich wertvoller, als für einige hundert Taler mehr am staatlichen Gängelband zu laufen und zu Maßnahmen genötigt zu werden, die mit seinem Anliegen nicht in Übereinstimmung standen.

Menschliche Qualitäten und die Fähigkeit zur realistischen Selbsteinschätzung hielt er für Grundvoraussetzungen, die an einen Forscher gestellt werden mußten: »Das erste Erfordernis, das ein Afrikareisender wie überhaupt jeder, der unbekannte Gegenden durchforschen will, von Hause aus mitbringen muß, ist, daß er sich selbst gründlich kenne; denn nur an einer strengen und unparteiischen Selbsterkenntnis darf man hoffen, sich die genügende Menschenkenntnis anzueignen, und letztere ist nirgends so unentbehrlich als bei Reisen in Afrika, wo es täglich darauf ankommt, fremde Völker und Menschen richtig zu beurteilen ... Zweitens muß der Reisende Geduld im höchsten Grade besitzen, alle Arten von Strapazen, Hunger und Durst, selbst Kränkungen und Beschimpfungen ertragen können. Ohne diese Eigenschaften wird niemand in das Innere Afrikas einzudringen vermögen.«

Wie weit entfernt von seiner früheren abenteuerlichen Sorglosigkeit er verantwortungsbewußt die neue Expedition vorbereitete, zeigen die Bemerkungen: »Mit den größten Schwierigkeiten ist immer der erste Schritt, die erste Etappe verbunden, namentlich das Durchkreuzen der Sahara. Wieviel tausend Dinge gibt es da nicht vorzusorgen und zu bedenken. Zu einer Reise durch die Sahara gehört eine ähnliche Ausrüstung wie zur Seereise auf einem Segelschiffe. So wie der Kapitän eines Segelschiffes nie mit Bestimmtheit vorher sagen kann: an dem und dem Tage werde ich den Hafen erreichen, ebenso wenig kann der Karawanenführer zuverlässig behaupten: an dem oder jenem Punkt wird Wasser zu finden sein, oder in so und so viel Tagen werden wir bei der Oase anlangen. Desgleichen muß wie zu einer Seereise hinlänglicher Proviant mitgenommen werden. Trotz der mehr als tausendjährigen Erfahrungen, wie oft geschieht es, daß die Lebensmittel- und Wasservorräte nicht ausreichen. Durch den Simum, durch die Hitze geht kein Mensch zu Grunde, aber wie viele verschmachten alljährlich wegen Mangel an Trinkwasser! Was mich betrifft, so hatte ich einen Teil meiner Ausrüstung schon in Deutschland und Frankreich angeschafft; ich kaufte in Paris bei Secretan die notwendigsten Instrumente, als Aneroids, Thermometer, Hygrometer, Hypsometer, Boussolen etc., bei Lefaucheux die Waffen für meinen persönlichen Gebrauch, in der Pharmaziezentrale in Marseille die Medikamente (an Medikamenten nahm ich mit: Chinin 500 Gramm, Opiumextrakt 50 Gramm, Brechweinstein 5 Gramm, ferner essigsaures Blei, Jodkali, Ipecacuanha, englisches Pflaster, Heftpflaster, Zitronensäure zur Limonadebereitung 2000 Gramm, Hirschhorngeist u. a. m.) und später in Valletta Teppiche, wollene Decken, Schwimmgürtel, Gewehre, Munition, Tee, Bisquit, einige Konserven und andere Gegenstände.« Was noch fehlte, erwarb er an Ort und Stelle in Tripolis.

Bevor die eigentliche Expedition begonnen wurde, unternahm Rohlfs mit seiner Mannschaft eine Probereise, um gegebenenfalls noch Korrekturen in der Ausrüstung vornehmen zu können. Der Übungsmarsch führte zu der nahe gelegenen römischen Ruinenstadt Leptis Magna. Rohlfs ritt auf einem Kamel, seine Begleiter Hammed und Schtaui gingen zu Fuß, und drei Kameltreiber versorgten die sechs Lastkamele.

Die im 6. Jahrhundert v. u. Z. von den Phöniziern gegründete Stadt war im 2. Jahrhundert von den Römern erobert worden. Völlig versandet ragten nur noch wenige Säulen hervor. Heute sind die freigelegten Wohnhäuser, Tempel und imposanten Paläste eine große Touristenattraktion. Rohlfs konnte nur die römischen Bewässerungsanlagen bewundern, die allein schon ein beeindruckendes Zeugnis antiker Baukunst ablegten. Noch zur Römerzeit war die Stadt als Zentrum von Handel, Wissenschaft und Kultur von fruchtbaren Feldern und Olivenhainen umgeben worden. Jetzt hatte Rohlfs bei den Ruinen des untergegangenen Kulturzentrums sein Zelt im Wüstensand aufschlagen müssen.

Als die Karawane am 8. Mai zurückkehrte, konnte mit Befriedigung festgestellt werden, daß bis auf Kleinigkeiten alle Vorbereitungen den bevorstehenden Anforderungen der großen Expedition gerecht wurden. Nachdem am Vorabend mit allen in Tripolis weilenden Persönlichkeiten Abschied gefeiert worden war, begab sich die Mannschaft am 20. Mai 1865 morgens 8 Uhr auf den Weg.

Neben der dreiköpfigen Stammannschaft hatte Gerhard Rohlfs noch einen Kanuri vom Tschadsee, einen Haussa aus dem mittleren Sudan und einen Tibbu aus der Sahara als Kameltreiber angestellt.

Ein bedeutsamer Entschluß. Die fruchtbare Landschaft des Küstengebietes stand im krassen Gegensatz zur bitteren Armut der Landbevölkerung. Rohlfs war die Ursache des Elends nicht verborgen geblieben: »Die Wirkung der das Volk aussaugenden türkischen Pascha-Wirtschaft macht sich eben auf Schritt und Tritt bemerkbar.« Schon am ersten Tage begegnete ihnen ein erschütterndes Beispiel des unmenschlichen Despotismus. Mehr tot als lebendig bewegte sich ein Zug von Sklaven seinem weiteren schweren Schicksal entgegen.

In gerader Südrichtung näherte sich Rohlfs bereits am zweiten Tage seiner Reise den Vorläufern des Gharian-Gebirges. Obwohl es in diesem Gebiet schwerlich Entdeckungen zu machen gab, widerstrebte es ihm, nochmals den gleichen Weg nach Ghadames zu nehmen, den er bereits vor wenigen Monaten gegangen war. Um wenigstens neue Eindrücke zu gewinnen, hatte er sich entschlossen, zunächst die kleine Oase Mizda zu besuchen und von dort in südwestlicher Richtung weiterzuziehen. Die etwa 1000 Einwohner lebten in zwei nebeneinanderliegenden Dörfern. Ihre Haupterwerbszweige waren Kamelzucht und Karawanenbetrieb. In der Nähe des uralten, bereits in den Schilderungen des alexandrischen Gelehrten Ptolemäus (um 90–160) erwähnten Ortes waren zahlreiche Zeugen antiker Bauwerke zu finden.

Nach kurzem Aufenthalt setzte Rohlfs seinen Weg fort, der ihn jetzt durch bisher von Europäern unerschlossenes ödes Gebiet führte. Nach fünf Tagen gelangte man an den Rand der gefürchteten, von Karawanen gemiedenen, Hammada el-Hamra. Das scharfkantige Gestein der Geröllfelder machte das Laufen zur Qual. Im Gegensatz zur bis 50 Grad ansteigenden Mittagshitze waren die Nächte so kalt, daß sich an der Gesteinsoberfläche Reif bildete.

In Begleitung der Karawane befand sich der kleine schneeweiße Spitz »Mursuk«, den Rohlfs vom Konsul Botta geschenkt bekommen hatte. Wegen des schlechten Weges wurde er zeitweilig aufs Kamel gehoben, und bald zeichnete er sich als geschickter Reitkünstler aus. Da der glühende Sand für die Pfötchen zu heiß war, fertigte Rohlfs für seinen munteren Freund vier kleine Ledersandalen an, die das kluge Tier tatsächlich anbehielt. Mursuk dürfte wohl der einzige Hund gewesen sein, der in Sandalen die Sahara »entdeckte«.

In der Nähe der Dschebel-el-Dub fanden die Reisenden in den Höhlen Felsmalereien, deren Motive davon zeugten, daß die Ureinwohner dieses Gebietes in einer Landschaft gelebt hatten, die von fruchtbarem Land und Wäldern bedeckt war und von Flüssen durchströmt wurde.

Die erstmals 1847 von Europäern entdeckten Felszeichnungen in der Zentralsahara haben als wichtige Zeugen der Vergangenheit einen wesentlichen Beitrag zur Klärung der Entwicklung des Wüstengebietes geleistet. Im Ergebnis intensiver internationaler Forschungen wurde ermittelt, daß das Gebiet der heutigen Sahara vom 8. bis 3. Jahrtausend v. u. Z. eine für Bodenbau und Viehzucht klimatisch günstige, besiedelte Zone war. Darauf folgte der Prozeß der Austrocknung. Die Ströme begannen zu versiegen, der Regen wurde geringer, auf dem Steppenland weidende Viehherden trugen zur weiteren Vernichtung der Vegetation bei. Unzureichende Bodenpflege und Zerstörung der natürlichen Gegebenheiten erhöhten die Bodenerosion, so daß die Sahara etwa um das Jahre 2000 v. u. Z. Wüstencharakter annahm. So entstand ein Wüstengürtel, der eine weitgehend unbewohnte trennende Barriere innerhalb des afrikanischen Kontinents errichtete. Die ökonomische und politisch-kulturelle Entwicklung der Völker Nordafrikas, die in enge Wechselbeziehung mit dem mittleren Osten und den Mittelmeergebieten traten, und des subsaharischen Afrika verlief fortan trotz weiterhin bestehender Verbindungen durch die Sahara in getrennten historischen Entwicklungslinien.

Nach seinem Zug durch die »Hochebene des Schreckens« folgten dem Felsengebiet bald endlose Geröllfelder. Nur mit Mühe vermochte sich Rohlfs mit seiner Mannschaft nach der Oase Derdj zu schleppen. Ein akutes Darmleiden hatte ihn völlig entkräftet: »Es war die höchste Zeit: infolge der großen Hitze waren die Kamele von dem achttägigen Marsche durch die Hammada erschöpft, meine Diener ertrugen zum Teil noch schwer die ungewohnten Strapazen, und zwei von ihnen sowie ich selbst litten an Diarrhöe, die trotz starker Opiumgaben nicht weichen wollte ... ja, ich fühlte an den abnehmenden Kräften, daß eine ernstliche Krankheit im Anzuge sei.«

Die gastfreundlichen Oasenbewohner taten alles, um dem Kranken zu helfen. Als er sich einigermaßen erholt hatte, drängte Rolfs zum Aufbruch nach Ghadames, da hier günstigere Bedingungen für eine längere Rast gegeben waren.

In glühender Hitze näherte sich die Karawane nach elftägigem Marsch dem Ziel. Die Vegetation war immer spärlicher geworden, bis in der Umgebung von Ghadames weder Strauch noch Halm anzutreffen waren. Rohlfs erreichte am 17. Juni nicht als Fremder die Stadt: »Es war bereits das zweite Mal, daß ich in Ghadames einzog; ein Jahr vorher hatte ich auf dem Wege von Rharb (Marokko), für einen frommen Mohammedaner geltend, die Stadt betreten. Damals stand ich unter dem Schutze der Tuareg und war mit einem gewissen Nimbus umgeben, denn ich kam ja direkt von Uesan ... und auch diesmal erregte meine Person das Interesse der Einwohner, wie es schien, in nicht geringem Grade.«

Mehr noch als Rohlfs zog der reitende Mursuk die Aufmerksamkeit auf sich. Dieses bellende weiße Wollknäuel erschien den Wüstenbewohnern als wahres Wunder. Mursuk genoß das Gefühl, Mittelpunkt zu sein und geizte nicht mit seinen Kunststückchen. Allerdings ließ sein Knurren, wenn man ihm oder seinem Herrn zu nahe kam, auch keinen Zweifel über seine Wachsamkeit offen. Rohlfs hatte sich in dem ihm zugewiesenen Quartier häuslich eingerichtet. Wegen der großen Hitze verbrachte er die Nächte auf dem Flachdach des Hauses, wo ein angenehm kühler Luftzug den Schlaf ermöglichte. Noch immer hielt die schwere Darmerkrankung an: »Ich ... schwebte einige Tage in wirklicher Lebensgefahr. Fortwährende heftige Blutentleerungen aus dem Darm schwächten mich derart, daß ich an meinem Aufkommen verzweifelte. An Essen durfte ich gar nicht mehr denken, ebenso wenig wagte ich es, meinen Durst zu stillen. Strengste Enthaltsamkeit und große Gaben von Opium brachten endlich zwar die entsetzliche Darmblutung zum Stillstand, aber durch die lange Gewöhnung an den Genuß von Opiaten war meinem Körper dies Narkotium unentbehrlich geworden; versuchte ich es, damit innezuhalten, so stellte sich sogleich wieder wäßrige Diarrhöe ein, und ich mußte daher immer von neuem mich in jenen halbtaumeligen, keineswegs angenehmen Zustand versetzen.«

Kaum wieder auf dem Wege der Besserung, drängte es ihn, die Reise fortzusetzen. Gegen Ende der zweiten Expedition hatte er mit seinem Führer, dem Tuareg-Scheich Si-Otman, vereinbart, sich in Ghadames zu treffen. Leider aber war er noch nicht eingetroffen, und ohne seine Zustimmung wagte es kein Tuareg, die Karawane durch das Ahaggar-Gebirge zu begleiten. Es galt sich also zu gedulden.

Abd el-Kader, der Herrscher von Tidikelt, hatte Rohlfs bei der Abreise von In-Salah eine Pistole zur Reparatur mitgegeben. Da die vorgesehene Route die Tidikelt-Oasen nicht berührte und Rohlfs damit sein Versprechen, Abd el-Kader erneut aufzusuchen, nicht einlösen konnte, hatte er dem Besitzer die Waffe von Ghadames aus zurückgeschickt und als Dank für die freundliche Aufnahme einen Revolver als Geschenk beigefügt. Gleichzeitig hoffte er, in dem erbetenen Antwortschreiben etwas über den Verbleib Si-Otmans zu erfahren. Aus großer Freude über die unerwartete Nachricht des Freundes ließ der Herrscher mit der Antwort nicht lange warten. Abd el-Kader schrieb am 28. Juli 1865: »Gelobt sei Allah! Es gibt nur einen

Gott. Und Gebet und Heil über seinen Gesandten und seine Familie und seine Genossen und seine Anführer und sein Heer! Gruß zuvor von Hadsch Abd el-Kader ben Momed. In Salah an seinen Freund Mustafa Nemsi. Möge Allah ihn erhalten im rechten Glauben, im Wohl sein, im Guten, und ihn schützen in seinem Umgang mit den Christen, diesen von Allah verfluchten Ratten, die das Feuerschiff erfanden, mit dem sie in die Hölle schwimmen mögen. Und sie haben auch die sprechende Schnur (Telegraph) erfunden, ein Werkzeug des Scheitans. Möge Mustafa, mein Freund, der Sohn der Christen, ausharren im Bezeugen des einen wahren Propheten Mohammed, der da ist der Liebling des einzigen Gottes! Wir haben die alte Pistole empfangen und mit innigstem Dank den wunderbaren neuen Revolver mit 18 Schüssen erhalten, ein Werkzeug der christlichen Teufel, Allah möge sie verfluchen und vernichten, bis keiner mehr übrig ist. Das prächtige Geschenk war mir sehr willkommen, ich habe es durch den Fakir in der Moschee dreimal segnen lassen, und ein Scherif hat ein Amulett des Groß-Scherifs, unseres Freundes von Uessan, daran gebunden. Er sendet dir Grüße, der hochheilige Mann, und er erklärte vor versammeltem Volke, Du seiest ein Liebling von ihm. Und nun wissen wir alle, daß Du die Wahrheit gesagt hast. Und ich lade Dich ein, Mustafa, mein Freund, nach In-Salah zu kommen. Ja, bei Allah, selbst wenn Du wieder ein Christ geworden wärst, solltest Du bei uns vollkommen sicher sein! Wenn ich auch sonst alle Christenhunde im Staub meiner Füße zertreten möchte, Fluch und Verderben über sie! Dich grüße ich, Freund Mustafa, und grüße von uns, wer bei Euch ist, und mein Gruß ist ein vortrefflicher Siegel.«

So sehr es Rohlfs freute, daß er ohne Bedenken hätte in das Tidikelt-Gebiet reisen können, so ärgerlich war er darüber, in der Antwort nichts über Si-Otman erfahren zu haben. Das Schreiben des berühmten, aber auch gefürchteten Herrschers hatte Rohlfs' Ansehen unter den Tuareg bedeutend erhöht. Sie wurden nicht müde, ihm in Besuchen ihre Ehrerbietung zu bezeugen. Dabei sprachen sie sehr zum Ärger des geizigen Schtauis nach Kräften den Lebensmittelvorräten zu.

Ende August konnte Rohlfs einer Zeitung, die ein türkischer Kurier aus Tripolis mitgebracht hatte, die Notiz entnehmen: »In Algier wird in den nächsten Tagen der Tuareghäuptling Si-Otman ben Bikri erwartet, der mit zahlreichem Gefolge von Ghadames kommt, um dem Gouverneur von Algerien einen Besuch abzustatten.« Damit waren die Würfel gefallen. Es würde noch Monate dauern, bis der Erwartete nach Ghadames zurückkehrte. Das erschien Rohlfs als zu großer Zeitverlust. Er hatte zwar selbst einmal festgestellt: »Wer sich mit verlorenen Monaten, vergeblicher Mühe und weiten Umwegen nicht abfinden kann, der sollte den Boden Afrikas erst gar nicht betreten.« Theoretisch war eine solche Einsicht leicht formuliert, in der Praxis aber war es weitaus schwieriger, die notwendige Geduld aufzubringen. Rohlfs war dazu nicht in der Lage. Er überlegte nicht lange: »Mein Entschluß war schnell gefaßt. Die Reise nach dem Hoggar-Lande (Ahaggar) wurde aufgegeben und dafür die Tour über Fessan in Anspruch genommen. Ich hoffte, dieses Land werde auch ohne Anschluß an eine Karawane sicher zu erreichen sein, und von da werde sich dann Gelegenheit zum weiteren Vordringen finden. Zuvor mußte ich aber nach Misda zurückkehren, um mir dort Kamele bis Mursuk zu mieten.«

Am 31. August 1865 wurde die Weiterreise angetreten, wobei Rohlfs wegen der Wasserstellen wider Willen gezwungen war, denselben Weg zu nehmen. Glücklicherweise traf in Mizda eine nach dem Fessan reisende Karawane ein, die bereit war, sechs Kamele zu günstigen Bedingungen zu vermieten. Rohlfs war froh, nun endlich wieder eine wirkliche Entdeckungsreise unternehmen zu können: »Am 29. September nachmittags 4 Uhr konnte ich dem langweiligen Orte Misda den Rücken kehren. Obgleich ich noch immer unpäßlich und zum fortwährenden Gebrauch von Opium genötigt, war ich doch frohen Mutes, da ich ja nun Gelegenheit fand, auf einem Wege nach Fessan zu gehen, den vor mir noch kein Europäer betreten hatte. Bis hierher durfte ich nicht wagen, anders als unter der Maske eines Muselmans zu reisen; jetzt ging es südwärts in Länder, deren Bewohner nicht wie die fanatische Bevölkerung des Rharb jeden Andersgläubigen feindselig behandeln oder gar mit dem Tode bedrohen ... Sobald die Palmen von Misda aus den Augen geschwunden, warf ich meine Vermummung ab und kleidete mich in einen leichten europäischen Sommeranzug.«

Der Weg verlief in schnurgerader Südrichtung. Zahlreiche Reste römischer Bauwerke legten erneut Zeugnis dafür ab, daß das Wüstengebiet vor Jahrhunderten fruchtbares, besiedeltes Land war. Es schmerzte Rohlfs, die Kulturdenkmäler mehr und mehr dem Verfall ausgeliefert zu sehen: »Sollte es nicht eine Aufgabe unserer Zeit sein, solche künstlerisch wertvolle Denkmäler des Altertums, die Zeugen vergangener Größe, vor dem gänzlichen Untergang zu retten? Man müßte sie unter Aufsicht Sachverständiger auseinandernehmen und nach Tripolis transportieren lassen. Keineswegs eine Unmöglichkeit.«

Bald zeigte es sich, daß die Reise durch die Einöde nicht ungefährlich war. Eine Gruppe Banditen umschwärmte von Zeit zu Zeit die Karawane, ohne jedoch einen offenen Angriff zu wagen, da sie mit einer starken Gegenwehr rechneten. Die Nacht, als die Reisenden sich zur Ruhe gelegt hatten, sollte den Raub ermöglichen. Mit jedem Hügel gut vertraut, schlichen die Räuber sich an das Lager heran und hätten mit Sicherheit ihre Absicht verwirklicht, wenn nicht Mursuk gewesen wäre. Ihn hatten die Banditen nicht eingeplant. Wie ein Teufel stürzte er sich den Eindringlingen wütend entgegen, vertrieb die zu Tode Erschrockenen und kam stolz, ein großes Stück Hosenboden als Trophäe mitbringend, in das Lager zurück. Er hatte die Karawane vor großem Schaden gerettet: »Mursuk war der Held des Tages und fortan eine allgemein geschätzte Persönlichkeit ... War er müde, so wurde er auf ein Kamel gehoben, und er hatte mit der Zeit ganz gut gelernt, auf seinen Vieren stehend, alle Schaukelbewegungen des Wüstenschiffes auszuhalten. Und Mursuk seinerseits wurde nicht nur gegen mich und meine Leute von Tag zu Tag höflicher und umgänglicher, auch mit den Kamelen vertrug er sich immer besser, namentlich mit meinen, die er nun schon seit fast einem Jahr kannte. Bekamen die Kamele eine Extraportion Datteln, so drängte er sich auch herzu, denn neidisch blieb er stets, und die Kamele ließen ihn unbehelligt mitfressen. Ja, er versuchte auch wohl des Morgens, wenn die Luft noch kühl war, mit ihnen zu spielen, er biß sie leise, umlief sie bellend und lachend (daß die Hunde lachen können, ist sicher), kurz, Mursuk nahm alle Eigenschaften eines zivilisierten Hundes an.«

Nach Überquerung des Kaf-Mugelat-Gebirges gelangte man in das Wadi Zemzen, an dessen Wasserstellen gerastet wurde. Von hier aus mußte die steile Hammada el-Hamra mühsam erklommen werden. Der Marsch auf dem harten, mit Geröll bedeckten Tonboden war äußerst beschwerlich. Eine plötzlich ansteigende, für die Jahreszeit zu hohe Temperatur und völlige Windstille waren Vorboten des gefürchteten Gibli, eines heißen Sandsturmes. Rohlfs beschreibt anschaulich dieses Phänomen: »Die Sonne erschien als glutroter Feuerball, eine unheimliche Schwüle durchzitterte die wellenschlagende Luft. Eine pechschwarze majestätisch sich heranwälzende Wolke ließ keinen Zweifel, daß in kurzer Zeit der höllisch heiße Sturm über uns losbrechen würde. Immer roter wurde die Sonne, immer drükkender die Hitze, das Atmen war kaum noch möglich. Jetzt kam das Gespenst herangebraust. Unsere Kamele machten kehrt und knieten nieder, damit ihnen der scharfe, die Haut zerschneidende Sand nicht in die Augen wehe. Tiefste Nacht umhüllte uns, es war wie eine plötzliche Sonnenfinsternis. Wir

Menschen legten uns neben die Kamele, bedeckten unsere Augen, die Nase, den Mund, aber der feine, glühende Sand kam dennoch hinein. Die Luft war mit unheimlichem Brummen erfüllt, das Ende aller Tage schien gekommen. Aber schon nach zwanzig Minuten war das Toben der Elemente vorbei. Es trat absolute Windstille ein, die Sonne erschien wieder, und gleich verflog auch die entsetzliche Hitze. Menschen und Tiere standen auf, der Marsch wurde fortgesetzt, als sei nichts Ungewöhnliches geschehen.«

Endlich war der Südhang der Hammada erreicht, und die angrenzende Sahel bot den Kamelen Steppengras als Nahrung. Nach zweitägigem Erholungsaufenthalt am Brunnen Um-el-Cheil wurde am 15. Oktober der Dschebel-es-Soda, das »Schwarze Gebirge«, erreicht. Hier hatte vor sieben Jahrzehnten der erste große deutsche Afrikaforscher, Friedrich Konrad Hornemann, während seiner berühmten Erstdurchquerung der Sahara geweilt und den westlichen Teil des Gebirges überquert, während Moritz von Beurmann 1862 den Ostteil erforscht hatte. Der stark zerklüftete Gebirgszug wurde schon von dem römischen Schriftsteller Plinius d. Ä. in seiner »Naturalis historia« (Naturgeschichte) auf Grund der dunklen Färbung als »verbranntes« Gebirge bezeichnet. Rohlfs bestätigte Hornemanns Vermutungen des vulkanischen Ursprungs der Berge.

Am 18. Oktober kam man in Temsana, dem ersten bewohnten Ort des Fessan, an und gelangte bereits zwei Tage später nach Djedid, dem Hauptort der Oase Sebha. Doch von Mursuk, ihrem nächsten Etappenziel, waren sie noch durch eine vegetationslose Steinwüste getrennt. Rohlfs klagt: »Nirgends findet das ermüdete Auge einen Punkt, auf dem es ruhen könnte. Alles ein blitzender und blendender Steinteppich, eine unabsehbare Mosaikfläche! Keine Pflanze, kein Tier, kein Baum, kein Strauch ist zu erblicken.«

In Mursuk, dem Zentrum des Fessan. Als die kleine Mannschaft, die sich inzwischen von der Karawane getrennt hatte, am 26. Oktober 1865 in Mursuk Einzug hielt, wäre Gerhard Rohlfs gewiß weniger glücklich gewesen, wenn er geahnt hätte, daß er hier die nächsten fünf Monate Quartier beziehen müßte, er hatte gehofft, so schnell wie möglich weiter an den Tschadsee ziehen zu können.

Dem türkischen Statthalter Halim-Bey war die Ankunft gemeldet worden, und er plante einen großen Empfang. Daran war aber Gerhard Rohlfs keineswegs interessiert. Infolge des langen Wüstenmarsches war sein Anzug so stark in Mitleidenschaft gezogen, daß er damit bei einer Festivität schwerlich gute Figur gemacht hätte. Ausschlaggebend für seine Ablehnung aber war, daß ihn die Feierlichkeiten teuer zu stehen gekommen wären. Als Ehrengast hätte er die Pflicht gehabt, jedem Mitglied des Empfangskomitees ein seiner Stellung gemäßes Geschenk zu überreichen. Das wäre seiner ohnehin stark geschrumpften Kasse sehr schlecht bekommen. Er ließ mitteilen, daß er es vorzöge, die Stadt ohne besonderes Aufsehen zu betreten. So war sein Einzug äußerst bescheiden, wobei der Hund allerdings erneut viel Aufmerksamkeit erregte. Das um so mehr, als zum allgemeinen Erstaunen sein Name »Mursuk« mit dem der Stadt identisch war. Rohlfs war gewieft genug zu erklären, daß die Namensgebung zu Ehren der Stadt erfolgt sei, was ihm großes Wohlwollen einbrachte. Das Quartier bot hinlänglich Bequemlichkeiten. Während Erdgeschoß und Hof den Dienern vorbehalten waren, hatte sich Rohlfs im oberen Stockwerk eingerichtet, von dem aus er auf eine große Veranda, seinen Lieblingsaufenthalt, gelangen konnte.

Mursuk zählte ungefähr achttausend Einwohner, die ein wahres Völkergemisch bildeten. Berber, Araber und die negride Bevölkerung lebten hier in diesem bedeutenden Handelszentrum der Sahara nebeneinander. Entsprechend vielgestaltig waren auch die Sprachen. Zur allgemeinen Verständigung überwog das Kanuri, die Sprache der Völker westlich des Tschadsees, die im ganzen Fessan verbreitet war. Heinrich Barth hatte seinem jungen Kollegen vorsorglich ein von ihm zusammengestelltes Wörterbuch Deutsch-Kanuri, das die wichtigsten Vokabeln der Umgangssprache enthielt, mitgegeben. Das leistete Rohlfs, der sich fleißig dem Sprachstudium widmete, gute Dienste. Der Tagesablauf war nach seiner Mitteilung recht eintönig:

»Ich pflegte gegen 7 Uhr morgens aufzustehen. Nach dem Kaffee studierte ich einige Stunden mit Hilfe von Barths Vokabularien die Kanuri-Sprache, die in Bornu und ziemlich allgemein auch in Fessan gesprochen wird. Hierauf wurden Besuche abgestattet oder empfangen und nachmittags ein Spaziergang vors Tor gemacht. Oder ich begab mich 4 Uhr zu der im lebhaftesten Teil des Dendal gelegenen Polizeiveranda und schaute dem Treiben des Marktes zu ... Meine Hauptmahlzeit nahm ich um 6 Uhr abends.«

Auf dem Markt tauschten Fessani, Tuareg und Tubu Erzeugnisse des Sudan, wie Elfenbein, Straußenfedern und Rhinozeroshörner, mit den Oasenbewohnern von Ghat, Ghadames, Djalo, Tuat gegen europäische Waren aus. In Mursuk blühte der Sklavenhandel, doch wurden die Unglücklichen nicht öffentlich auf dem Markte, sondern in geschlossenen Höfen und

Kasba von Mursuk

Häusern versteigert. Junge Mädchen boten Getreide, Melonen, Milch, Eier und Geflügel an. Die Frauen des Fessan nahmen eine geachtete Stellung ein.

Viele Jahrhunderte, bis zum Einfall der Türken, war das Land ein selbständiges Sultanat. Um jeden Widerstand gegen die brutale Eroberung zu ersticken, wurde die Familie des Sultans, vom Kleinkind bis zum Greis, etwa zweihundert Personen, ermordet. Nur ein Säugling, der von seiner Amme versteckt werden konnte, war dem Massaker entgangen. Prinz Muhammad Berserkir lebte jetzt in bescheidenen Verhältnissen. Von ihm erfuhr Rohlfs viel Wissenswertes über die Geschichte des Fessan. So erhielt er eine wertvolle jahrhundertealte Chronik des Herrscherhauses zur Kenntnis, die von ihm übersetzt wurde. Nachdem sie Freundschaft geschlossen hatten, machte ihm der Prinz das Angebot, seine fünfzehnjährige Tochter zu heiraten, um dann mit Unterstützung des preußischen Königs bei der Pforte Ansprüche auf das Sultanat geltend zu machen. Da der türkische Herrscher vor den europäischen Mächten äußersten Respekt habe, bestünden gute Aussichten, daß Rohlfs als sein Schwiegersohn Sultan von Fessan würde. Es bedurfte langer Gespräche, dem Freund den utopischen Wunschtraum, der ohnehin nicht nach dem Geschmack des Forschers war, auszureden.

Gatrun in Fessan

In Mursuk betätigte sich Gerhard Rohlfs zeitweilig wieder als Arzt. Da er für die Behandlung eines reichen Sklavenhändlers kein Honorar entgegennahm, übermittelte ihm der Freund des Patienten dessen Angebot:

»Da Du kein Geld nehmen willst, so wird Dir mein Freund und Landsmann – ich verspreche es in seinem Namen – wenn Du ihn so weit wieder herstellst, daß er aufstehen und gehen kann, einen jungen Sklaven umsonst überlassen.« Dieser Junge war angeblich ein Königssohn aus Baghirmi, der den Leidensweg der Sklavenkarawane durch die Sahara überlebt hatte. Da ein Weitermarsch das Schicksal des entkräfteten Jungen besiegelt hätte, nahm Rohlfs ihn trotz der zusätzlichen Belastung aus Mitleid in seine Mannschaft auf und war damit wohl der einzige Saharaforscher, der eine Expedition mit einem Kinde ausführte.

Rohlfs schildert das Ereignis: »Der unglückliche Kleine, ein Kind von 7 bis 8 Jahren, zum Skelett abgemagert und so entkräftet, daß er kaum noch aufrecht gehen konnte, kroch auf allen Vieren zu mir heran, um seinem neuen Herrn die Hand zu küssen, und sein erstes Wort war: ›Ich bin hungrig!‹ Unter den furchtbarsten Strapazen, barfuß, beständig mit Hunger, Durst und Ermüdung kämpfend, hatte er den viermonatlichen Weg durch die Wüste vom Tschad-See nach Fessan zurücklegen müssen. Seine Erinnerung schien infolge der namenlosen Leiden völlig geschwunden, er wußte nichts von seiner Herkunft und Vergangenheit zu sagen ... Ich war erst unschlüssig, ob ich ihn bei mir behalten und auf meinen beschwerlichen Reisen mitnehmen sollte, aber der Gedanke, daß ohne Pflege das arme, schon so von Kräften gekommene Kind unfehlbar dem Tode verfallen wäre, überwog schließlich alle Bedenken. Da es eben um die Weihnachtszeit war, gab ich ihm – das deutsche Wort ›Weihnachten‹ schien mir zu lang – den Namen Noël (Französisch: Weihnachten). Nun wurde er von meinen Leuten gründlich gesäubert, ich kaufte ihm Kleider, sorgte für angemessene Ernährung, namentlich mit Fleischkost, und nach kurzer Zeit sah ich zu meiner Freude seine verlorenen Kräfte vollständig wiederkehren. Der kleine Noël ist mir während mehrerer Jahre ein treuer, aufopfernder Begleiter gewesen.«

In Mursuk gesellte sich noch ein weiterer treuer Begleiter zu Rohlfs' Mannschaft. Heinrich Barths mehrjähriger zuverlässiger Diener Mohammed el Gatroni hatte in seinem kleinen Heimatort, in dem er sich nach der Rückkehr von der großen Afrikaexpedition niedergelassen hatte, davon gehört, daß ein Vetter seines Herrn in Mursuk angekommen sei. Seine Frau beschwichtigte er, nur etwas über das Ergehen Abd el Kerims (Heinrich Barths Name während der Expedition) in Erfahrung bringen zu wollen, insgeheim aber hoffte er, nochmals an einer Expeditionsreise teilnehmen zu können. In Mursuk eingetroffen, überlegte er nicht lange und nahm sofort freudig das Angebot an, Rohlfs nach Kukawa, der Hauptstadt des Sultanats Bornu, wo er bereits mit seinem früheren Herrn geweilt hatte, zu begleiten. Bis zur Abreise bezog seine Familie nebst Ziege und Kamel bei Rohlfs Quartier.

Um die Wartezeit zu nutzen, plante Rohlfs Anfang Januar 1866 einen Ausflug nach der zwei Tagesreisen entfernten Stadt Traghen. Schon am Abend vorher wurden die Zelte außerhalb der Stadtmauern aufgeschlagen. Nachts sank die Temperatur auf −5 Grad, man fror, und die Wasserschläuche vereisten. So mußten sie wohl oder übel zurückkehren, um sich aufzuwärmen. Traghen war früher Sitz des ermordeten Sultans. Jetzt war der Ort völlig verfallen, und die Bevölkerung lebte in Palmenhütten außerhalb der Stadt.

Von einem türkischen Kurier, der monatlich einmal die Dienstpost aus Tripolis brachte, wurde am 2. Februar 1866 die Nachricht vom Tode Heinrich Barths, der bereits im November 1865 verstorben war, übermittelt. Die unerwartete Trauerbotschaft erfüllte Gerhard Rohlfs und seinen Diener mit tiefem Mitgefühl.

Rohlfs hatte in Mursuk einen Koffer des verschollenen Beurmann vorgefunden und den Transport der Hinterlassenschaft in die Heimat veranlaßt. Mitte März traf endlich der seit langem zurückerwartete, vor Wochen nach Tripolis entsandte Diener Hammed mit Waren und Kamelen sowie einer Geldsendung ein, so daß der Abreise nichts mehr im Wege stand. Da Rohlfs sein Ziel, über Ghat und Ideles nach Timbuktu zu gelangen, aufgeben mußte, wollte er nun, dem Vorschlag Heinrich Barths folgend, die Route durch das unerforschte Tibesti nach Bornu und schließlich Wadai wählen. Da sich der Tibbufürst Maina Adem, ein Bruder des Sultans von Kauar, in Mursuk aufhielt, erhoffte sich Rohlfs günstige Voraussetzungen für das Vorhaben. Er schloß sich mit seinen sieben Begleitern und fünf Kamelen bis Tedjerri der Karawane des Tibbu an, um von hier aus mit Unterstützung des Stammesfürsten über Tibesti nach Bilma weiterzureisen. In Mursuk hatte Maina Adem diesem Vorschlag jedoch nur scheinbar zugestimmt, tatsächlich wollte er Rohlfs zur besseren Sicherheit der Karawane zwingen, ebenfalls den geraden Weg nach Kauar zu nehmen. Er verbreitete deshalb in der Oase Gatrun das Gerücht, Rohlfs sei ein türkischer Spion, der das Land erkunden wolle. Diese Lüge verfehlte nicht ihre Wirkung. Kein Tibbu war bereit, Rohlfs nach Tibesti zu begleiten.

Angesichts der zunehmend reicher werdenden Vegetation stellte der Forscher die Überlegung an: »Sieht man, wie die Verbreitung der Pflanzen von Süden nach Norden im steten Fortschreiten begriffen ist, so hat es durchaus nichts Unwahrscheinliches, daß auch der Sandboden der Sahara sich einst in Humus umwandeln und mit Wäldern bedecken wird. Indem regelmäßige feuchte Niederschläge von Zentralafrika weiter nach Norden vorrücken, mögen auch noch Tausende von Jahren darüber hingehen, wird die große Wüste aufhören eine Wüste zu sein. Der Mensch selbst wird, wenn die Notwendigkeit an ihn herantritt, das Seinige dazu beitragen«.

In der Oase Tedjerri, wo die Trennung von der Karawane vereinbart war, wiederholte sich das gleiche Fiasko wie in Gatrun. Trotz mehrstündiger Verhandlungen und dem Angebot reicher Entlohnung waren alle Bemühungen um einen Führer durch das unerforschte Tibesti-Gebirge erfolglos. Erst vier Jahre später konnte Gustav Nachtigal unter großen Gefahren in das inmitten der Sahara bis zu 3400 Meter aufragende Gebirgsland der Tibbu eindringen. Rohlfs aber war durch die Intrigen Maina Adems gezwungen, den allgemeinen Karawanenweg nach Süden zu nehmen.

Auf der Straße des Durstes. Am 9. April wurde der Marsch angetreten. Tagelang zog die Karawane durch die tiefen Schluchten des Tümmogebirges. Inmitten der steilen Felswände war es angenehm kühl, da die Sonne nur während der Mittagszeit, wenn sie im Zenit stand, herunterbrennen konnte. Um so beschwerlicher wurde der Weg in die sich anschließende, unendlich erscheinende Sandwüste. Als Zeugen furchtbarer menschlicher Tragödien säumten die endlose Karawanenstraße, gewissermaßen als Wegweiser nach Bornu, Hunderte von verblichenen Gebeinen verdursteter Sklaven. Rohlfs stellte fest: »Rings umher lagen Massen von Kamel- und Menschenknochen, ein weites Knochenfeld: Selbst in meinem Zelte stieß ich auf einen Schädel, den meine Leute in der Dunkelheit beim Abräumen des Bodens übersehen hatten. Die Menschengerippe und Überreste von verschmachteten Sklaven, deren Leichname man nicht der Mühe wert hält in Gräber zu verscharren, sondern da, wo sie gefallen sind, liegen läßt ... Man braucht nur diesen Gerippen zu folgen, so kann man den Weg nach Bornu nicht verfehlen.« Erschüttert und anklagend bemerkte er: »Nirgends traten mir die Schrecken und Greuel des Sklavenhandels so auf Schritt und Tritt entgegen wie auf dem Wege von Fessan nach Bornu.«

Die von führenden europäischen Mächten seit Anfang des 19. Jahrhunderts abgeschlossenen Antisklavereiabkommen und die darin vereinbarten Maßnahmen zur Bekämpfung des Sklavenhandels hatten, wie sich deutlich zeigte, an dem furchtbaren Grauen wenig geändert. In ihrer philantropischen Argumentation vermochten Staaten, die vor wenigen Jahrzehnten selbst Hauptprofiteure der Barbarei gewesen waren, kaum überzeugend zu wirken.

Eine nach Afrika exportierte »Errungenschaft« war der Sklavenhandel jedoch nicht, wenn dieser auch bereits zur Zeit der Griechen und Römer seinen ersten Höhepunkt erlebt hatte. Er bestand nach der auf Sklaverei beruhenden Klassengesellschaft weiter und beschränkte sich keineswegs auf den europäischen Raum. Bereits im Altertum hatten auch kriegführende afrikanische Stämme ihre Gefangenen versklavt und verkauft. Nachdem die Araber seit etwa dem Jahre 800 weite Gebiete Nordafrikas unterworfen hatten, aktivierten sie den Menschenhandel, da die Nachfrage nach Soldaten, Dienern und Haremsdamen gestiegen war. Letztlich aber war der innerafrikanische »Markt« begrenzt. Adelshöfe und die Häuser der Reichen hatten bald ihren Bedarf gedeckt. Nur vereinzelt waren Negersklaven bereits auch nach Europa verschleppt worden.

Die Situation änderte sich grundlegend seit dem 15. Jahrhundert. Mit brutaler Gewalt hatten die spanischen und portugiesischen Eroberer in der »Neuen Welt« mit unstillbarer Gier alles Wertvolle geraubt und dabei ganze Völker ausgerottet. Die frühe Geschichte Amerikas war eine Geschichte des Völkermords. Hatte z. B. die Insel Española (Haïti) im Jahre 1492, als die Spanier von ihr Besitz ergriffen, 1 100 000 Einwohner, so waren es 20 Jahre später noch 46 000 und schließlich 1514 nur noch 1 000! Die Indianer, die den Massakern entgangen waren, widersetzten sich ungeachtet aller brutalen Zwangsmaßnahmen den Versuchen, sie zur Arbeit für ihre Unterdrücker zu zwingen. Die Plantagenbesitzer fanden in den fleißigen Bauern des afrikanischen Kontinents die »Lösung«. Die seit Ende des 15. Jahrhunderts die Westküsten anlaufenden portugiesischen Schiffe leiteten die Phase der Massensklaverei bisher unbekannten Ausmaßes ein. Zu Hunderttausenden wurden Afrikaner nach Amerika zur Arbeit auf den Baumwoll- und Zuckerrohrplantagen verschleppt. Einheimische Häuptlinge und Beherrscher von Territorien im Küstengebiet lieferten Angehörige ihres eigenen Volkes im Tausch gegen Waren an die Sklavenhändler aus. Als die Küstengebiete weitgehend entvölkert waren, wurden Menschenjagden ins Landesinnere veranstaltet.

Die fortschreitende ursprüngliche Akkumulation des Kapitals bot den Nährboden für die wachsende extensive und intensive Ausnutzung der Sklavenarbeit. Seit dem ausgehenden 16. Jahrhundert wurde das »schwarze Elfenbein« der Haupthandelsartikel mit Afrika. Noch mehr Menschen als in die Sklaverei getrieben wurden, waren bei den vorausgegangenen erbarmungslosen Sklavenjagden ums Leben gekommen. Nur etwa jeder zweite bis dritte Gefangene überstand die unmenschlichen Strapazen des endlosen Sklavenzuges. Von denen, die auf die überfüllten Segler verladen wurden, starb wiederum nahezu die Hälfte auf dem Transport nach Übersee. Doch dieser Schwund war einkalkuliert und von den Schiffseignern ökonomisch zu verkraften. Die zu etwa 50 Dollar in Afrika gekauften Afrikaner wurden zum acht- bis zehnfachen Preis in Amerika versteigert. Bei dieser Profitrate brauchte man nicht zimperlich zu sein. Auch die Plantagenbesitzer verstanden zu rechnen. Sie veranschlagten die restliche Lebensdauer eines Arbeitssklaven auf vier bis fünf Jahre. In dieser Zeit hatte er sich längst amortisiert, und es war zweckmäßiger, frischen, kräftigeren Nachschub zu erwerben.

In dem Streben, sich zu bereichern, blieben die Portugiesen nicht lange unter sich. Neiderfüllt hatten Engländer, Franzosen, Holländer und Schweden von den sagenhaften Profiten gehört. Besonders die britischen Schiffseigner stiegen seit 1562 ins Ge-

Dezember 1865: Mursuk, 25° 55′ Nördl. Br., 14° 10′ Östl. Länge v. Gr.

Dezember 1865.	Barometer-Mittel.	Lufttemperatur ° C.				Psychrometer-Differenz ° C.				Wind.				Himmelsansicht.			
		v. S.-A.	9h.	3h.	n. S.-U.	v. S.-A.	9h.	3h.	n. S.-U.	v. S.-A.	9h.	3h.	n. S.-U.	v. S.-A	9h.	3h.	n. S.-U.
1.	729,5	7,2	10,0	16,7	12,8	2,2	2,8	5,0	2,8	SW	stW	W	st	W	W	r	r
2.	728,5	6,7	11,1	17,2	11,7	2,8	3,3	5,6	2,8	st	stS	OSO	st	r	r	W	W
3.	727,5	7,2	12,2	19,4	15,0	2,8	4,4	7,2	7,8	stWSW	stWSW	stN	NW	bed	W	schl	W
4.	728,5	8,9	16,7	20,6	15,6	5,0	6,6	8,9	6,6	stNW	N	N	stNW	schl	schm	schm	r
5.	730,5	7,2	12,8	19,4	12,8	4,4	5,0	8,3	6,6	st	st	stN	st	schl	r	r	r
6.	731,5	6,1	13,9	19,4	10,6	3,3	5,0	7,8	3,9	st	stNW	stW	st	schl	r	schl	r
7.	730,5	6,1	10,6	19,4	11,7	4,4	5,0	7,2	5,0	st	stNW	st	st	schl	r	W	r
8.	732,5	6,7	11,1	19,4	11,7	4,4	2,8	7,8	5,6	st	st	stNO	st	schl	r	schl	r
9.	732,0	6,7	10,6	17,8	11,1	2,8	3,3	6,1	5,0	st	stN	stW	st	schl	r	schl	r
10.	732,0	6,1	11,1	17,2	10,6	3,9	3,3	6,1	3,9	st	stW	stONO	st	schl	W	W	r
11.	730,5	5,6	11,1	17,8	12,2	3,9	2,8	6,6	4,4	st	stNW	W	st	W	W	W	bed
12.	728,5	6,7	11,1	17,8	12,2	4,4	1,7	6,6	3,9	st	stW	W	stW	bed	bed	W	bed
13.	725,5	6,1	12,2	18,9	11,7	3,9	5,0	8,3	2,2	st	stO	SSW	st	r	r	schm	r
14.	728,5	5,6	10,0	20,0	12,8	3,3	4,4	8,9	5,6	stW	stWNW	stNNW	st	W	W	W	W
15.	728,0	8,3	12,2	17,2	11,7	3,8	5,6	7,2	4,4	st	stW	st	st	N	bed	r	r
16.	724,5	4,4	10,0	16,7	10,0	3,3	3,9	6,8	3,9	st	stWNW	stW	st	W	W	bed	W
17.	723,0	4,4	10,6	17,2	11,7	3,3	5,0	8,3	5,6	NW	NW	NNW	stNW	W	W	W	bed
18.	727,0	7,2	10,0	15,6	11,7	3,9	3,9	5,6	5,6	stNW	stW	stW	NW	W	schl	bed	W
19.	729,5	4,4	8,3	17,2	9,4	3,3	5,0	7,2	5,6	st	stN	st	N	W	r	r	r
20.	730,0	−2,2	9,4	15,0	8,3	+1,1[2]	5,6	6,6	5,0	st	stN	stN	N	rein			
21.	728,5	1,7	8,3	15,6	10,0	2,8	5,6	6,6	5,6	stN	st	stNNO	NNO	r	r	W	W
22.	731,5	3,3	6,7	13,3	8,9	3,3	2,8	4,4	5,6	stNO	NNW	N	st	schl	r	r	r
23.	734,0	2,8	11,1	13,9	7,8	2,8	3,0	5,6	3,3	stN	NNW	W	st	W	bed	W	r
24.	734,0	2,2	11,1	15,6	7,5	3,8	1,7	3,9	3,3	stW	O[3])	O	st	schl	W	W	r
25.	733,0	1,7	11,1	15,0	8,3	2,8	2,2	6,1	3,9	st	stO[3])	O	st	schl	W	W	r
26.	734,0	1,1	10,0	13,9	9,4	2,2	2,8	4,4	3,9	st	stO	stO	SW	r	r	bed	W
27.	730,5	7,2	10,6	12,2	8,3	2,8	3,3	3,9	2,2	SW	SW	SSW	stSSW	R[4])	W	R[4])	W
28.	732,0	2,2	8,9	12,8	7,8	2,2	2,2	5,0	1,7	st	st	stNO	st	rein			
29.	734,5	1,1	9,4	12,2	7,2	2,2	1,7	4,4	2,8	st	stW	stW	st	schl	bed	W	r
30.	733,0	2,2	6,7	13,3	7,8	1,7	2,6	5,0	2,8	st	st	stW	st	schl	r	W	W
31.	732,0	5,6	12,8	15,0	7,8	2,2	3,9	7,2	3,3	stW	stW	W	st	schl	W	W	W

Gewissenhafte tägliche Messungen

schäft mit Menschen ein und hatten bald alle Konkurrenten überflügelt. In welchem Ausmaße sie sich zu etablieren wußten, zeigt die Tatsache, daß um 1800 etwa 18400 britische Seeleute allein in diesem »Gewerbe« tätig waren. 25% aller Schiffe, die den Hafen von Liverpool anliefen, waren Sklaventransporter.

Die Bilanz der nahezu drei Jahrhunderte währenden Menschenjagd war furchtbar. Allein in die englischen Kolonien wurden von 1680 bis 1780 mindestens 2,5 Millionen Afrikaner verschleppt. Nach groben Schätzungen kamen etwa 30 Millionen Sklaven nach Amerika, die Zahl der bei den Sklavenjagden Ermordeten betrug das Zwei- bis Dreifache, so daß mit einem Verlust von etwa 100 Millionen Menschen für den afrikanischen Kontinent gerechnet werden muß!

Großkaufleute und Großgrundbesitzer hatten aus dem Menschenhandel Riesenprofite erzielt. Die mit der weiteren Entfaltung des Kapitalismus entstehenden Industriebetriebe aber brauchten den freien Lohnarbeiter und kauffähige Kunden in aller Welt. So wurde die Sklaverei mehr und mehr zu einem Hemmnis, und die europäischen Unternehmer widersetzten sich dem Sklavenhandel. Zu den historischen Faktoren, die der Sklaverei entgegenwirkten, zählten auch die Unabhängigkeit der Vereinigten Staaten von Amerika sowie die von der Großen Französischen Revolution deklarierten Menschenrechte. Unter ihrem Einfluß wandten sich progressive Vertreter des aufsteigenden Bürgertums seit Ende des 18. Jahrhunderts in einer Fülle von Kampfschriften gegen Sklaverei und Sklavenhandel. Der veränderten ökonomischen Situation und dem Drängen der Humanisten entsprechend, sprachen sich die europäischen Mächte gegen den Sklavenhandel aus. Die britische Regierung verfügte im Jahre 1807 ein Verbot für die westindischen Plantagen; in einer Erklärung des Wiener Kongresses vereinbarten die beteiligten europäischen Länder am 8. 2. 1815 ein Antisklavereiabkommen. Dessenungeachtet versklavten ägyptische Sklavenhändler und Sudanaraber noch bis weit in die zweite Hälfte des 19. Jahrhunderts afrikanische Menschen und verkauften sie in Nordafrika und Asien. Gerhard Rohlfs wurde während seiner Afrikareisen wiederholt Augenzeuge der grausamen Barbarei. Die von den europäischen Mächten verkündete Beendigung der Sklaverei leitete keineswegs eine Phase der Humanität ein. Die Jagd der britischen Flotte auf Sklavenschiffe kleiner Nationen hatte unter dem Vorwand, die Sklaverei zu bekämpfen, vor allem die Aufgabe, die Macht des Empires an der afrikanischen Westküste zu festigen. Dem Sklavenhandel folgten die koloniale Eroberung und Aufteilung Afrikas. So wurde ein einträgliches Geschäft durch ein noch lukrativeres abgelöst, das weltpolitische Dimensionen annahm.

Um der mörderischen Hitze zu entgehen, hatte sich Gerhard Rohlfs auf dem Weg durch die Sandwüste zu Nachtmärschen entschlossen. Völlig erschöpft erreichte er die Oase Jat. Doch die Erholungspause war nur kurz. Weiter ging die Reise bei furchtbarer Hitze in Richtung Igdjeba, der ersten Oase von Kauar. Die sechstausend Einwohner des Sultanats lebten in einem Dutzend Oasen. Im Herrschaftsgebiet seines Bruders angekommen, ließ Maina Adem, der froh gewesen war, Rohlfs zur Begleitung seiner Karawane veranlaßt zu haben, seine Maske fallen und spielte sich als Herrscher auf. In Anai, der ersten bewohnten Oase, ließ er sich als Fürst preisen. Rohlfs zog es, um Konflikte zu vermeiden, vor, an dem Eilmarsch des Gewaltigen nicht länger teilzunehmen. Er gönnte sich einige Ruhetage, die er nutzte, um sich mit den freundlichen Tibbu bekannt zu machen. Ihre Haupterwerbszweige waren Ackerbau und Viehzucht. Die Tuareg versuchten den Anbau von Gemüse zu verhindern, damit die Tibbu dieses von ihnen im Austausch gegen das in Kauar gewonnene, heiß begehrte Salz erwerben mußten. Von Anai aus unternahm Rohlfs einen Abstecher nach der ehemaligen Residenz Kisbi. Die Forscher Dixon Denham und Hugh Clapperton hatten in dem jetzt verfallenen Ort noch 1822 pulsierendes Leben angetroffen.

Über Schimmedru führte der Weg nach Bilma (Garu), der

Hauptstadt des Landes, die allerdings nur ein sehr bescheidenes Anwesen von allenfalls tausend Einwohnern war. Der Landesherr residierte in dem angrenzenden Dörfchen Kalala. Sein »Gästehaus« war eine stark baufällige Baracke. Erst nach Protest gelang es Rohlfs, Quartier in einem aus Salzklumpen errichteten Haus zu erhalten. Dem Sultan ermangelte es ohne nennenswerten Besitz an Einfluß. Seine Funktion beschränkte sich im wesentlichen auf die eines Schiedsrichters bei Streitigkeiten. Der Haupterlös des in den berühmten Salzminen von Bilma kristallisierten Salzes floß in die Taschen der Tuareg, unter deren Aufsicht alljährlich eine große Salzkarawane mit über tausend Lastkamelen nach den Sudanländern zog und hier ein Riesengeschäft mit dem begehrten, lebensnotwendigen Produkt machte.

Sultan Maina Abadja war mit Rohlfs' Gastgeschenk nicht zufrieden. Er forderte für seine »Gastfreundschaft« und die Bereitstellung eines landeskundigen Führers mindestens hundert Silbertaler. Wohl oder übel mußte sich Rohlfs dem Ansinnen beugen. Er fügte dem Präsent 30 Taler hinzu und durfte bleiben. Kamele oder, wie in Aussicht gestellt einen Führer, bekam er allerdings nicht. Erneut hätte Rohlfs sich mit einer längeren Wartezeit abfinden müssen, ehe er sich einer Karawane nach Bornu anschließen konnte. Er entschloß sich deshalb zu einem Vorstoß auf eigene Faust, was ihm beinahe zum Verhängnis geworden wäre.

Rettung in höchster Not. Rohlfs nahm den Tibbu Maina Jusku als Führer in seine Dienste und begab sich mit seiner Mannschaft am 21. Juni auf den Weg. Einige Sklavenhändler und Tibbu, die ebenfalls nach Bornu reisen wollten, gesellten sich zu ihm, so daß die kleine Karawane aus vierzehn Personen bestand, für die zwanzig Kamele mit sechs Treibern gemietet wurden. Unmittelbar an Bilma schloß sich die Einöde der Tinger-Tinger-Ebene. In diesem Sandmeer erschwerten hohe Sanddünen das Vorankommen. Allmählich zeigten sich vereinzelte Grashalme als Vorboten der Vegetation. Den 26. Juni 1866 vermerkte Rohlfs als »denkwürdigen Tag«, an dem die große Wüste durchquert worden war. Der Brunnen von Dibella bot Erfrischung und den Kamelen erstmals frische Weide. Die angrenzende Trockensavanne wurde mehr und mehr auch von Tieren belebt. Der Weg von Agadem, dem nächsten Brunnen, nach dem Sultanat Bornu, führte durch die gefürchtete Tintümma-Steppe. In sengender Sonnenglut wurde die völlig flache Landschaft, in der sich nicht der kleinste Orientierungspunkt zeigte, durchwandert. Rohlfs wurde durch den unmotivierten Zickzackkurs, den Maina Jusku einschlug, beunruhigt. Schließlich mußte dieser zugeben, sich verirrt zu haben, und man war gezwungen, nach Agadem zurückzukehren. Hier fand sich ein neuer Führer, der bereit war, die Karawane bis nach Belgajifari zu geleiten. Bereits am Tag nach dem Aufbruch verriet der Kompaß erneut einen völlig unbegründeten Richtungswechsel. Kreuz und quer führte der Weg durch die Steppe. Als der »Führer« sich in einem unbeobachteten Moment davonschlich, gab es keinen Zweifel mehr: Er hatte die Karawane absichtlich in die Irre geführt. Ein Brunnen war weit und breit nicht zu entdecken. Offensichtlich hoffte der Bandit, daß die Reisenden verdursten würden und er sich dann deren Besitz aneignen könnte. Die Lage schien aussichtslos zu sein. Man konnte höchstens noch einen Tag ohne Wasser auskommen. Apathie begann sich auszubreiten. Doch Rohlfs wollte den Tod nicht untätig erwarten. So wurde jeder nach einer anderen Richtung auf die Suche nach einer Wasserstelle ausgeschickt. Von furchtbaren Durstqualen gepeinigt, kamen alle erfolglos ins Lager zurück. Als letzter Versuch wurde der einzige, der sich noch im Sattel halten konnte, nochmals mit einem Kamel auf Wassersuche geschickt. Hoffnung, dem furchtbaren Schicksal zu entgehen, hatte kaum noch jemand. Gegen Abend zogen sich plötzlich im Südosten schwarze Wolken zusammen. Auch Rohlfs' Aneroid-Barometer zeigte ein tiefes Absinken des Luftdruckes. Würde ein aufkommender Gewitterregen Rettung bringen? In der Nacht hörte man dumpfes Grollen, und bald entlud sich ein heftiger Wolkenbruch. Mensch und Tier tranken gierig aus den tiefen Pfützen. Auch der ausgesandte Reiter kehrte zurück. Er hatte den Weg zum Brunnen Belgajifari gefunden und Wasser mitgebracht. Doch wäre das Gewitter nicht gekommen, hätte er kaum noch jemandem damit helfen können. Mit neuem Mut zog man, wohl versorgt mit gefüllten Wasserschläuchen, auf dem erkundeten Wege durch die Weiten der Dornsavanne, die in eine Feuchtsavanne mündete. Das Buschwerk verdichtete sich zu kleinen Wäldchen, die mit ausgedehnten Grasflächen wechselten. Nach gelungener Saharadurchquerung erreichte die Karawane am 15. Juli 1866 N'Guigmi, den Eingangsort des Sultanats Bornu.

Heinrich Barth hatte im Ergebnis seiner großen Expedition bereits gründlich mit den unwissenschaftlichen Auffassungen von einem »dunklen, geschichtslosen« subsaharischen Kontinent aufgeräumt. Obwohl bereits im Mittelalter arabische Historiker und Geographen sowie Kaufleute aus dem westlichen Teil des arabischen Kalifats über Forschungen und ausgedehnte Reisen im Sudan berichtet hatten, war das subsaharische Gebiet in

Europa eine Terra incognita geblieben. Eine Tatsache, an der auch die Zeit der großen Entdeckungen kaum etwas zu ändern vermochte. Afrika war in dieser Periode weniger Gegenstand der geographischen Erschließung als vielmehr der rigorosen Ausplünderung. Erst als England 1783 mit der Unabhängigkeit der Vereinigten Staaten von Amerika sein reichstes Kolonialgebiet verlor, veränderte sich die Situation. Die britische Industrie- und Handelsbourgeoisie hoffte für das verlorene Terrain den dringend benötigten Ersatz in Afrika zu finden und war in fieberhafter Eile bestrebt, das bisher Versäumte wettzumachen. Die am 9. Juni 1788 in London gegründete »Königlich-Geographische Gesellschaft« (African Association) ließ keinen Zweifel darüber, welchen Zielen sie diente. Ihr Gründungsdokument postuliert das Anliegen: »Von allen Vorteilen, die eine bessere Kenntnis der Gegenden im Inneren Afrikas gewähren würde, sind die wichtigsten die Ausbreitung des Handels und die Förderung der britischen Industrie«. Mit sehr konkreten Aufgabenstellungen, wie die Anbahnung von Wirtschaftsbeziehungen, die Erforschung von Handelswegen, die Untersuchung der politischen und sozialökonomischen Verhältnisse des Landes, wurden im Auftrag der Regierung durch die »African Association« in wachsender Zahl Expeditionen ins Landesinnere gesandt. Da die Wasserwege als Hauptzugänge des Kontinents galten, konzentrierten sich die Forschungen zunächst vor allem auf die Untersuchung und Erschließung schiffbarer Flüsse, wenig später auch auf die Nutzung der Karawanenwege, die wie ein Verkehrsnetz den Kontinent durchzogen.

Zweifellos haben mutige Forscher wie u. a. Friedrich Konrad Hornemann (1772–1801), der auf der Suche einer vermeintlichen Verbindung von Nil und Niger erstmals Sahara und Sudan durchquerte, oder David Livingstone (1813–1873), der seit seinem Ausscheiden aus der Missionsgesellschaft seit Ende der 50er Jahre im Auftrag der britischen Regierung den Gesamtverlauf des Sambesi festlegte, trotz des Zusammenhangs ihrer Aufgaben mit den kolonialen Bestrebungen der Auftraggeber fundamentale geographische und ethnographisch-historische Kenntnisse vermittelt. Das trifft im Sudan in besonderer Weise für den Bahnbrecher der Afrikaforschung, Heinrich Barth, zu. Seine Forschungen boten erstmals den wissenschaftlichen Nachweis der hervorragenden eigenständigen historisch-kulturellen Leistungen der subsaharischen Völker.

Historischer Boden. Bereits im 1. Jahrtausend war jenseits der Sahara die Urgemeinschaftsordnung durch höhere gesellschaftliche Entwicklungsformen überwunden worden. Bei der Herausbildung der frühen Klassengesellschaft erwiesen sich die Handelsbeziehungen, insbesondere der Sahara-Transithandel, als wichtiger stimulierender Faktor. An den Zielorten und Schnittpunkten der Karawanenstraßen entstanden städtische Zentren, die gleichzeitig zu Mittelpunkten der sich bildenden Staaten wurden. Drei Haupthandelsstraßen durchzogen die Sahara: die westliche Route führte von Marokko nach Timbuktu, die mittlere verband Tripolis über Ghadames, Ghat und Agades mit Kano und Gao, während der östliche, sogenannte Bornu-Handelsweg von Tripolis über Mursuk und Bilma nach Kukawa führte. Die früheste Staatengründung im subsaharischen Gebiet war das alte Ghana-Reich, dessen Anfänge sich bis in das 4. Jahrhundert zurückverfolgen lassen. In seiner Blütezeit reichte das Territorium dieses Staates, das Gerhard Rohlfs bei seiner Expedition nicht erreichte, im 9. und 10. Jahrhundert vom Atlantik bis in die Nähe von Timbuktu. Nach wechselvoller Geschichte wurde Ghana im Jahre 1240 von dem legendären »Löwen von Mali«, Mari Djata (Sundjata), als Provinz seinem Reiche einverleibt. Dieses zweite subsaharische Großreich erlebte unter Mansa Musa im ersten Drittel des 14. Jahrhunderts einen kulturellen Höhepunkt und zugleich die größte territoriale Ausdehnung von Tekrur im Westen bis Gao im Osten, vom Sahara-Hochland Aïr im Norden bis zum tropischen Urwald im Süden. Doch seit Ende des 14. Jahrhunderts teilte das Mali-Reich das Schicksal anderer Staaten der frühen Klassengesellschaft. Dynastische Zwistigkeiten schwächten das Land, dessen Instabilität die Abwehrkraft gegen einfallende Stämme lähmte, bis Mali seit dem 15. Jahrhundert nur noch ein Schatten früherer Größe war.

Als dritter Großstaat des mittelalterlichen Sudan erlebte Songhai, das bis ins 14. Jahrhundert noch ein Vasall Malis gewesen war, unter den Herrschern Sonni Ali und Askia Muhammed I. von 1464 bis 1528 seine Blütezeit. Während Sonni Ali als fähiger Feldherr die Fundamente des mächtigen Reiches legte, baute sein Nachfolger eine funktionsfähige Zentralverwaltung aus und machte sich um die Förderung der Wirtschaft und besonders der Kultur verdient. Wissenschaften und Künste erlebten eine wahre Glanzzeit. Allein für Timbuktu werden mehr als 100 bedeutende Gelehrte und Dichter verzeichnet, die als Zeugen der Größe zahlreiche Werke hinterließen. Obwohl das Songhai-Reich als zentralisierter Staat auf ausgeprägten Abhängigkeitsverhältnissen basierte, vier große Provinzen wurden von Verwandten des Königs verwaltet, und weitere Königreiche und Gouvernements standen in tributärer Beziehung, schwächten Autonomiebestrebungen und dynastische Wirren die Verteidigungskraft. Der Reichtum des Landes lockte den Sultan von Marokko, der die Städte Timbuktu, Fjenne und Gao besetzen und plündern ließ. Wenn es den marokkanischen Truppen auch nicht gelang, sich im Sudan zu behaupten, so vermochte sich Songhai von dem schweren Schlag nicht wieder zu erholen, zumal es erneuten Einfällen der Tuareg und Fulbe ausgesetzt war.

Die vorübergehend von Songhai unterworfenen Hausa-Stadtstaaten waren Zentren des Wirtschaftslebens, die sich ihrer Entwicklung jedoch durch wirtschaftliche Sonderinteressen gegenseitig stark behinderten.

Im Tschadseegebiet, das Rohlfs nun erreichte, hatten sich ebenfalls bereits sehr früh staatliche Organisationsformen herausgebildet. Im 8. bis 9. Jahrhundert entstand östlich und nordöstlich des Tschadsees das Reich Kanem und wurde von der herrschenden Sefuwa-Dynastie durch zahlreiche Eroberungen ausgeweitet und gefestigt. Wie bereits in den Sudan-Großreichen spielte der Islam bei der Konsolidierung der Zentralgewalt, der Festigung der Wirtschaft und der Ausweitung von Handelsbeziehungen eine große Rolle. Die herrschende Klasse hatte sehr bald den großen Nutzen der Staatsreligion erkannt und ihre Verbreitung nach Kräften gefördert. Nachdem das alte Kanem-Reich unter Mai Dunama Dibilami, der den Titel »König von Kanem und Herr von Bornu« trug, 1221 bis 1259 seine größte Ausdehnung erfahren hatte und zum zivilisatorischen Mittelpunkt des mittleren Sudan wurde, trugen auch hier spätere feudale Zwistigkeiten und Autonomiebestrebungen zum Verfall bei. Ein Aufstand des Volkes der Bulala errichtete Ende des 14. Jahrhunderts nordöstlich des Tschadsees ein autonomes Gebiet. Das zwang die Herrscher von Kanem umzusiedeln und sich westlich des Sees niederzulassen. Damit wurde Bornu, ursprünglich eine Grenzmark, zum neuen Machtzentrum des Reiches, das sich bis ins 17. Jahrhundert neue Gebiete wie Baghirmi tributpflichtig machte.

Während des Aufenthalts in Kukawa hatte Heinrich Barth intensive Forschungen zur Geschichte Bornus betrieben. Das von ihm skizzierte Wörterbuch der Kanurisprache, das er Gerhard Rohlfs zur Verfügung gestellt hatte, war für diesen eine wertvolle Hilfe.

Als die Großreiche des westlichen Sudan bereits zerfielen, stand Bornu noch auf dem Höhepunkt seiner Geschichte und vermochte auch zu Beginn des 19. Jahrhunderts den Siegeszug der Fulbe, dem seine westlichen Nachbarn nicht standhalten konnten, aufzuhalten. Faki Mohammed el Amin el Kanemi schlug die Eroberer in der Schlacht bei Ngornu zurück. Nach dem Tode des Sultans Ahmed gelangte im Jahre 1810 formal sein Sohn Dunama an die Macht, die in Wirklichkeit bereits in den Händen des siegreichen Feldherrn El Kanemi lag, der schließlich die schwache Sefuwa-Dynastie beseitigte und in Kukawa ein neues Machtzentrum errichtete. Sein ältester Sohn Omar (1835–1881) war der großzügige Gastgeber und Förderer Heinrich Barths. Von ihm sollte auch weitgehend das weitere Schicksal Gerhard Rohlfs' beeinflußt werden, der inzwischen das Tschadseegebiet erreicht hatte. Anstelle des erhofften offenen Sees stand er jedoch vor einem undurchdringlichen stinkenden Sumpf, der, wie die Reisenotizen zeigen, das erträumte erfrischende Bad zu einer Illusion werden ließ: »Wer sich den Tschad-See als einen blanken Wasserspiegel vorstellt, wird bei dessen Anblick sehr enttäuscht sein, denn nur stellenweise sieht man offenes Wasser in der unendlichen, mit Rohr und Schilf bedeckten Fläche.«

Unweit von Kukawa mußte der Komadugu überquert werden. Das war äußerst schwierig, da die ortsansässigen Kanembu zum Transport ihres Gepäcks nur leere Kürbisse verwendeten und deshalb keine Boote vorhanden waren. Rohlfs ließ mehrere hundert dieser Kürbisse zu einem Floß zusammenbinden und schaffte damit die mitgeführten Lasten an das andere Ufer. In der am Fluß gelegenen Stadt Yo wurden sie vom Statthalter des Sultans freundlich empfangen. Rohlfs kleidete sich neu ein, die abgenutzte Montur war zum Empfang in der Bornu-Metropole kaum geeignet.

Beim Sultan von Bornu. Am 21. Juli 1866 zog die kleine Mannschaft durch das Nordtor in die Hauptstadt. Die Würdenträger des Sultans waren zur Begrüßung entgegengekommen und hatten Rohlfs zu seinem Quartier geleitet. Er war zunächst entsetzt, als er die baufällige Hütte sah. Mohammed el Gatroni klärte ihn über die Landessitte auf. Hier würde nur eine Behelfsunterkunft bezogen, die eigentliche Wohnungszuweisung erfolgte erst nach der Audienz beim Sultan. Nun blieb nur zu hoffen, daß der erste Empfang möglichst bald stattfinden und der Herrscher durch die Gastgeschenke zufriedengestellt würde. Glücklicherweise ließ die Einladung nicht lange auf sich warten. Rohlfs wurde in den Empfangssaal geführt, in dem der Sultan Platz genommen hatte. Sultan Omar, ein schlichter, kluger Mann von etwa fünfzig Jahren, gekleidet wie ein wohlhabender Kaufmann, war Rohlfs sofort sympathisch. Bei aller Wertschätzung des Würdenträgers nahm er nicht die demütige Haltung der Untertanen ein, die sich vor dem Herrscher in den Staub warfen, es nicht wagten, ihn anzusehen und ihm nur den Rücken zuwandten. Rohlfs grüßte höflich, verhielt sich aber wie ein Gesprächspartner. Während die Lakaien vor Entsetzen erstarrten, äußerte der Sultan keinerlei Mißfallen, sondern führte ein erstes kurzes, freundliches Gespräch, in dem er sich mit dem Gast und dessen Anliegen bekannt machte. Schon bei diesem Gedankenaustausch zeigte Sultan Omar erstaunliche Kenntnisse über die politischen und wirtschaftlichen Verhältnisse Europas. Es war ihm völlig unbegreiflich, daß Rohlfs nicht in offizieller Mission, sondern als Privatmann reiste. Das sollte negative Folgen bei der nächsten entscheidenden Audienz haben, während der die Gastgeschenke ausgehändigt wurden. Rohlfs übergab unter anderem einen amerikanischen Repetierstutzen, Jagdmesser, eine Sonnenuhr, Seidenstoff, französische Parfüms und zehn Kilo Puderzucker. Alles in allem betrug der Wert der Geschenke etwa zweihundert Taler. Mehr hatte er aus seinen Mitteln nicht erübrigen können. Der Sultan gab zu verstehen, daß er annehme, der Gast wolle ihm zunächst nur die kleineren Gaben überreichen, und er ließ den Termin festlegen, zu dem er die größeren Geschenke entgegennehmen würde. In der Regel erhielt der Gast nach der Audienz als Zeichen dafür, daß der Sultan mit den Präsenten zufrieden war und ihn huldreich aufnehme, ein Reitpferd als Gegengeschenk. Daß Rohlfs bei dem Empfang leer ausgegangen war, gab allerlei Vermutungen Vorschub. Die Ansicht, er sei in Ungnade gefallen, verstärkte sich noch dadurch, daß ihm keine andere Wohnung zugewiesen wurde. Gerhard Rohlfs befand sich zweifellos in einer schwierigen Lage. Wo sollte er die erwarteten »großen Geschenke« hernehmen? Da kam ihm die rettende Idee: Er hatte doch ein schadhaft gewordenes Aneoidbarometer, das zwar für eine exakte wissenschaftliche Bestimmung nicht mehr brauchbar war, doch für den täglichen Bedarf zur Wetteranzeige ohne weiteres noch genutzt werden konnte. Wenn er nun dieses Gerät als Gastgeschenk übergab? Sultan Omar war begeistert, galt er doch fortan durch seine Wettervorhersagen als überaus weiser Prophet. Rohlfs hatte die Situation gerettet. Er erhielt als Zeichen besonderer Gunst ein Reitpferd und in dem sogenannten »Christenhaus« eine schöne Wohnung zugewiesen. Hier hatten vor ihm bereits eine Reihe hervorragender Afrikaforscher Quartier bezogen: Dixon Denham, Hugh Clapperton, Oudney, Heinrich Barth, Eduard Vogel und Moritz von Beurmann. An das Haus grenzte ein großer Garten, den der überaus tierliebe Gerhard Rohlfs zu einer kleinen Menagerie gestaltete. Hühner, Wasservögel, Igel, Gazellen und sogar zwei Strauße lebten hier friedlich nebeneinander, und Mursuk war eifrig mit dem Bewachen seiner »Herde« beschäftigt. So behaglich sich der Aufenthalt bei schönem Wetter gestaltete, wurde er bei Regen sehr unangenehm, und Rohlfs erkrankte erneut: »Nicht ganz blieb ich von den gefährlichen Krankheiten verschont, denen namentlich die Weißen zur Regenzeit hier ausgesetzt sind, und nur große Dosen Opium und Chinin konnten den Durchfall und Fieber, womit der gewöhnliche Sumpftyphus beginnt, Einhalt tun. Da die Wände meiner Wohnung aus bloßer Tonerde bestanden, zogen sie wie ein Schwamm die Nässe ein, und bei starken Regengüssen gewährte das platte Dach auch von oben keinen genügenden Schutz.«

Während der Regenzeit war an Exkursionen außerhalb der Stadt nicht zu denken. Selbst bei einer Wanderung durch die etwa fünfzehntausend Einwohner zählende Metropole mußten breite und tiefe Wasserpfützen überwunden werden. In den ohnehin durch freiumherlaufende Rinder, Pferde, Ziegen und Schafe stark verschmutzten Straßen staute sich der Schlamm zu einem nahezu unüberwindlichen Hindernis.

Die Stadt bestand aus einem Ostteil, in dem sich das Schloß des Sultans und die Häuser der Reichen befanden, und dem Westteil, wo die übrige Bevölkerung in, den Witterungsunbilden kaum Widerstand entgegensetzenden, einfachen Lehmbauten lebte. Rohlfs besonderes Interesse fand der berühmte Montagsmarkt. Hier wurden Tiere und nahezu alle lebensnotwendigen Artikel angeboten. Als bedeutendes Zentrum des Wüstenhandels zog Kukawa Kaufleute aus entfernten Sultanaten an. Auch hier blühte das Geschäft mit dem »schwarzen Elfenbein«. An jedem Markttag wurden Hunderte, ja Tausende unglücklicher Menschen feilgeboten. Kinder kosteten drei bis zehn und kräftige junge Männer fünfzehn bis dreißig Taler. Junge Mädchen standen mit dreißig Talern hoch im Kurs, und war eine von ihnen besonders hübsch, mußten für sie bis zu sechzig Taler gezahlt werden. Am billigsten waren ältere Menschen. Sie waren schon für zwei Taler zu erwerben. Im Vergleich dazu kostete ein Pferd etwa zweihundert Taler. Die Sklaven wurden im Auftrag des Sultans möglichst in den angrenzenden Gebieten, aber durchaus auch im eigenen Lande eingefangen. Sie waren die Haupteinnahmequelle des Herrschers, dabei zeigte er trotz der Unmenschlichkeit seines Vorgehens nicht die geringsten Skrupel. Die in den Dörfern Zusammengetriebenen waren doch schließlich »Ungläubige«, denen ohnehin die Hölle bevorstand. Der Sultan hatte kein Verständnis für Rohlfs' Empörung. Waren denn die Europäer nicht selbst jahrhundertelang Nutznießer des Sklavenhandels gewesen? Noch Ende des 18. Jahrhunderts waren alljährlich etwa 75 000 Sklaven nach Amerika verschleppt worden. Bei Beginn des Bürgerkrieges gab es in den Vereinigten Staaten noch etwa 350000 Sklavenhalter.

Rohlfs hatte nach der Regenzeit eine Reise nach Wadai geplant, in der Hoffnung, das noch immer ungewisse Schicksal der Verschollenen Eduard Vogel und Moritz von Beurmann aufklären zu können. In einem Schreiben an den Sultan von Wadai, das von Omar unterstützt wurde, bat er um Erlaubnis zum Besuch des Landes.

Der Aufenthalt in der Bornu-Metropole war teuer: »Unterdessen fingen meine Geldmittel an, auf die Neige zu gehen. Der Haushalt nebst dem baren Lohn für die Diener und Arbeiter, der Ankauf eines Pferdes und der Geschirre für zwei, das Honorar an die Sprachlehrer, besonders aber die Trinkgelder und Geschenke nahmen meine Kasse weit mehr, als ich berechnet hatte, in Anspruch. Auch in der Erwartung, einen Teil meiner Waren in Kuka vorteilhaft zu verkaufen, sah ich mich getäuscht, vieles ursprünglich zum Verkauf Bestimmte war als Geschenk in die Hände der unersättlichen Höflinge gewandert, und für das übrige: Spiegel, Nadeln, Messer, Ringe, gelang es mir nicht, die rechten Käufer zu finden ... An barem Gelde hatte ich zwar noch eine kleine Reserve in Gold, allein dieses letzten Notpfennigs durfte ich mich nicht entäußern, da ich nicht wissen konnte, welches der Endpunkt meiner Reise sein würde.«

Er war gezwungen, von einem Wucherer zweihundert Taler zu leihen. Dafür mußte er bei einer Leihfrist von fünf Monaten 100% Zinsen zahlen und einen Schuldschein auf vierhundert Taler ausstellen.

Rohlfs konnte das Ende der Regenzeit kaum erwarten und begab sich noch am ersten regenfreien Tag zum Tschadsee. Hier lernte er einige Vertreter des von Adolf Overweg erforschten Volkes der Budduma kennen, das die Inseln des Sees bewohnte. Da die Antwort des Sultans von Wadai noch immer auf sich warten ließ, entschloß sich Gerhard Rohlfs, um die Zeit zu nutzen, zu einem weiteren größeren Abstecher in das südlich gelegene Sumpfgebiet von Wandala. Vor vierzig Jahren, als Denham hier als erster Europäer weilte, war dieses, jetzt von Bornu abhängige Gebiet noch ein selbständiges Sultanat. Sultan Omar gab dem Gast die Erlaubnis zur Reise und erteilte seinem Vasallen Aba Bu Bekr Order, ihn freundlich aufzunehmen. Da Kamele in Urwald und Sumpfgebiet unbrauchbar waren, ließ Rohlfs diese in Kukawa zurück und nahm dankbar die Lastochsen an, die ihm Omar zur Verfügung stellte. Für sich und seine Begleiter hatte er Pferde gemietet. Am 8. September 1866 begann der Marsch, geführt von einem landeskundigen Einheimischen und geschützt von einer berittenen Leibwache, nach

Sultan Omar mit seinem Gefolge

Süden. Erneute Regenfälle weichten den Boden derart auf, daß man zu weiten Umwegen gezwungen wurde. Ein weiteres Mißgeschick war die Erkrankung mehrerer Begleiter. Rohlfs stellte fest: »Unsere Karawane glich, da die Hälfte der Reisegesellschaft krank war, einem Feldhospital.«

Bei Bama wurde die Grenze von Wandala überschritten. Sultan Omar hatte nicht ohne Grund Geleitschutz gegeben. Im Gebiet der Gamergu, das durchquert werden mußte, hatten wiederholt erbarmungslose Sklavenjagden stattgefunden. Für diese Menschen waren alle Eindringlinge eine Gefahr, gegen die sie sich zur Wehr setzten. Glücklicherweise ereigneten sich keine Zwischenfälle. Der in Doloo residierende Sultan Aba Bu Bekr zeigte sich anfangs wenig gastfreundlich. Auch Eduard Vogel, der 1856 das Sultanat aufsuchte, mußte hier bereits schlechte Erfahrungen machen. Erst das Eingreifen Omars hatte seine Freilassung bewirkt. Dank der Unterstützung seines Freundes konnte Rohlfs sich über manche kleinlichen Gebote hinwegsetzen, ohne Zwangsmaßnahmen befürchten zu müssen. Bei einer Audienz zeigte sich, daß der etwa vierzigjährige Sultan ein recht aufgeschlossener Mann war, frei von religiösem Fanatismus. Nach dem persönlichen Kontakt verbesserten sich ihre

Beziehungen, und sie unternahmen eine gemeinsame Reise nach Mora, der völlig zerstörten Hauptstadt des selbständigen Sultanats. Damit hatte Rohlfs während des vierzigtägigen Aufenthalts nahezu alle wichtigen Stätten des kleinen Landes, das insgesamt nur 150000 Bewohner zählte, gesehen. Am 2. Oktober trat er über Dikoa, Yedi und Ngornu die Rückreise an. Im fernen Doloo hatte den Tierfreund Rohlfs ein schwerer Schmerz getroffen. Sein treuer Begleiter Mursuk, der seit Beginn der Expedition nicht von seiner Seite wich, war verendet.

Während der unvorhergesehenen langen Abwesenheit kursierte in Kukawa das Gerücht, Rohlfs sei getötet worden. So wurde die Rückkehr als wahre Sensation gebührend gefeiert. Obwohl nun bereits ein Vierteljahr vergangen war, hatte der Sultan von Wadai noch immer nichts von sich hören lassen, und es war kaum noch eine Antwort zu erwarten. Das Wagnis, ohne Einladung eine Expedition in sein Herrschaftsgebiet durchzuführen, war zu groß. Zweifellos hätte Gerhard Rohlfs das gleiche Schicksal wie Eduard Vogel und Moritz von Beurmann ereilt. Während Rohlfs' Abwesenheit hatte Sultan Omar Kundschafter ausgesandt, um etwas über den Verbleib der verschollenen Forscher zu erfahren. Danach war Eduard Vogel Anfang des Jahres 1856 bis in die Hauptstadt des Sultanats vorgedrungen. Hier war er der Spionage in türkischen Diensten verdächtigt und auf Befehl des Sultans hingerichtet worden.

Nach Mohammeds Tode errichtete dessen Nachfolger Sultan Ali eine Gewaltherrschaft. Unter diesen Bedingungen hatte Moritz von Beurmann wenig Chancen, das Los des Vermißten aufzuklären. Auch er wurde getötet. Angeblich waren die Ausrüstungen und Aufzeichnungen beider Forscher an den Hof des Sultans gelangt. Doch die Bitte, wenigstens ihre Tagebücher und Schriften freizugeben, blieb unbeantwortet. Die endgültige Klärung des Sachverhalts konnte erst Gustav Nachtigal herbeiführen, der 1872 das bisher völlig unbekannte Sultanat erforschte.

Die Möglichkeit, nach Wadai zu gelangen, wurde für Gerhard Rohlfs durch Unruhen in Baghirmi erschwert. Da damit praktisch jede Aussicht, das Ziel zu erreichen, vereitelt wurde und in Kukawa die Forschungen abgeschlossen waren, wollte Rohlfs so bald wie möglich abreisen. Auch die Finanzmisere zwang ihn zum Aufbruch: »Bei der Kostspieligkeit des Lebens in Kuka hatten die 200 Taler, die ich mir geliehen, nicht lange vorgehalten, meine baren Mittel gingen wieder zur Neige, und ich mußte allen Ernstes an die Weiterreise denken. In Gebieten, die außerhalb des Bereichs der arabischen und berberischen Kaufleute liegen, wo infolge dessen kein Geldumlauf stattfindet, konnte ich hoffen, gegen meine Waren, gegen Glasperlen und dergleichen alles zum Unterhalt Nötige einzutauschen ... Seitdem ich mich überzeugen mußte, daß leider keine Aussicht vorhanden sei, durch Bagirmi und Uadai weiter ins Innere zu gelangen, war mein Entschluß zur Rückkehr gefaßt. Ich wollte auf dem kürzesten Wege das Atlantische Meer zu erreichen suchen und auch dann so bald als möglich nach Europa einschiffen. Aber die Reise von Bornu bis an die Meeresküste erforderte mehrere Monate Zeit, und nur für so lange reichte meine erschöpfte Reisekasse gerade noch hin.«

Die letzte Etappe. Nach fünfmonatigem Aufenthalt begann Gerhard Rohlfs am 13. Dezember 1866 die letzte große Etappe seiner Expedition. Seit der Abreise von Tripolis hatte er mehr als fünftausend Kilometer zurückgelegt. Die noch zu bewältigende Strecke war ungewiß. Zu seiner Mannschaft zählten der treue Diener Hammed, Noël sowie Mohammed el Gatroni, der allerdings bald um seine Entlassung bat. Man ritt zu Pferde, mit Ausnahme des Gatroners, der die Mitnahme seines Lieblingskamels zur Bedingung für eine Beteiligung an der Expedition gemacht hatte. Das Gepäck wurde von vier Lastochsen befördert, für die jeweils ein Treiber zuständig war. Bis an die Grenze Bornus gab eine Ehreneskorte der kleinen Karawane das Geleit. Ihr Leiter hatte die traditionelle Ausrüstung eines Bornuer Panzerreiters angelegt. Der Panzer bestand aus dichtem, doppeltem Drahtgeflecht, das zusätzlich mit einer dicken Baumwollschicht gepolstert war. Dieser Schutzmantel konnte weder von Pfeilen noch von Schwertern durchdrungen werden. Sogar Gewehrkugeln geringer Durchschlagskraft blieben stecken. Die Ausrüstung wurde durch Helme, Brustplatten und Schulterstücke vervollkommnet. Auch die Pferde wurden mit Schutzgittern versehen. So sicher die etwa dreitausend Reiter zählende Kavallerie des Sultans damit auch war, ihre Beweglichkeit ließ durch die schwere Panzerung doch sehr zu wünschen übrig.

Eine Woche nach der Abreise traf man in Magomeri ein. Der hier residierende Statthalter Lamino war zu großem Reichtum gelangt. Seine Hofhaltung war prunkvoller als die des Sultans. Die Mehrzahl der viertausend Einwohner der Stadt waren Sklaven des Gebieters, der eine tausend Mann zählende Reitermacht unterhielt. Die Jagd nach weißem und »schwarzem« Elfenbein waren gewichtige Einnahmequellen des Gewaltigen. Wahrhaft fürstlich gestaltete sich der Empfang Gerhard Rohlfs', der jedoch auf baldige Weiterreise drängte.

Der Weihnachtsabend wurde am Brunnen Uassarum verlebt.

Gerhard Rohlfs und Henry Noël

Über Gudjeba, das am Jahresende erreicht wurde, näherte man sich der Grenze des Sultanats. Die Landschaft war schön und fruchtbar, die Bewohner des Grenzgebietes hatten jedoch, wie Rohlfs aus eigenem Erleben feststellte, unter Eindringlingen aus Sokoto zu leiden: »Überhaupt sind die Grenzorte ... in übler Lage. Selten finden sie genügenden Schutz vor feindlichen

Überfällen ... Besonders wird dem Sultan Omar in dieser Beziehung wohl mit Recht Mangel an Energie vorgeworfen.«

Diese Kritik war vollauf zutreffend. Sultan Omar war zweifellos ein vorzüglicher Gastgeber, doch die Ausstrahlungskraft der Persönlichkeit seines Vaters El Kanemi besaß er nicht. Es fehlte ihm an der notwendigen Energie, die widerstrebenden Elemente des Großreiches zusammenzuhalten. Das machte sich sein ehrgeiziger Wesir Hadj Beschir für egoistische Ziele zunutze. Zur Bewahrung der gefährdeten Dynastie wurde Sultan Omar in einer Palastrevolte gestürzt und der Wesir hingerichtet. Bereits nach wenigen Jahren konnte Omar die Macht zurückerobern, doch die Labilität des Reiches war, wie Rohlfs ein Jahrzehnt später feststellen mußte, keineswegs behoben. Schließlich wurde 1893 unter Omars Nachfolgern der Ostteil des Landes durch den aus dem Ostsudan vordringenden Heerführer Rabeh erobert, der wiederum im Jahre 1900 von den Franzosen geschlagen wurde. 1902 erfolgte die Aufteilung Bornus unter die europäischen Kolonialmächte, wobei Großbritannien den größten Teil seiner Kolonie Nigeria einverleibte. Frankreich erhielt die alte Provinz Kanem, während sich Deutschland mit dem Rest (Kamerun) »begnügte«.

Am 1. Januar 1867 war der Gongola, die natürliche Grenze zwischen Bornu und Sokoto, von Gerhard Rohlfs überquert worden. Das Fulbereich Sokoto bestand aus einem Konglomerat abhängiger Sultanate. Die anmutige, einem Park gleichende Landschaft der Grenzprovinz Bautschi nahm zunehmend Gebirgscharakter an. Die Hauptstadt Garo (Jacobo) lag am Fuße des Bautschi-Plateaus, das bis zu zweitausend Metern aufragte. Nach dreiwöchigem Aufenthalt wurde die Reise durch beschwerliche Schluchten fortgesetzt. »Der achtzehntägige Ritt durch das Gebirge hatte mich«, schreibt Rohlfs, »zumal meine Kräfte nicht mehr die anfängliche Spannkraft besaßen und viele der früher genossenen Reisebequemlichkeiten nun entbehrt werden mußten, in hohem Grade angegriffen; ich begrüßte deshalb mit Freuden die Anzeichen von der Nähe eines größeren Orts, in der Aussicht, daselbst einige Tage der Ruhe und Erholung pflegen zu können.«

Dieser Ort war die dreißigtausend Einwohner zählende Stadt Keffe, in der die entkräftete Karawane bis zum 12. März 1867 weilte. Hier erfuhr Rohlfs während einer Audienz bei dem gastfreundlichen Sultan, daß es durchaus möglich wäre, den nicht mehr weit entfernten Benuë, an dessen Ufer sich eine englische Niederlassung befände, zu Fuß zu erreichen. Das war eine höchst erfreuliche Information. Der Verkauf der Lastochsen gegen Kaurimuscheln, das landesübliche Zahlungsmittel, bot die

Lagos – Ziel der Reise quer durch Afrika

Möglichkeit, Träger anzuheuern und später am Benuë ein Boot zu mieten.

Die feucht-schwüle tropische Hitze machte Rohlfs mehr zu schaffen als die brennende Sonne. Hinzu kam, daß sich seine Handverletzung wieder bemerkbar machte. Nur mühsam vermochte er sich, auf einen Stock gestützt, vorwärts zu schleppen. Erschwerend war der Zwang zu äußerster Eile, da die wenigen Kaurimuscheln, die ständig abnahmen, kaum noch zur Bootsmiete reichten, und eine Rückreise ohne Boot war ausgeschlossen. In Akrun, einem Zentrum des Volkes der Afo, die heidnischen Gottheiten huldigten, wurde Rohlfs neuer Mut gemacht. Der Fluß mußte in unmittelbarer Nähe sein. Die Nacht vom 18. zum 19. März brachte das heißersehnte Ereignis: »Wir hielten südwestliche Richtung ein und befanden uns nach kurzer Zeit in einem hochstämmigen Walde, in dem wir schweigend einer hinter dem anderen herschritten. Dann folgte wieder freies Feld mit einem jener beim Einfall der Fellata in Trümmer gelegten Orte, zuletzt aber ein schmaler Waldstreifen von so dichtbelaubten Bäumen, daß kein Mondstrahl hindurchdringen konnte und wir einander, um uns in der völligen Dunkelheit nicht zu verlieren, an die Hand fassen und so Schritt vor Schritt vorwärtstappen mußten. Plötzlich erglänzte zu unseren Füßen die breite silberne Wasserfläche des in majestätischer

Ruhe dahinziehenden Stroms, der die Gewässer aus dem Herzen Afrikas dem Niger und durch diesen dem Großen Ozean zuführte. Kein Laut unterbrach die nächtliche Stille, und geräuschlos streckten auch wir uns, das Erscheinen der Morgenröte erwartend, in den weichen Ufersand zum Schlafe nieder.«

Als Rohlfs am nächsten Morgen ein Boot entleihen wollte, überstieg der geforderte Mietpreis von 8000 Kaurimuscheln bei weitem die Möglichkeiten. Nur etwa 3000 Muscheln waren noch in der Kasse, so daß keine andere Wahl blieb, als einige Kleidungsstücke zu verkaufen. Bei den Inselbewohnern standen als Vorboten der »Zivilisation« geleerte Whiskyflaschen, das sicherste Zeichen dafür, daß tatsächlich eine britische Faktorei in der Nähe gelegen sein mußte. Aller Wahrscheinlichkeit nach befand sie sich an der Mündung des Benuë in den Niger. Das war ihr nächstes Ziel. Ein ausgehöhlter Baumstamm von neun Metern Länge und nur fünfzig Zentimeter Breite war das Boot, das von vier Mann gerudert wurde. Bedauerlicherweise konnte Gerhard Rohlfs zu Beginn der Bootsfahrt nur wenig von den neuen Eindrücken aufnehmen: »Leider befand ich mich nicht in der Verfassung, die reizende Szenerie dieses jungfräulichen Stroms in vollen Zügen zu genießen, denn gleich nach der Abfahrt von Loko hatte ich einen heftigen Fieberanfall, der meine Lebensgeister zu völliger Kraftlosigkeit und Apathie herabdrückte.«

Das Flußufer war von dichtem Urwald umsäumt, Flußpferde und Krokodile schwammen in den Fluten. Auf der Fahrt begegneten ihnen zahlreiche Kanus, mit denen die Produkte des Landes zum Markt gebracht wurden. Da das Boot nur bis Imaha gemietet war, hieß es hier aussteigen. Doch ohne Bezahlung ein neues Fahrzeug zu erhalten, war sehr schwierig, und nur dem Geschick eines hier weilenden Kaufmanns aus Ghadames war es zu danken, daß die auf drei Personen zusammengeschrumpfte Mannschaft in einem Boot mitgenommen wurde. Der Platz, der ihnen darin zur Verfügung stand, war allerdings so klein, daß sie sich kaum bewegen konnten. Am 28. März 1867 wurde die Mündung des Benuë erreicht. Am Ufer waren zwei Boote befestigt: »Der Anblick zweier Barken, die gewiß in Europa gebaut waren, gab mir meine Kraft und Elastizität zurück«, stellte Rohlfs erleichtert fest. »Bisher hatte ich kaum vermocht, mich aus meiner gekrümmten Stellung aufzurichten. Jetzt aber sprang ich, als die Spitze unseres Bootes das Land berührte, mit großen Sätzen ans Ufer«. Unweit des Flußes befand sich die Faktorei, wo die Reisenden von den Engländern Fell und Robinson herzlich begrüßt wurden. Sie konnten es nicht glauben, daß die Expedition nicht vom Atlantischen Ozean, sondern vom Mittelmeer zu ihnen geführt hatte. Die Durchquerung der Sahara war eine unvorstellbare Sensation. Erst in etwa sechs Monaten würde ein Dampfer, der alljährlich die Faktorei anlief, um neue Waren zu bringen und Elfenbein abzuholen, hier eintreffen. Mit ihm konnte Rohlfs die Heimreise antreten. So kurz vor dem Ziel viele Monate untätig zu sein, kam ihm nicht gelegen. Allerdings sah er es ein, daß es aufgrund von Stammesfehden nicht ratsam war, den Niger weiter stromabwärts zu reisen, ganz abgesehen davon, daß ohnehin unmittelbar bei der Nigermündung kein Schiff anlaufen würde. Da Rohlfs jedoch nicht länger zu halten war, wurde über den zweckmäßigsten Weg zur Küste beraten. Eine direkte Route kam nach gründlicher Prüfung der Lage weder zu Wasser noch zu Lande in Frage. Schließlich einigte man sich darauf, daß Rohlfs zunächst stromabwärts bis Rabba fahren und sich dann in südwestlicher Richtung zu Lande nach Lagos begeben sollte. Ein Umstand kam zu Hilfe: In der Faktorei lagerten Geschenke für den in Rabba residierenden Herrscher. Wenn die Reisenden ihm diese überbrachten, konnten sie mit der Gunst des Gewaltigen rechnen, der ihnen bei der Weiterreise die notwendige Unterstützung geben würde. Reichlich mit Lebensmitteln und Kaurimuscheln ausgestattet, brach man nach herzlichem Abschied am 2. April bei schönem Wetter auf. Ein breites, bequemes Boot mit sechs Ruderern zog der Residenz in Rabba entgegen. Zwei Wochen dauerte die Fahrt, während der Rohlfs erneut unter heftigen Fieberanfällen litt. Drückende Hitze, Fliegen- und Moskitoschwärme waren eine schreckliche Plage. König Massaba hielt sich einige Kilometer von der Hauptstadt, die von feindlichen Stämmen zerstört worden war, entfernt auf. Als ihm die Ankunft der Fremden gemeldet wurde, entsandte er sogleich eine Eskorte, die sie ins Heerlager brachte. Doch das hier herrschende Durcheinander, der Lärm, den Tausende Krieger verursachten, eigneten sich keineswegs zum Erholen und Ausruhen. Es war erstaunlich, welche Begeisterung all der billige Plunder, der im Namen Ihrer britischen Majestät übergeben wurde, um den Boden für einen »Handelsvertrag« vorzubereiten, bei Massaba auslöste. Wie erwartet, stellte er Rohlfs ein Pferd, einen Führer und drei Träger zur Verfügung. Noch immer waren fünfhundert Kilometer bis zur Küste zurückzulegen. Als nächster größerer Ort wurde am 8. Mai die pulsierende Hauptstadt des Yoruba-Landes erreicht. Rohlfs setzte sich über die Gebote des hier herrschenden despotischen Königs Djerebo hinweg und verließ, nachdem er tagelang vergeblich auf die Abreiseerlaubnis gewartet hatte, die Stadt auf eigene Faust. Der Pfad nach Ibadan führte durch dichten Urwald, doch die

Hoffnung, bald das Ziel zu erreichen, verlieh Riesenkräfte. Niemand hätte vermutet, daß der sich entschlossen den Weg bahnende Forscher noch vor wenigen Wochen völlig entkräftet gewesen war. In Ibadan, der größten Stadt von Tropisch-Afrika, traf Rohlfs erstmals auf Deutsche. Ein schwäbisches Ehepaar versah hier Missionsdienste. Auch die folgende letzte Wegstrecke erforderte erneut große Anstrengungen. Wieder versperrte nahezu undurchdringlicher Urwald den Weg, und zu allem Überfluß setzte die Regenzeit ein, der Rohlfs zu entgehen gehofft hatte. Endlich, am 25. Mai, lichtete sich bei Ipara der dichte Wald, und bald lag jenseits einer Lagune die Küstenstadt Lagos vor ihnen. Während der Überfahrt mit dem Fährschiff wäre es bei stürmischer See bald noch in letzter Stunde zu einer Katastrophe gekommen. Doch auch diese Gefahr wurde glücklich überstanden, und Gerhard Rohlfs traf mit seinen Gefährten am 1. Juni 1867 wohlbehalten am Endziel der großen Expedition ein.

Zur gleichen Zeit hatte das Gerücht, er sei in Wadai getötet worden, die Heimat erreicht. August Petermann übermittelte dem Bruder Hermann Rohlfs am 3. Juni 1867 die Trauerbotschaft: »Mit blutendem Herzen entschließe ich mich anliegend die mir von meinem langjährigen Korrespondenten Dr. Reih in Kairo gewordene ominöse Nachricht aus Wadai zu übersenden. Wenn ich auch sehnlichst hoffe, daß sie sich nicht bewahrheiten wird ... so halte ich es doch für meine Pflicht, Ihnen den Brief zu übermachen.

Möge es in Gottes Beschluß anders sein, und möge recht baldige direkte Nachricht das Gegenteil dieser Angabe dartun«.

Erst einen Monat später, als Rohlfs bereits in Liverpool weilte, beseitigte ein Telegramm des Totgesagten den schrecklichen Irrtum. In Lagos mußten die mitgeführten zahlreichen Schreiben und Empfehlungsbriefe, die von den verschiedenen Herrschern ausgehändigt worden waren, den Beweis dafür liefern, daß es tatsächlich gelungen war, von Tripolis aus, die Sahara zu durchqueren. Der Forscher wurde mit Einladungen überschüttet. Jeder wollte aus erster Hand von seinen Erlebnissen hören. Am 4. Juni 1867, 2¼ Jahr nach der Abreise, trat Gerhard Rohlfs mit seinen treuen Dienern Hammed und Noël die Heimreise an.

Die Welt hielt den Atem an. Zum ersten Male war ein Europäer vom Mittelmeer in südwestlicher Route durch die Sahara zum Golf von Guinea gelangt. Das war nach Livingstone, der 1852 bis 1856 das südliche Afrika von Loanda (Angola) bis Queli-

Erlebnisbericht

QUER DURCH AFRIKA.

REISE
VOM MITTELMEER NACH DEM TSCHAD-SEE
UND
ZUM GOLF VON GUINEA

VON

GERHARD ROHLFS.

IN ZWEI THEILEN.

MIT ZWEI LITHOGRAPHIRTEN KARTEN.

ERSTER THEIL.

LEIPZIG:

F. A. BROCKHAUS.

1874.

mane (Moçambique) durchzogen hatte, die zweite Afrikadurchquerung der Forschungsgeschichte. Vergessen war die Tatsache, daß sich Rohlfs ursprünglich ein ganz anderes Ziel gestellt hatte, nämlich nach Timbuktu zu gelangen. Belanglos wurde angesichts der gewaltigen Leistung, daß es ihm nicht möglich gewesen war, nach Tibesti und Wadai vorzudringen. Das Erreichte war mehr als genug, den kühnen Entdecker unsterblich werden zu lassen, ihn in die erste Reihe der Afrikaforscher aufzunehmen. Mehr als 4200 Kilometer waren zurückgelegt und dabei unzählige neue Routen gefunden, und was noch wichtiger war, auch aufgenommen worden. Die exakten Bestimmungen von Witterungserscheinungen hatten der Wissenschaft unschätzbare Dienste geleistet. Kartographische Fixierungen, Höhenmessungen, täglich vorgenommene Beobachtungen und exakte Meßwerte von Temperatur, Luftdruck, Luftfeuchtigkeit sowie weitere Faktoren zeugten von dem beachtlichen wissenschaftlichen Niveau der Expedition.

Über die Reise legte Rohlfs zwei Werke vor. In den von August Petermann herausgegebenen »Geographischen Mitteilungen« wurden 1868 bis 1872 die wissenschaftlichen Ergebnisse publiziert, während das Reisewerk »Quer durch Afrika, Reise vom Mittelmeer nach dem Tschadsee und zum Golf von Guinea« (1874/1875), einem breiten Interessentenkreis die Ergebnisse und vor allem das Erlebte zugänglich machte. Dieses in viele Sprachen übersetzte Buch, das mehrere Auflagen erfuhr, wurde das populärste Werk des Forschers.

Mit 36 Jahren stand Gerhard Rohlfs nun auf dem Höhepunkt des Ruhms. In aller Welt berichteten die Tageszeitungen ausführlich über ihn. Die in Fachkreisen gerühmte Königlich-Geographische Gesellschaft (Großbritannien) und die Berliner Gesellschaft für Erdkunde verliehen ihm die Goldmedaille. Zahlreiche wissenschaftliche Institutionen und Gesellschaften ernannten ihn zu ihrem Ehrenmitglied. Den Honoratioren des preußischen Obrigkeitsstaates war all das nicht entgangen. Rohlfs war offenbar ein »Untertan«, der für Prestigezwecke sehr dienlich war, vielleicht könnte er sogar im Dschungel der internationalen Diplomatie für die preußischen Ziele ausgenutzt werden? Rohlfs wurde zu den »höchsten Herrschaften« gerufen, um den atemlos Lauschenden, die es sich am Kamin bequem gemacht hatten, über Afrika zu berichten. Doch auch König Wilhelm I., Königin Auguste und der Kronprinz Friedrich ließen den von berechtigtem Selbstwertgefühl erfüllten Forscher nicht in Ehrfurcht erstarren. Sachlich, ohne der steifen Etikette zu huldigen, erstattete er seinen Bericht, der allerdings bei den »Majestäten« andere Wünsche weckte, als im Dienste der Wissenschaft finanzielle Mittel zur geographischen Erschließung des fernen Erdteils zur Verfügung zu stellen.

Königin Auguste interessierte sich besonders für den jungen Afrikaner Henry Noël. Rohlfs sicherte ihm in ihrem Auftrag bei dem Pädagogen Professor Strack eine fundierte Ausbildung. Henry hatte regelmäßig seine hohe »Gönnerin« aufzusuchen, die ihn in Gesellschaft wie ein exotisches Tier präsentierte.

Erforschung der Libyschen Wüste

Unliebsame Aufträge. Gerhard Rohlfs war froh, sich nach dem zeitraubenden, unergiebigen Berlinaufenthalt endlich der wissenschaftlichen Bearbeitung seines Reisematerials widmen zu können. Er hatte sich zu diesem Zweck nach Gotha zu seinem Förderer und Berater August Petermann begeben. Doch die Freude war verfrüht, allzu bald wurde der Forscher erneut aus seiner Arbeit gerissen. Bismarck hatte für ihn einen anderen Verwendungszweck. Rohlfs sollte als offizieller Beobachter der preußischen Regierung die britische Armee bei einer »Strafexpedition« nach Abessinien begleiten. Abreise spätestens Ende November.

Hierbei gab es für die angehende deutsche Kolonialmacht viel zu lernen, und Rohlfs schien als ehemaliger Offizier und erfahrener Afrikaforscher der rechte Mann zu sein, die notwendigen »Erkenntnisse« zu vermitteln. Auf ausdrücklichen Wunsch des Königs mußte ihn Henry Noël begleiten. Als Rohlfs in Sula am Roten Meer zur britischen Armee stieß, hatten sich zu seiner Überraschung noch eine Reihe anderer »Schlachtenbummler« eingefunden. Unter ihnen war als Berichterstatter des »New York Herald« der damals noch völlig unbekannte Journalist Henry Morton Stanley (1841–1904), der erstmals in Afrika weilte. Als Teilnehmer des britischen Feldzuges sammelte er erste Erfahrungen rücksichtslosen Vorgehens, die er später bei seinen eigenen Entdeckungsreisen im Dienste des belgischen Königs schonungslos anwendete.

Rohlfs erhielt im Truppenlager ein geräumiges Wohnzelt zugewiesen. Oberkommandierender der Eroberer war Sir Robert Napier, die eigentliche Führung der Intervention aber lag in den Händen des Afrikareisenden Werner Munzinger (1832–1875). Anfang der 50er Jahre war dieser als Kaufmann nach Ägypten gekommen und hatte 1854 eine Handelsexpedition zum Roten Meer geführt. Erste kleinere Abstecher in äthiopisches Gebiet ließen ihn Gefallen an Entdeckungsreisen finden, so daß er sich im Jahre 1861 der Expedition Theodor von Heuglins (1824–1876) anschloß, der das Schicksal Eduard Vogels aufklären wollte. Im nördlichen Äthiopien trennte sich Munzinger von Heuglin und bereiste nach vergeblichen Versuchen, nach Darfur und Wadai zu gelangen, die nördlichen und nordwestlichen Grenzgebiete Äthiopiens sowie den Ostsudan. Er hatte sich bald einen Ruf als Kenner dieser Gebiete erworben und war 1865 zum britischen Konsul in Massaua ernannt worden. Nun wurde er zum geistigen Führer der Aggression ausersehen. Durch Bergpässe und Steppengebiete bahnte sich das Militärkorps den Weg. Jeder Widerstand wurde schnell und unerbittlich gebrochen.

Gerhard Rohlfs hat in seinem tagebuchartigen Bericht »Im Auftrage Sr. Majestät des Königs von Preußen mit dem englischen Expeditionskorps in Abessinien« (Bremen 1869) eine sachliche Schilderung der Ereignisse gegeben, die ihm in ihrer Wirklichkeitstreue Anlaß zu der Befürchtung bot: »Vielleicht werden die Engländer finden, ich hätte manchmal zu scharf über Sir Robert (Robert Napier, der Oberbefehlshaber, W. G.) und seine Kriegsführung geurteilt.«

Am 10. April hatte das Expeditionskorps Magdala erreicht, wo Kaiser Theodor II. mit seinen Soldaten eine Verteidigungsstellung bezogen hatte. Nach Verhandlungen erklärte er sich am 12. April bereit, die inhaftierten englischen Konsuln, die Vorwand für die »Strafexpedition« waren, freizulassen. Damit hätte die Angelegenheit erledigt sein müssen, doch Robert Napier stellte weitere unannehmbare Bedingungen, um das begonnene Vernichtungswerk weiterführen zu können. So sollte sich der Kaiser in englische Gefangenschaft begeben und die Stadt kampflos ausliefern. Theodor II. hatte sich bei der englischen Aristokratie verhaßt gemacht, als er die »Unverfrorenheit« besaß, der englischen Königin kurz nach dem Tode des Prinzgemahls einen Heiratsantrag zu übermitteln.

Nach Ablehnung des Ultimatums begann der ungleiche Kampf. Robert Napier befahl den Beschuß der Stadt, die anschließend gestürmt wurde. Nach erbitterter, aber kurzer Gegenwehr fiel Magdala in die Hände der Eroberer. Angesichts der Niederlage verübte Theodor II. Selbstmord. Auch nach dem Sieg fanden die Zerstörungen kein Ende. Die Einwohner mußten die Stadt verlassen. Rohlfs schildert die Schrecken der Ausweisung: »Am 15. April fing denn der Exodus der Leute

Im Auftrage

Sr. Majestät des Königs von Preussen

mit dem

Englischen Expeditionscorps

in

Abessinien.

Von

Gerhard Rohlfs.

Mit dem

Portrait des General Napier und einer Karte von Abessinien.

BREMEN, 1869.

Verlag von J. Kühtmann's Buchhandlung,

U. L. Fr. Kirchhof Nr. 4.

Theodors von Magdala an, er dauerte von Morgens bis Abends, und wenn ich die Menge der Leute auf 60000 angegeben habe, so ist das sicher nicht übertrieben. Viele starben übrigens schon gleich, so wie sie vom Berge kamen, und blieben am Wege liegen, unbeerdigt, eine Beute der Hyänen und Aasvögel. Manche lagen da halbtot und nagten von einem Knochen das rohe Fleisch, vergeblich die Vorüberziehenden um einen Trunk Wasser flehend.«

Unter diesen Umständen hatte Rohlfs keinerlei Verlangen, nach dem »glorreichen Sieg« auch den Rückweg mit der triumphierenden Soldateska anzutreten. Er trennte sich am 17. April von der Truppe und hatte so wenigstens noch Gelegenheit, einige Kulturdenkmäler, wie die berühmten Kirchen von Lalilaba, zu besichtigen. Am 31. Mai 1868 begab er sich auf einem englischen Transportdampfer auf die Reise in die Heimat.

Kaum aber hatte Gerhard Rohlfs seine wissenschaftliche Arbeit wieder aufgenommen, erreichte ihn ein neuer, nicht minder nutzloser Auftrag der Regierung.

Der Sultan von Bornu, Freund und Helfer vieler Forschungsreisender, hatte bei der Verabschiedung von Gerhard Rohlfs einige Wünsche geäußert, die dieser der preußischen Regierung übermittelte. Wilhelm I. und Bismarck sahen darin eine willkommene Gelegenheit zur Kontaktaufnahme und stellten ein Geschenksortiment zusammen, an dessen Finanzierung sich auch die Berliner Gesellschaft für Erdkunde beteiligen mußte. Nun galt es, die Präsente durch die Wüste zu transportieren. Am besten schien dazu Gerhard Rohlfs geeignet. Obwohl dieser unmißverständlich erkennen ließ, sich zu anderen Aufgaben berufen zu fühlen, kam er nicht umhin, die Geschenke wenigstens bis Tripolis zu bringen, um dort für den Weitertransport zu sorgen.

Am 20. November 1868 ging Gerhard Rohlfs in Marseille an Bord und fuhr über Malta und Tunis nach Tripolis, wo er erneut im Landhaus des österreichischen Konsuls Luigi Rossi Aufnahme fand. Rohlfs hatte die Absicht, seinen zuverlässigen Begleiter der Saharadurchquerung, Mohammed el Gatroni, mit der Leitung der Geschenkkarawane zu beauftragen. Leider aber war dieser trotz eifrigen Suchens nicht auffindbar. Da kam ein Zufall zu Hilfe. Während des kurzen Zwischenaufenthalts in Tunis hatte Rohlfs den Orientforscher Heinrich Maltzan (1826–1874) kennengelernt, der ihn wissen ließ, daß ein junger deutscher Arzt, Gustav Nachtigal, der seit 1863 als Leibarzt im Dienste des Beys von Tunis stand, gern bereit wäre, die Aufgabe zu übernehmen. Rohlfs war hoch erfreut und übertrug ihm nach Zustimmung der preußischen Regierung den Auftrag.

Basar in Tunis

So trat Gustav Nachtigal, veranlaßt von Gerhard Rohlfs, im Februar 1869 seine erste Reise durch die Sahara an, auf der er hervorragende Fähigkeiten als Forscher unter Beweis stellte.

In Tripolis traf Rohlfs auch die niederländische Afrikareisende Alexandrine Tinné (1839–1869), eine der wenigen Frauen, die einen Beitrag zur Erforschung des afrikanischen Kontinents leisteten. Unglückliche Liebe hatte sie aus der Heimat getrieben und schließlich zu einer leidenschaftlichen Forscherin gemacht. Ein nicht unbeträchtliches Vermögen bot die notwendige materielle Voraussetzung für ihr ungewöhnliches und allgemein bestauntes Vorhaben. Nach Reisen im Gebiet des oberen Nils (1862/1863), bei denen sie ihre Mutter und ihre Tante, die sich in ihrer Begleitung befunden hatten, an einer fieberhaften Infektion verlor, beabsichtigte Alexandrine Tinné, jetzt über Bornu zum Nil zu gelangen. Rohlfs versuchte vergeblich, sie von der äußerst gefährlichen Expedition zurückzuhalten: »Alexandrine Tinné, die kühne holländische Reisende, war gerade einige Wochen vor mir in Tripolis eingetroffen, von Malta und Tunis kommend, und bereitete sich vor, ins Innere zu gehen. Wie immer auf ihren Reisen ohne festen Plan, hatte sie sich endlich doch entschlossen, nach Fessan und Bornu zu gehen, hatte aber auch schon damals die Absicht, nach Rhat zu gehen, um die dort hausenden Tuareg zu besuchen. Vergebens versuchte ich sie von diesem Gedanken abzubringen ... Alexandrine Tinné ließ sich nicht raten, oder glaubte die Gefahren in den Gegenden, die sie vor hatte zu bereisen, geringer als sie in der Tat sind. Armes Mädchen, alle liebten sie in Tripolis ... sie schied wie so viele vor ihr frohen Herzens und mit kühnem Mute, und wie so viele vor ihr, sollte sie Tripolis nie wiedersehen.«

Bereits kurz nach ihrer Abreise fiel sie, zwei Tagesreisen von Mursuk entfernt, am 1. August 1869, einem Überfall zum Opfer.

Von Tripolis nach Alexandria. Nachdem Gerhard Rohlfs den Auftrag an Gustav Nachtigal übertragen und damit seine Aufgabe erfüllt hatte, konnte er sich wieder eigenen Plänen widmen. Nach der erfolgreichen Durchquerung Afrikas war die nähere Erforschung der Sahara sein wissenschaftliches Anliegen. Speziell ihr östliches Gebiet, die 2 Millionen km² umfassende, aus großen Stufenlandschaften, ausgedehnten Geröllflächen, vor allem aber riesigen, nahezu unpassierbaren Sandfeldern bestehende Libysche Wüste, hatte ihn in den Bann gezogen. Regenarmut und extreme Hitze reduzieren pflanzliche und tierische Vegetation hier wie in keinem anderen Wüstengebiet auf ein Minimum. Da die Libysche Wüste den Nomaden kaum Exi-

Hauptmoschee in Audjila

stenzmöglichkeiten bietet, ist das menschliche Leben auf wenige Oasen (Kufra, el Chargah, Dachla, Siwa, Baharije, Farafra) konzentriert. Die Wasserstellen des nahezu uferlosen Sandmeers sind bis zu 10 Tagesmärschen voneinander entfernt. Wehe der Karawane, die ihren Weg verfehlt! Im Herzen der Libyschen Wüste liegt – geradezu als mathematischer Mittelpunkt – die Oase Kufra, von den »Nachbar«-Oasen jeweils etwa 400 bis 500 km entfernt. Ihr galt Gerhard Rohlfs' Interesse.

Bevor die Expedition in die unendlichen Weiten angetreten wurde, unternahm Gerhard Rohlfs eine Reise in die Kyrenaika. Ein Segelschiff brachte ihn am 21. März 1869 durch die Syrte nach Benghasi, dem wirtschaftlichen Zentrum des Gebiets, das als Provinz des Osmanischen Reiches von einem türkischen Gouverneur verwaltet wurde. An der Küste entlang führte der Weg nach Kyrene. Rohlfs unternahm als einer der ersten Europäer diese Wanderung durch die versunkene Kulturwelt. Die Geschichte Libyens beginnt jedoch keineswegs mit der Antike. Bis in das Altpaläolithikum reichende archäologische Zeugnisse sind ein beredtes Zeugnis für eine Jahrtausende alte Besiedlungskontinuität auf dem heutigen Territorium Libyens, das im Verlaufe seiner wechselvollen Geschichte wiederholt von Interventen erobert wurde. Seit 1200 v. u. Z. gründeten die Phöniker an der Westküste und seit dem 8. Jahrhundert v. u. Z. die Griechen an der Ostküste Handelsniederlassungen. Die westlichen Küstengebiete kamen unter die Herrschaft Karthagos und wurden im Jahre 19 v. u. Z. dem Römischen Reich einverleibt. Die anderen Landesteile, die von den Persern und Ptolemäern erobert worden waren, wurden dem großen Imperium im Jahre 30 angegliedert. Während 429 Tripolitanien von den Wandalen unterworfen wurde, setzte der 534 auf Westlibyen ausgedehnten byzantinischen Herrschaft der Arabereinfall im Jahre 640 ein Ende, der in wenigen Jahren das gesamte Land dem Kalifat angliederte. Die Verselbständigung der Statthalter vom Abassiden-Kalifat in Bagdad, führte um 800 zur Gründung der Ahlabiten-Dynastie. Seit 909 stand Libyen unter der Herrschaft der schiitisch-ismailitischen Fatimiden, denen im 11. Jahrhundert die Dynastie der sunnitischen Almoraviden folgte, die wiederum Mitte des 12. Jahrhunderts von den Almohaden gestürzt wurden.

Im Jahre 1566 kam Libyen unter die Herrschaft des Osmanischen Reiches. Nachdem es dem Feudalgeschlecht der Karamili (1714–1835) gelungen war, eine weitgehende Autonomie durchzusetzen, so daß sich die türkische Herrschaft vor allem auf die Entgegennahme der jährlichen Abgaben konzentrierte, aktivierte die Pforte seit Mitte des 19. Jahrhunderts ihre Bestrebungen zu einer verstärkten Zentralisierung. Das hatte den von den Sanusi geführten entschiedenen Volkswiderstand zur Folge.

Gerhard Rohlfs fand bei seinem Streifzug in der Kyrenaika vielfältige Spuren der großen Vergangenheit des Kulturlandes. Dabei begnügte er sich nicht mit dem Sammeln imposanter Eindrücke, nachdrücklich trat er dafür ein, die unermeßlichen historischen Schätze zu bergen und zu erhalten. In der Nähe von Benghasi, dem alten Berenice, suchte er die in griechischen Sagen erwähnten Gärten der Hesperiden. Er vermutete hier auch das Flußbett des Lethe, jenes »Flusses des Vergessens«, aus dem nach der Überlieferung die ins Totenreich Kommenden tranken, um die Erinnerung an ihr früheres Leben zu verlieren.

Von den Herrlichkeiten des Altertums war jedoch nur noch wenig zu sehen. Raubbau hatte das einst blühende Land verwüstet. Paläste und Tempel waren vom Sand verschüttet. Sieben Wochen durchquerte der Forscher das Land einstiger Größe, dann kehrte er nach Benghasi zurück, wo er völlig überraschend seinen ehemaligen Diener Schtaui traf. Ohne lange zu überlegen, war dieser sofort bereit, an der bevorstehenden Expedition teilzunehmen.

Mit der am 3. April 1869 erfolgten Abreise leitete Gerhard Rohlfs die erste Etappe seines neuen großen Forschungsvorhabens ein, das ihn mehr als ein Jahrzehnt in Anspruch nehmen sollte, die Erkundung der Libyschen Wüste. Er hoffte, über die Oasen Audjila und Djalo die geheimnisumgebenen Kufra-Oasen zu erreichen.

Wie bereits der Geograph Carl Ritter (1779–1859) festgestellt hatte, war das südlich an Benghasi grenzende Plateau von Barca erstaunlicherweise bisher von Entdeckern unberührt geblieben. Rohlfs konnte das während seiner Reise bestätigen: »In der Tat ist es auffallend, daß dieses Land von Europäern unbesetzt, unbesucht blieb, ja selbst erst von neuem entdeckt werden mußte, nachdem Phönizier, Karthager, Griechen, Ägypter, Römer dort schon einheimisch gewesen waren.«

Die erste Wegstrecke führte durch reichhaltige Vegetation. Rohlfs genoß die Natur, an deren Schönheiten er sich aber nicht lange erfreuen konnte: »In der Tat glaubt man, sobald man sich aus der Stadt Benghasi entfernt und, im Anfange der Küste folgend, ins Innere begiebt, fortwährend in einem lachenden Garten zu sein. Die üppigsten Blumenwiesen werden durchschritten und der Fernblick ist überall gehemmt durch Lentisken und Myrtengebüsch. Und steigt man die Berge hinauf, sind Rosmarin und Wachholder, große Büsche der einfachen Rose da, um heimatliche Erinnerungen wach zu rufen.

Siwa

Während an den feuchten Schluchten der rotblühende Oleander und Lorbeerbüsche die südeuropäischen Länder vertreten.« Je weiter man nach Süden kam, um so spärlicher wurde der Pflanzenwuchs, um so geringer die Besiedelungsdichte. Nach mehrtägigem Marsch kam Audjila in Sicht: »Es war gegen Abend des elften Tages, als wir die Oase erreichten. Schon einige Stunden vorher hatten wir wie eine schwarze Linie am Horizont die hohen Palmen derselben erblickt, und die Kamele, welche seit Bic-Ressam nicht getrunken hatten, beschleunigten den Marsch, sobald sie die Palmen hatten auftauchen gesehen. Je näher wir kamen, desto schöner wurde der Anblick, links vor uns, wo bedeutende Sebcha sich ausdehnten, spiegelten sich die Palmen als wie auf einer Silberfläche, davor schlug die Luft große Wellen, so daß man oft ein bewegtes Meer zu sehen glaubte.«

Die nur von einer dünnen Kruste bedeckten Sebchas (Salzsümpfe), waren äußerst gefährlich. Nur ein kleiner Stolper, der von dem schmalen, das Gefahrengebiet durchziehenden Pfad geführt hätte, wäre verhängnisvoll gewesen.

In Audjila kaufte Rohlfs neue Lebensmittelvorräte, doch die Hoffnung, einen Führer nach den Kufra-Oasen zu bekommen, erfüllte sich nicht. Das gleiche negative Ergebnis erwartete ihn in Djalo, wo er zu allem Überfluß auch noch heftigen Anfeindungen der islamischen Bruderschaft der Sanusi ausgesetzt war. Dieser im Jahre 1833 von dem Marokkaner Sidi Muhammad Ibn Abi as-Sanusi (1791–1859) in Mekka gegründete Orden zur Reinhaltung und Verbreitung der Lehren des Islam stand anfangs unter starkem Einfluß der puritanischen wahhabitischen Reformbewegung. Neben dem religiösen Anliegen wurde der Sanusi-Orden durch politisch-patriotische Zielstellungen charakterisiert. Die Sanusi übernahmen die Führung im Freiheitskampf der libyschen Stämme und verhinderten damit, daß die türkische Fremdherrschaft von den Küstengebieten auf das Landesinnere ausgeweitet wurde. Sanusi gründete im ganzen Lande Niederlassungen und war bestrebt, auch in der Wüste ein Netz von Sauias (Klöster) zu errichten. Dabei wurde er von den Oasenbewohnern aktiv unterstützt, die in seinem Wirken ein gleichermaßen religiöses wie nationales Anliegen sahen. Nach dem Tode des Ordensgründers übernahm dessen Sohn Mohammed el Mahdi as-Sanusi die Leitung. Er bemühte sich, den Orden weiter auszubauen und straffer zu organisieren, um den Widerstand gegen alle Eindringlinge noch wirksamer führen zu können. Wachsam und voller berechtigtem Mißtrauen begegneten die Sanusi jedem Fremden, in dem sie einen Agenten ihrer Feinde vermuteten. Das Wirken des Ordens versperrte auch Gerhard Rohlfs das weitere Vordringen, so daß er den Plan, die Kufra-Oasen zu erreichen, zunächst aufgeben und sich am 17. April in östliche Richtung begeben mußte. Er war gezwungen, in eines der ödesten und gefährlichsten Wüstengebiete vorzudringen. Die Entfernung bis zur nächsten Wasser-

Lehmburgen von Siwa

Trümmer des Ammontempels

stelle war völlig unbekannt. Er mußte damit rechnen, erst in Siwa, einer etwa 500 Kilometer entfernten Oase, wieder Wasser zu bekommen. Auf halbem Wege lag zwar Djarabub, doch es war kaum damit zu rechnen, daß man hier, wo der Führer des Ordens seinen Sitz hatte, willkommen war und Hilfe erhielt.

Gleich am ersten Tag, an dem sie die Oase verließen, bot ihnen ein heißer Wüstensturm, der drei Tage wütete, einen Vorgeschmack auf das, was sie im Glutofen der Wüste erwartete. Die extrem trockene Luft entzog dem Körper so viel Flüssigkeit, daß man täglich mindestens 12 Liter Wasser zu sich nehmen mußte. Welches Schicksal einen erwartete, wenn dieses zu Ende ging, ehe der nächste Brunnen erreicht war, zeigten die den Weg säumenden Skelette auf drastische Weise. Die Strapazen in dem endlos erscheinenden Sandmeer waren schrecklich.

Am 6. Mai wurde die Oasensenke von Siwa, der »Garten der Glückseligen«, erreicht, den bereits die Krieger Alexanders des Großen nach beschwerlichem Zug 331 v. u. Z. voller Erleichterung betreten hatten. Die Sorge, auch hier mit den ansässigen Sanusi Schwierigkeiten zu haben, war unbegründet. Der ägyptische Vizekönig (Khedive), der über ihren Wüstenmarsch unter-

Lehmwüste bei Gara

richtet war, hatte für einen freundlichen Empfang gesorgt. Rohlfs hatte in Siwa nicht nur die rettende Insel im Meer der Wüste erreicht, sondern erneut eine eindrucksvolle Stätte antiker Kultur betreten: »Also war ich da in dieser hochberühmten Oase, welche zu sehen ich mich schon lange gesehnt hatte, diesen geheimnisvollen Fleck, der die Ursache so vieler Opfer gewesen war, welcher so reiche geschichtliche Erinnerungen wachrief. Noch vor 6 Monaten in der Hauptstadt der Intelligenz unserer Zeit, befand ich mich jetzt an dem Orte, wo vor mehr als 2000 Jahren die damals bekannte Welt sich Rat holte, an der Stelle, wo der größte Krieger seiner Zeit sich ›Sohn des Zeus‹ anreden hörte! Oft glaubte ich zu träumen, aber ein Blick aus meinem Fenster auf die unzähligen Katakomben sagte mir dann, alles ist Wahrheit. Du bist wirklich an der heiligen Stätte des Jupiter Ammon. Da vor Dir sind die stummen Zeugen, welche die Reste derer beherbergten, auf deren Worte Könige und Völker lauschten«.

Bericht über den ersten Aufenthalt in der Libyschen Wüste

Drei Monate

in der

libyschen Wüste.

Von

Gerhard Rohlfs.

Mit Beiträgen von **P. Ascherson. W. Jordan** und **K. Zittel**

sowie

einer Originalkarte von **W. Jordan,**
16 Photographien nach **Ph. Remelé,** 11 Steindruck-Tafeln und
18 Holzschnitten.

CASSEL,
Verlag von Theodor Fischer.
1875.

Die Gründung des ammonschen Orakels reicht bis weit in die Urgeschichte. Die älteste Erwähnung geht auf Herodot zurück. 1792 war die Oase von dem englischen Archäologen William George Browne (1768–1813) entdeckt worden; sechs Jahre später hatte auch Friedrich Konrad Hornemann die Stätte aufgesucht. Einst hatten hier zwei herrliche Tempel gestanden, die Amun Ré, dem Gott der Sonne, geweiht waren. Diesen Gott der Ägypter hatten die Griechen mit Zeus (Jupiter) vereinigt und nannten ihn Jupiter Ammon. Ihm wurde auch die Weissagungskraft des Apollon zugeschrieben.

Die Oase war das Delphi der Ägypter, bei dem sich auch Alexander der Große Rat holte. Erst unter christlichem Einfluß und dem sich ausbreitenden Islam wurde das Heiligtum »zu Ehren Gottes« zerstört. Angesichts dieses Frevels kam Gerhard Rohlfs zu der Feststellung: »Klingt es in der Tat nicht wie eine Parodie, wenn man im Jahre 1870 noch von der Liebe und Milde einer christlichen oder semitischen Religion redet, die allerdings Liebe und Demut predigt, deren Lehren aber nun seit Tausenden von Jahren nur Schwert, Inquisition, Hexenprozesse und Verdammungsurteile zur Folge haben.« 1853 war es dem Engländer Hamilton gelungen, den Tempel des Jupiter Ammon wieder aufzufinden.

Die freundliche Aufnahme ermöglichte es Rohlfs, die Oase und ihre antiken Ruinenstätten gründlich zu erforschen. Ergebnis seiner Bemühungen war die bisher exakteste archäologische Untersuchung des historischen Terrains sowie nach gewissenhaften Messungen die Feststellung, daß Siwa in einer Senke 50 Meter unter dem Meeresspiegel liegt. (Er korrigierte die Bestimmung der von ihm entdeckten Depression im Jahre 1874 auf 25 Meter).

Mitte Mai 1869 verabschiedete sich Rohlfs von seinen hilfsbereiten Gastgebern, um über die Oase Gara ans Mittelmeer zurückzukehren. Zwei Wochen später traf er in Alexandria ein und war am Jahresende wieder zu Hause. Auch mit dieser vierten Reise hatte Gerhard Rohlfs der Wissenschaft außerordentlich wertvolle Dienste geleistet. Das 1871 erschienene Reisewerk »Von Tripolis nach Alexandrien« fand großes Interesse.

Nahezu zwei Jahrzehnte hatte Gerhard Rohlfs nun mit nur kurzen Unterbrechungen in Afrika geweilt. Er näherte sich seinem 40. Lebensjahr. Es war an der Zeit, die Ergebnisse seiner Expeditionen wissenschaftlich auszuwerten und wohl auch (obwohl er daran noch nicht dachte) eine Familie zu gründen. –

Junge Ehe. Nach der Rückkehr beabsichtigte Gerhard Rohlfs, seinen Wohnsitz in Berlin zu nehmen, ließ aber den Plan bald wieder fallen. Das Leben in der Großstadt war ihm nach den einsamen Wüstenmärschen zu hektisch. Die Umstellung wäre zu groß gewesen. So wechselte er ständig zwischen Berlin und Bremen hin und her, aber ein geruhsames Leben war das nicht und alles andere als eine gedeihliche Arbeitsatmosphäre. Gerhard Rohlfs war berühmt geworden und erfreute sich hoher Anerkennung. Doch von der Ehre allein kann man nicht leben. Ohne feste Anstellung war er gewissermaßen »freischaffend« und mußte sich seinen Lebensunterhalt verdienen. Das war nur mit dem Honorar von Büchern (die allerdings zum größten Teil noch zu schreiben waren) und dem Erlös von Vorträgen möglich. Rohlfs hatte eine Einladung zu einer längeren Vortragsreise nach Rußland erhalten. Riga, Mitau, Dorpat, Petersburg, Moskau und Odessa sollten die wichtigsten Stationen sein. Von großer Bedeutung für sein persönliches Leben sollte der Aufenthalt in Riga werden.

Was für ein Mensch war Gerhard Rohlfs? Hören wir zu seinem Charakterbild zwei Zeitgenossen. Der Landtags- und Reichstagsabgeordnete Georg von Bunsen bemerkte: »Neulich machte ich die Bekanntschaft eines überaus anziehenden Menschen – Gerhard Rohlfs – der eben von einer höchst merkwürdigen Reise durch Afrika zurückgekehrt ist. Nachdem ich den schlichten Bericht hörte, den er über seine letzten Abenteuer von einem ihm zu Ehren gegebenen Festmahl gab, konnte ich seinen Erfolg wohl verstehen. Sein ganzes Wesen ist so einfach, sein Ausdruck so rein und der Klang der Stimme dabei so bestimmt, daß gewiß wenig Menschen nicht von ihm eingenommen sein werden.« Der bedeutende Afrikaforscher Georg Schweinfurth (1836–1925) schrieb im Jahre 1877 nach seiner Rückkehr aus der Libyschen Wüste und aus Äthiopien: »Lebhaft steht mir die hagere, sehnige Gestalt des noch so jung erscheinenden Reisenden vor der Seele. Ich hatte die erste Reise im ägyptischen Sudan hinter mir, und in seinem Anblick wurde mein Herz zu neuer Begeisterung für weitere Unternehmungen entflammt. Braun wie ein Araber und unendlich abgemagert stand er vor mir, aber aus den funkelnden Augen leuchtete das höchste Maß von Energie, gepaart mit physischer Leistungskraft. Dabei war er in seinem Wesen von gefälligster Form, in ungezwungener Weise verbindlich und gewandt, an ihm war von sogenannter Schneidigkeit keine Spur, eine Wesensänderung, für die übrigens damals das Wort erst noch zu erfinden gewesen wäre. Die hohe Gestalt, die sympathischen Züge, die stets tadellose Haltung, die wohlklingende, rein deutsche Mund-

Georg Schweinfurth (1836–1925)

art, die er besaß, dazu die ungeschminkteste Natürlichkeit, die sich trotz einer gewissen Würde des Auftretens in seinem ganzen Wesen kundgab, mußten schon bei der ersten Begegnung auf jedermann den vorteilhaftesten Eindruck machen. Nie merkten Hohe an ihm auch nur den Schatten von etwas Kriechendem, aber gegen jedermann war er von den verbindlichsten Formen«.

Als Georg Schweinfurth diese Charakterzeichnung gab, stand er bereits in verwandschaftlicher Beziehung zu dem bedeutenden Fachkollegen, da Gerhard Rohlfs im Jahre 1870 seine Nichte geheiratet hatte.

Das Haus des Rigaer Weinhändlers Alexander Schweinfurth (ein Bruder des Afrikaforschers) war ein geistiges Zentrum der Stadt, wo sich Künstler und Wissenschaftler zum geselligen Gedankenaustausch trafen. Als ein Vortrag des berühmten Reisenden angekündigt wurde, ließ es sich der tüchtige Geschäftsmann nicht nehmen, ihm sein Haus zur Verfügung zu stellen. Obwohl Gerhard Rohlfs lieber ein Hotel bezogen hätte, willigte er schließlich doch ein, Schweinfurths Gast zu sein. Während des Aufenthalts lernte er die Nichte des Hausherrn, Leontine Behrens, genannt Lony, kennen. Die Neunzehnjährige hatte zunächst herzlich wenig Interesse für Afrika und die Expeditionen des erwarteten Gastes gezeigt. Doch bei seiner Ankunft verfehlte Rohlfs' Liebenswürdigkeit nicht ihre Wirkung auf die junge Dame. Am Vortragsabend befand sie sich unter den Zuhörern. Ein Gespräch am folgenden Tage, der die Anwesenheit Gerhard Rohlfs' durch einen geselligen Abend krönen sollte, brachte sie zueinander. Rohlfs war von der Natürlichkeit und dem Liebreiz des Mädchens begeistert, und als er am Tag der Abreise (er hatte eine Woche in Riga geweilt) seinen Antrag stellte, gab es kein langes Überlegen. So verließ er die Stadt als frisch Verlobter, um die Vortragsreise fortzusetzen. An seine Geschwister schrieb er: »Ich denke, Eure zukünftige Schwägerin wird Euch gefallen, sie ist hübsch, einfach, kindlich, gut und ohne Ansprüche, 19 Jahre alt. Selbstverständlich musikalisch und gut erzogen.«

In Petersburg wurde Rohlfs zum Ehrenmitglied der Russischen Geographischen Gesellschaft ernannt. Unvergessen blieb ihm die Begegnung mit dem Asienforscher Pjotr Petrowitsch Semjonow-Tjan-Schanski (1827–1914), der sich um die Erforschung des Tienschan hoch verdient gemacht hatte. Zwei Wochen hielt sich Gerhard Rohlfs in Petersburg auf. Es waren noch Vorträge in Odessa und in Konstantinopel vorgesehen, doch die lange Trennung von seiner jungen Braut überstieg die Geduld des Forschers. Es gelang ihm, die abgeschlossenen Verträge zu lösen, so daß er nach Riga zurückkehren konnte. Am 16. Juni 1870 fand die Hochzeit statt, nach sechswöchiger Verlobungszeit, in der sich die Partner nur wenige Tage gesehen hatten. – Das junge Ehepaar fuhr über Warschau und Berlin nach Weimar. Dieses vom Geschäftstreiben ferne geistige Zentrum erschien Gerhard Rohlfs als Wohnsitz der erhoffte ruhige Pol für die bevorstehende Arbeit zu sein. Nicht zuletzt war von hier die Entfernung nach Gotha zu seinem Freund und Berater August Petermann nicht weit. Frau Lony, die sich in dem freundlichen Städtchen sehr wohl fühlte, war mit der Ortswahl sehr zufrieden. Das junge Ehepaar mietete eine Wohnung in der Nähe des Bahnhofs, kaufte die Möbel und reiste, bis das Heim eingerichtet war, zu den Geschwistern nach Bremen, die es nicht erwarten konnten, das unerwartete neue Familienmitglied begrüßen zu können. Doch kaum war Gerhard Rohlfs mit seiner Frau in Bremen eingetroffen, schlug erneut die Stunde der Trennung. Der Deutsch-Französische Krieg 1870/71 war provoziert worden, und ein Telegramm brachte Rohlfs den Befehl, sich sofort zum Auswärtigen Amt zu begeben. Hier wurde ihm eine ebenso schwierige wie fragwürdige Aufgabe übertragen. Die deutsche Außenpolitik wollte sich den berechtigten Haß des algerischen Volkes gegen die französischen Unterdrücker zunutze machen. Als Kenner des Landes sollte Gerhard Rohlfs in Algerien eindringen, um hier einen Aufstand zu schüren. Damit hoffte man, große französische Truppenteile zu binden, eventuell müßten sogar zusätzliche Regimenter nach Afrika beordert werden, so daß das Kräfteverhältnis an der deutsch-französischen Front zugunsten Deutschlands verändert würde. Nähere Instruktionen erhielt Rohlfs persönlich von dem Chef des Generalstabes, Generalfeldmarschall Helmuth Graf von Moltke. Das inszenierte hinterhältige Ränkespiel war dem freimütigen, offenen Charakter des mutigen Forschers zuwider. Mit hohen Geldbeträgen und den bereits gedruckten »flammenden Aufrufen« an das algerische Volk versehen, mußte er sich zunächst nach Tunesien begeben, um von hier über die Grenze nach Algerien zu ziehen. Die Franzosen waren aber über das Vorhaben informiert worden und hatten den Bey von Tunis unter Druck gesetzt, so daß dieser Rohlfs mit seinen Begleitern vor dem Grenzübertritt verhaften und nach Tunis zurückbringen ließ. So war die Aktion beendet, bevor sie überhaupt eingeleitet werden konnte. Rohlfs hatte Glück, daß er nach Palermo abgeschoben und nicht an Frankreich ausgeliefert worden war. Bei seiner Rückkehr war der Krieg nach der Schlacht von Sedan praktisch zugunsten der deutschen Truppen entschieden, und er konnte seinen Abschied nehmen.

Glücklich bezog das junge Paar im Oktober 1870 endlich ihr erstes Weimarer Heim im zweiten Stock eines Mietshauses. Schon diese kleine Wohnung wurde bald ein Treffpunkt namhafter Gäste. Besonders gern gesehen waren natürlich Forschungsreisende, die über ihre Erlebnisse berichteten. Georg Schweinfurth ließ es sich nach seiner Rückkehr von der erfolgreichen Expedition am oberen Nil nicht nehmen, sofort in Weimar den neuen »Neffen«, der als der Ältere und Erfahrenere sein Vorbild war, aufzusuchen. Julius von Payer (1841–1915),

Teilnehmer der von Carl Koldewey (1837–1908) geleiteten Zweiten Deutschen Nordpolar-Expedition, besuchte ihn und informierte über seine Erlebnisse an der Küste Grönlands. All das ließ das Herz des Forschers höher schlagen.

Im Sommer 1873 erwarb das Ehepaar ein schönes Haus in der Paulinenstraße. Nur wenige Monate hielt es Gerhard Rohlfs noch in der freundlichen, behaglichen Villa. Bereits bei seiner Rückkehr von der letzten Expedition hatte er den Entschluß gefaßt, die Forschungen in der Libyschen Wüste weiterzuführen: »Als ich auf meiner Reise von Tripolis nach Alexandrien im Frühjahr 1869 in jene südlich der Cyrenaica und vom libyschen Küstenplateau gelegene Depression gelangte, deren ungeheure Ausdehnung von der großen Syrte bis in die Nähe des Nil-Deltas ich damals zuerst erkannte, mußte ich mir sagen, wie wünschenswert es sein würde, das Land südlich von dieser Depression, die Libysche Wüste, genauer zu erforschen.

Von ganz Nordafrika war in der Tat dies der unbekannteste Teil, von dem nur die Ränder geographisch einigermaßen erforscht waren, der aber sonst in geologischer, botanischer und zoologischer Beziehung zu den unbekanntesten Gegenden der Erde gehörte.«

Ein Artikel in der Zeitschrift der Gesellschaft für Erdkunde, der alle in diesem Gebiet noch ungelösten Hauptprobleme darlegte, gab den Ausschlag. Rohlfs leitete die Vorbereitungen zu einer neuen Expedition ein. Dabei war er sich völlig aller damit verbundenen Probleme bewußt: »Aber die Schwierigkeiten, eine Expedition zur Erforschung der libyschen Wüste zu Stande zu bringen, waren keineswegs gering. Vor allen Dingen kam in Frage, wer die Kosten einer solchen Reise tragen sollte, welche abgesehen von den angedeuteten Gesichtspunkten, nur dürftige wissenschaftliche Ausbeute zu versprechen schien, da ihre Aufgabe sein sollte, nur die Wüste und zwar nur einen bestimmten Teil der Sahara zu erforschen. Wer sollte den Aufwand für eine Reise bestreiten, die noch weniger praktische Resultate in Aussicht stellte, die sich durch Gegenden ziehen sollte, die so arm, so leer zu sein schienen, daß selbst Geologen die Achseln zuckten, von Botanikern und Zoologen ganz zu schweigen?«

Da er in Deutschland schwerlich auf eine Unterstützung seines zweifellos wissenschaftlich bedeutenden Vorhabens rechnen konnte und auch die Königlich-Geographische Gesellschaft angesichts des ökonomisch nicht zu fixierenden Ergebnisses keine Bereitschaft zeigen würde, in ein »unergiebiges Geschäft« zu investieren, waren die Aussichten, den Plan in die Tat umzusetzen, äußerst gering.

In der »Wüste aller Wüsten«. Gerhard Rohlfs wollte nichts unversucht lassen, um das ihm wichtig erscheinende Forschungsvorhaben zu verwirklichen. Er setzte seine Hoffnungen auf den ägyptischen Vizekönig Ismail Pascha (1830–1895), der im Jahre 1863 die Regentschaft über das Land am Nil angetreten hatte. Unter der Türkenherrschaft wurde der durch die Entdekkung des Seeweges nach Indien und die Verlagerung des Handelsweges nach dem Atlantischen Ozean eingeleitete Niedergang Ägyptens beschleunigt. Die handwerkliche Produktion und der Handel stagnierten, die einst so berühmten Bewässerungsanlagen verfielen, und der Ackerbau, einstmals die Kornkammer des Römischen Reiches, vermochte nicht mehr die Bevölkerung zu ernähren. Auch das fehlgeschlagene napoleonische Ägyptenunternehmen (1798) konnte die türkische Fremdherrschaft nicht beseitigen. Wenige Jahre später gelang es Muhammad Ali Pascha (1769–1849), die Dynastie der Mamelukken zu zerschlagen, doch sein Versuch, eine unabhängige ägyptische Großmachtstellung zu begründen, scheiterte 1840/41 an der Intervention der europäischen Mächte, die ihre »Interessen« an diesem Brennpunkt der Weltpolitik gefährdet sahen. So kam der von Muhammad Ali eingeleitete wirtschaftliche Aufschwung wieder zum Erliegen. Unter seinen Nachfolgern Abbas I. und Said Pascha wurde der Weg Ägyptens zur Halbkolonie der britischen und französischen Großbourgeoisie durch Konzessionen, Staatsanleihen zu Wucherbedingungen, die Ausbeutung der einheimischen Rohstoffe und andere Maßnahmen beschritten. Als Ismail Pascha 1863 die Regentschaft antrat, hatte er die Absicht, Ägypten einer neuen Glanzzeit entgegenzuführen, gab sich aber der trügerischen Hoffnung hin, dabei die »Hilfe« der Großmächte in Anspruch nehmen zu können. In dem Bestreben, eine Veränderung der mißlichen Lage herbeizuführen, griff er jede sich abzeichnende Gelegenheit auf. Dazu zählte auch die Erforschung der unerschlossenen Weiten des Landes, hoffte er doch, hier Reserven zur Verhinderung des drohenden Staatsbankrotts erschließen zu können. Diesen Umstand gedachte nun wiederum Gerhard Rohlfs für sein Vorhaben zu nutzen. Die Frage aber war: »Wie ihn für eine solche wissenschaftliche Erforschungsreise interessieren? Wo waren die Kohlelager, die Gold- und Diamantenfelder, die man in Aussicht stellen konnte? Nicht einmal auf früher bekannt gewesene Smaragdgruben, wie die von der Sabareh oder Charabah, oder auf Kupferbergwerke wie in Fertit konnte hingewiesen werden; höchstens konnte man auf die in nebelhafter Entfernung liegende Oase Kufra weisen und vielleicht ihre Erwerbung als Lohn der Exploration hinstellen«. Rohlfs zog

Kairo

Dr. Jasmung, den deutschen Generalkonsul in Ägypten, ins Vertrauen, erläuterte ihm das Projekt und bat um Fürsprache beim Vizekönig. Sosehr er auch hoffte, an ein Gelingen des Planes wagte er nicht zu glauben. Während eines Besuches in Riga erreichte ihn völlig überraschend ein Telegramm aus Alexandria mit der freudigen Nachricht, daß Ismail Pascha bereit sei, die Expedition mit der für Rohlfs unvorstellbar großen Summe von 80 000 Mark zu finanzieren. Allerdings legte der Vizekönig besonderen Wert darauf, daß die Expedition noch im Winterhalbjahr 1873/74 durchgeführt werde. Das bedeutete, daß unmittelbar mit den Vorbereitungen begonnen werden mußte. Geld stand ausreichend zur Verfügung. Jetzt galt es vor allem, die richtige Auswahl der Teilnehmer zu treffen. Eine Suchanzeige hatte die Meldung von über tausend Interessenten aller Berufe und Altersgruppen zur Folge. Bei der Auswahl nutzte Rohlfs den Rat erfahrener Fachleute. Georg Schweinfurth empfahl den Botaniker Ascherson, der Leipziger Geograph Peschel den Paläontologen und Geologen Zittel. Weiterhin wurden der Geodät Jordan und der Fotograf Remelé verpflichtet. Während sich Rohlfs der Reiseausrüstung widmete, überließ er es den Naturwissenschaftlern, die für ihre Arbeit notwendigen Instrumente zu beschaffen.

Das größte Problem war die Trinkwasserversorgung. Auf

dem langen Wüstenmarsch konnte man nicht mit Wasserstellen rechnen und mußte die notwendige Wassermenge mitführen. Als Transportmittel wurden 50 Kisten aus Eisenblech angefertigt mit einem Fassungsvermögen von je 50 Litern. Da ein Kamel etwa zwei volle Kisten tragen konnte, war es erforderlich, mindestens 200 Tiere zu kaufen. Weiterhin mußten vielfältige Gebrauchsgegenstände, wie Zelte, Küchengeräte, Sitz- und Schlafmöglichkeiten, und Waffen mitgenommen werden. Auch die wissenschaftliche Ausrüstung war sehr vielfältig: Instrumente für Ortsbestimmungen (Theodoliten, Sextanten, Chronometer), Meßinstrumente (Barometer, Aneroide, Thermometer, Hygrometer) u. a. sowie das erforderliche Material für chemische und physikalische Untersuchungen und Analysen. Hierfür hatte der bedeutende Münchner Hygieniker Max von Pettenkofer (1818–1901) Hinweise gegeben. Zur Betreuung und Versorgung wurden fünf deutsche Hilfskräfte sowie eine Anzahl einheimischer Treiber angestellt. Die Ausrüstung war so umfangreich, daß fünf Eisenbahnwaggons notwendig waren, um sie zum Ausgangspunkt der Expedition zu bringen. Und all das sollte nun durch die Wüste transportiert werden. –

Im Kairoer Nilhotel, der Unterkunft der Expedition, waren zahlreiche Gäste versammelt, um die Forschungsreisenden bei ihrer Ankunft zu begrüßen. Auch der Naturforscher Ernst Haekkel (1834–1919), der gerade von einer Studienreise am Roten Meer eingetroffen war, hatte sich eingefunden. Georg Schweinfurth ließ es sich nicht nehmen, den Reisenden auf der ersten Wegstrecke das Geleit zu geben, um dann selbst nach der Oase el Chargah aufzubrechen.

Die Audienz beim Khediven verlief in herzlicher Atmosphäre. Anschließend fand eine Sitzung der Wissenschaftler des Institut égyptien statt. Vor dieser erst vor kurzem gegründeten wissenschaftlichen Gesellschaft erläuterte Gerhard Rohlfs den Reiseplan, wonach man von Asyut aus zunächst die Oase Farafra erreichen wollte. Hier sollte die Operationsbasis für die weiteren Forschungen errichtet werden. Hauptanliegen war die Erkundung der Höhenverhältnisse des noch unerforschten Inneren der Libyschen Wüste. Persönlich verband Rohlfs mit dieser Zielstellung die Hoffnung, die Kufra-Oasen zu finden und das Rätsel um die geheimnisumwitterte Oase Zerzura zu klären. Diese »Oase der kleinen Vögel« fand seit dem achten Jahrhundert in Reiseberichten Erwähnung. Der Engländer J. G. Wilkinson gab in einem 1835 erschienenen Buch an, daß sich nach Berichten Einheimischer diese Oase nördlich von Farafra oder zwei Tagesreisen westlich von Dachla befände. In der Diskussion fand Rohlfs' Expeditionsplan einhellige Zustimmung.

Schwerpunkt seiner Arbeiten sollte es sein, zu erforschen, ob tatsächlich, wie noch immer in wissenschaftlichen Karten verzeichnet, ein ausgetrocknetes altes Nilbett (genannt Bahr bela ma – Fluß ohne Wasser) östlich der Oasen Baharije und Farafra existiere und ob zwischen diesem und der bereits 1869 von Rohlfs entdeckten Depression bei Siwa eine Verbindung bestehe.

Der Khedive händigte Rohlfs einen Schutzbrief aus. Darin hieß es: »Die Ausfertigung dieses Firman muß in Empfang genommen und befolgt werden als eine Ansprache an sämtliche Untertanen und Behörden und Älteste der Dörfer und Städte sowie die arabischen Stämme, welche herumziehen in dem Umkreis unseres Gebietes, des Khedivischen.

Es sei zu wissen bei ihnen insgesamt, daß der Träger des Firmans Herr Rohlfs ... sich in die Gegend der Sahara von El Barkah auf dem Wege über El-Uahat begiebt mit Genossen. Vier Personen ... von wegen einer Expedition in selbige Sahara und die Uadis, um manche Pflanzen zu entdecken, welche in der Pharmazie angewendet werden und noch genauere Bestimmungen herauszubringen im Fache der Geographie.

Quelle in der Oase Farafra

So wird verordnet, daß bei ihrem Umher- und Durchziehen und ihrem Aufenthalte, an welchem Orte es sei, ihnen Lasttiere (gestellt) und eine höfliche Behandlung und Unterstützung zuteil werde in allem, was ihren Unterhalt erleichtert und zur glücklichen Ausführung ihres Vorhabens dient, bei ihren Aufbruche und ihrem Marsche.

Dieser Firman ist ihnen behändigt worden, damit er, wo es nötig ist, vorgezeigt werde zur Einsicht und zur Befolgung des Inhalts.« Am 7. Dezember 1873 begaben sich die Reisenden nach Asyut, dem Ausgangspunkt der Expedition, und nach Abschluß der letzten Vorbereitungen wurde am 18. Dezember der Wüstenmarsch angetreten. Die Strapazen ließen nicht auf sich warten. Bereits am zweiten Tag kam ein heftiger Sturm auf, der den Sand unerbittlich in Ohren, Mund, Augen und Nase wirbelte. Eher als vermutet hörte auch die Vegetation auf, so daß die 250 Kamele bereits von dem mitgeführten Futter versorgt werden mußten, das eigentlich für später vorgesehen war. Am Weihnachtsabend wurden die ersten hohen Dünenformationen erreicht. Der Tagesablauf nahm in der Regel nach Rohlfs' Notizen folgenden Verlauf: »Wir legten in der Regel 8–9 Stunden täglich zurück, ohne irgendwo einen Halt zu machen. Natürlich nahm das Laden so vieler Kamele durchschnittlich eine Stunde in Anspruch, während welcher Zeit wir unseren Milch-Kaffee tranken und unsere auf dem Marsche mitzunehmenden Instrumente und Bücher ordneten. Alle waren mit Aneroids und Schleuderthermometern versehen, so daß uns außer den meteorologischen Erscheinungen eine wirkliche Hebung oder Senkung des Bodens nicht entgehen konnte.

Gegen 10 Uhr Morgens wurde in der Regel ein kaltes Frühstück verteilt, es bestand zu der Zeit aus Bisquit, kaltem Hühnerfleisch, etwas Schokolade, Käse und Datteln. Im übrigen war jeder während des Marsches beschäftigt. Zittel hatte die anstrengendste Arbeit, da oft ein eine halbe Stunde vom Wege entfernt liegender Gor (Hügel) Aussicht auf neue paläontologische Funde bot und unser Freund dann mit Riesenschritten, von seinem treuen Diener Seckler begleitet, auf ihn lossteuerte. Aber so langsam sich im allgemeinen die Karawane fortbewegte, auf dieser Tour bis Farafra nie über 3¼ km in der Stunde, so schwer war es dann doch, sie wieder einzuholen ... Auch Jordan verließ nicht selten sein Kamel, teils mit größerer Sicherheit Peilungen zu nehmen, teils um den Gang des Meßrades, welches von Negern geschoben wurde, zu kontrollieren. Ascherson dagegen, welcher schon nach einigen Tagen der gewandteste Kamelreiter geworden war, kam nicht oft in Verlegenheit, seinen hohen Sitz zu verlassen, und da er unter dem

Die östliche Sahara

Namen Abu Haschisch (Vater des Krauts) bald der allgemeine Liebling der Beduinen geworden war, wurde ihm überdies, zeigte sich hie und da eine vereinsamte Pflanze, solche aufs Kamel hinaufgereicht. Remelé, welcher in seinem eigentlichen Fache natürlich unterwegs nichts zu tun hatte, beschäftigte sich meist mit meteorologischen Beobachtungen und hatte außerdem die Inspektion des Proviants und der Küche übernommen. Ich selbst hatte immer genug zu tun mit Eintragen der topographischen Verhältnisse, mit den meteorologischen Aufzeichnungen, mit der Führung des Ganzen, denn bei der streitsüchtigen Natur der Araber gab es täglich, ja stündlich etwas zu ordnen ...

Gewöhnlich marschierten wir bis eine Stunde vor Sonnenuntergang. Es war dies schon deshalb besser als den ganzen Tag auszunutzen, weil es vorteilhafter war, die Kamele bei Tageslicht abzufüttern, weil die Zelte im Dunkeln sich nicht gut aufschlagen ließen, weil die Vorrichtungen zur Mahlzeit besser getroffen werden konnten und vor allem, weil Jordan dann die benötigte Zeit hatte, seinen Theodolit zur Beobachtung des Polarsterns genau zu stellen.«

Die Märsche waren äußerst ermüdend und in der endlosen Einöde auch schrecklich langweilig. Nach den Meßwerten war

Abstürze in der Libyschen Wüste

am 26. Dezember der höchste Punkt zwischen dem Niltal und den libyschen Oasen erreicht worden. Danach hätten sie bereits das mutmaßliche alte Nilbett, den »Bahr bela ma«, durchschreiten müssen, doch es war auch nicht die geringste Spur einer Einsenkung zu finden. Einen Tag später stand die Karawane plötzlich vor senkrecht abfallenden steilen Kalkwänden. Der Abstieg mit den schwer beladenen Kamelen war äußerst beschwerlich. Zahlreiche verblichene Knochen verendeter Kamele zeugten davon, daß hier bereits andere scheiterten.

Die mehrere Kilometer lange Karawane, die sich der Oase Farafra näherte, bot ein eindrucksvolles Bild, so daß es nur allzu verständlich war, daß die Einwohner des kleinen Ortes in Schrecken versetzt wurden und mit großer Erleichterung das Friedenszeichen zur Kenntnis nahmen. Sie hatten befürchtet, von einer Kolonne ägyptischer Soldaten überfallen zu werden. Zu rauben war bei dem äußerst armen Volk, das in niedrigen, stallartigen Stein- und Lehmbauten sein Obdach hatte, ohnehin nichts. Obwohl es möglich war, auch außerhalb des Ortes Feldbau zu betreiben, begnügte man sich mit dem eingegrenzten Gebiet, da die Erträge außerhalb der Mauer Beute ägyptischer Beduinen geworden wären. Von den spärlichen Ernteerträgen erhielten die Sanusi einen hohen Anteil.

Am 3. Januar 1874 wurde der Weg in Richtung der südöstlich gelegenen Oase Dachla durch völlig vegetationsloses Gebiet fortgesetzt. Rohlfs war der Verzweiflung nahe: »Kann man sich etwas Trostloseres denken, etwas Langweiligeres, als die Gegend, welche wir jetzt zu durchziehen hatten? Rechts und links 80–100 Meter hohe Sanddünen, etwa ½ Stunde voneinander entfernt, und in dieser von den beiden Sandketten gebildeten Talrinne bewegt sich unsere Karawane. Da ist kein Fels, kein Gor, kein Berg, um etwas Abwechslung in die Szenerie zu bringen. So wie die Gegend hier aussieht, so sieht sie nach 4, nach 8, nach 10stündigem Marsche noch aus.«

Am 6. Januar zeichnete sich ein Ende der Sandzone ab. Eine Anhäufung niedriger Kalkhügel wechselte allmählich in ein Labyrinth einzelner bizarrer Felsblöcke. Schließlich war ein schmaler Engpaß mit senkrechten Felswänden zu passieren, der zum allgemeinen Leidwesen erneut in eine Sandfläche führte. Doch schon einen Tag später kündigten Palmengärten die Oase Dachla an. Ehe der noch bevorstehende eigentliche Marsch in die schier unendlichen Weiten des Sandmeeres angetreten wurde, sollte hier eine längere Rast eingelegt werden. Bis zum 22. Januar konnten Mensch und Tier sich für die zu erwartenden Strapazen stärken. Glücklicherweise war es mög-

Felsentor zwischen den Oasen Farafra und Dachla

lich, den Proviant zu ergänzen und die Karawane für den langen Wüstenmarsch zu rüsten. So wurde Dachla und nicht, wie ursprünglich geplant, Farafra Stützpunkt für die weitere Expedition: »Wir hatten uns für den Fall einzurichten, daß auf der ganzen Strecke zwischen Dachla und Kufra weder Wasser noch hinreichende Vegetation zur Ernährung der Kamele anzutreffen war. Selbst für den Rückweg hatten wir noch unsere und unserer Kamele Nahrung zu beschaffen, denn wir konnten nicht wissen, welche Aufnahme wir in dieser Oase finden würden ... Daß wir nun nicht für eine so lange Zeit den nötigen Vorrat an Wasser und Futter mit uns führen konnten ist selbstverständlich. Es war vielmehr notwendig, eine Anzahl Depots in geeigneten Abständen anzulegen, auf welche wir uns sowohl beim Vor- als beim Rückmarsche zu stützen hatten. Um nun die erforderlichen bedeutenden Vorräte nach Westen zu bewegen, waren wiederholte Transporte notwendig.«

Rohlfs hatte beschlossen, daß die Expedition, die er westwärts nach den Kufra-Oasen zu führen hoffte, künftig in drei Abteilungen vonstatten gehen sollte. Die von Jordan geleitete war für das Anlegen von Depots und die Markierung der Route verantwortlich. Ihm folgte Zittel, während Rohlfs das Ende der Karawane bilden wollte. Ascherson und Remelé blieben in Dachla zurück, um die Vegetation näher zu erforschen.

Bald nach dem Abmarsch wurde das Gelände immer schwieriger. Als Rohlfs am 2. Februar wieder mit Jordan und Zittel zusammentraf, erhielt er die deprimierende Nachricht, daß sich, wie die Erkundigungen gezeigt hatten, in westlicher Richtung ein endloses Sandmeer ausdehne. Der Wasservorrat in den Kisten reichte zwar noch längere Zeit, doch für die Kamele fand sich kein Futter. Daran scheiterte der in Aussicht genommene weitere Marsch in Richtung der Kufra-Oasen. Die einzige, Rohlfs bekannte nächste Ansiedlung war (wollte man nicht umkehren) Siwa. So nahm er Nordkurs, hegte aber insgeheim die Hoffnung, daß die Sandwüste spätestens auf halbem Wege aufhörte, um doch noch zu seinem Ziel, nach Westen, vorstoßen zu können. Bevor die Karawane ihren Kurs wechselte, erlebte sie einen in dieser Region äußerst seltenen Regen. Rohlfs nannte die Gegend deshalb »Regenfeld« und deponierte für spätere Reisende eine Flaschenpost inmitten einer aus leeren Wasserkisten errichteten Pyramide. Der Ägypter Kemal ed-Dine, der im Jahre 1926 mit Raupenschleppern den ägyptischen Teil der Libyschen Wüste durchfuhr, stieß als erster auf dieses Dokument.

Am 5. Februar begann der kühne Marsch in die völlig unbekannten Gefilde des Sandmeeres. Der mitgeführte Proviant und

Oase Dachla

der Wasservorrat reichten etwa 3 Wochen, und die Entfernung bis zur nächsten Wasserstelle war völlig ungewiß. – Die Einöde war beängstigend, eine Dünenkette folgte der anderen. Die Erwartung, doch noch nach Westen abweichen zu können, erfüllte sich nicht. Nach zwei Wochen, das Ende der Vorräte war nahe, stieß man auf ersten spärlichen Pflanzenwuchs, der die Oase Siwa ankündigte. Erleichtert konnte Rohlfs feststellen: »So war denn der abenteuerlichste Marsch, der je in der Wüste Sahara gemacht ist, aufs glänzendste gelungen, denn wenn wir auch einige Stunden östlich von Siwa uns befanden, so war die Oase nicht verfehlt, jede Besorgnis auf einmal behoben. Gewiß hatten wir alle Ursache, froh zu sein, denn ein mehrere Tage anhaltender Simum, welcher vielleicht zum Stilliegen gezwungen hätte, würde uns ins Verderben gestürzt haben ...«

Ohne eine menschliche Siedlung oder wenigstens einen Brunnen gefunden zu haben, hatte die Mannschaft seit der Oase Dachla in einem Wüstenmarsch von 36 Tagen ein riesiges, völlig unerforschtes Gebiet erschlossen. Fünf Jahre waren vergangen, seit Rohlfs erstmals in Siwa geweilt hatte. Er konnte hier viele gute Bekannte begrüßen. Handel und Gewerbe hatten sich beachtlich entwickelt. Im Ergebnis erneuter Messungen korrigierte Rohlfs die Tiefe der Depression auf 25 Meter u. d. M. Sein Hauptanliegen war erfüllt, und nach nur fünftägiger Rast wurde der Rückweg angetreten. Anfang März 1874 gelangte man zu der kleinen Oase Sitrah, in deren Nähe ein dunkelblauer, von unzähligen Wasservögeln bevölkerter Wüstensee lag. Bei Sitrah teilte sich die Karawane. Jordan hatte den Auftrag, in östlicher Richtung einen Umweg nach der Oase Baharije zu machen, um auch in ihrem Gebiet die Angaben über den vermeintlichen Bahr bela ma zu überprüfen. Rohlfs und Zittel zogen auf direktem Wege nach Farafra, wo sie am 7. März eintrafen. Um so schnell wie möglich Dachla zu erreichen, setzten sie ohne Aufenthalt den Marsch fort und waren täglich durchschnittlich 10 Stunden unterwegs.

Am 13. März machte Rohlfs die Notiz: »Um 8½ morgens kam ich an eine Gegend, wo unzweifelhaft Spuren eines längeren Aufenthaltes von Menschen waren, denn große Gehege künstlicher, aus Reisig gemachter Einfriedungen und unglaubliche Anhäufungen von Tonscherben müssen als solche gelten. Nachmittags kam ich vom großen Wege ab und folgte einem Pfad, der ostsüdöstlich ging. Er führte uns bald zu einer Stelle, wo ich wieder in ungeheuren Haufen von Tonscherben

Am Ramesseum in Theben

Wandbild in einem Grab bei Baharije

menschliche Niederlassungen vermuten möchte. Vielleicht war hier eine der Etappen irgendeines Heerzuges, denn es ist wegen Mangel an Brunnen und Quellen kaum denkbar, daß hier bleibende Ansiedlungen waren.«

Wie spätere Forschungen ergaben, hatte Rohlfs mit seiner Vermutung recht. Er war auf die Spuren des Perserkönigs Kambyses II. gestoßen, dessen gewaltiges Heer, das 525 v. u. Z. Ägypten unterworfen hatte, bei dem Versuch, die Oase des Jupiter Ammon zu erobern, von einem Sandsturm überrascht und verschüttet wurde. Die von Rohlfs aufgefundenen Tonscherben waren die Überreste eines großen Wasserdepots.

In Dachla vereinigten sich am 14. März 1874 wieder alle Gruppen der Expedition. Jordan konnte mitteilen, daß weder zwischen Sitrah und Baharije noch auf dem Wege nach Dachla irgendwelche Spuren des vorgeblichen Flußbettes zu finden gewesen waren.

Erneut fanden die Reisenden bei der gastfreundlichen Bevölkerung gute Aufnahme. Am 18. März brach die Karawane zur letzten Etappe der Rückreise auf und traf am 27. März in el Charga ein, wo Georg Schweinfurth sie freudig begrüßte. Er gab zu Ehren seiner Gäste ein wahres Diner. Nach einem Besuch des nahe gelegenen altägyptischen Tempels von Hibis (Heb), in dessen weichem Sandstein schon viele ihre »Visitenkarte« hinterlassen hatten, nahm man am 26. März Abschied von dem Freund und erreichte am 31. März 1874 nach 3½ Monaten bei Isna wieder das Niltal. In zwei gemieteten Kähnen ging es stromabwärts. In Theben wurde eine zweitägige Rast eingelegt, um die imposanten Tempel und Königsgräber zu besichtigen. Bald war Kairo erreicht, wo am 18. April eine Audienz beim Khediven die Expedition offiziell abschloß. Noch am gleichen Tage fand eine Sitzung des Institut égyptien statt, auf der Rohlfs über die Forschungsergebnisse berichtete. Übrigens wurde die Beratung durch einen Vortrag des berühmten Altertumswissenschaftlers Heinrich Karl Brugsch (1827–1894) eingeleitet, der die Erschließung altägyptischer Dokumente zum Gegenstand hatte. Dabei wurde auch ein mit der Expedition verbundenes Problem berührt: »Die Rückkehr der Rohlfsschen Expedition aus der libyschen Wüste legt uns die Frage nahe, ob die altägyptischen Texte nicht die Oasen erwähnen, welche unsere Reisenden soeben untersucht haben.« Brugsch kam zu dem Ergebnis: »In der Tat finden wir Nachrichten über dieselben auf den Monumenten, obwohl nicht gerade sehr ausführliche, weil im Altertum die Oasen Ägypten gegenüber als Ausland betrachtet wurden.«

Die wissenschaftlichen Ergebnisse der Expedition waren umfangreich. Rohlfs hatte die Libysche Wüste in einem bisher unerreichten Umfang auf völlig unbekanntem Territorium durchquert und erforscht. Dabei ermittelte er eine Fülle geographischer, geologischer, botanischer, meteorologischer und ethnologischer Fakten und brachte den Nachweis, daß das noch immer in Landkarten verzeichnete sogenannte Ur-Niltal, Bahr bela ma, dem Reich der Legende angehörte. Leider war es nicht möglich gewesen, die Kufra-Oasen zu erreichen und das Rätsel der Oase Zerzura zu klären. Diese weiterhin einer Lösung harrenden Probleme ließen Rohlfs aber keine Ruhe, sie sollten bald Gegenstand einer erneuten Forschungsreise werden.

Vortragsreise nach Amerika. Glücklich war Gerhard Rohlfs in sein neues schönes Heim nach Weimar zurückgekehrt, in dem ihn viele Gäste besuchten. In den Herbst- und Wintermonaten zog in die gastliche Villa Ruhe ein, da befand sich der Hausherr, um den Lebensunterhalt zu sichern, auf ausgedehnten Vortragsreisen. Im Jahre 1874 hatte er diese, um seine junge Frau nicht erneut lange allein zu lassen, auf deutsche Städte beschränkt, war aber 1875 einer Einladung in die Vereinigten Staaten gefolgt, wo er überall vor überfüllten Sälen sprach und entsprechend gefeiert wurde.

Nach stürmischer Überfahrt war Rohlfs Mitte Oktober in New York eingetroffen. Auf der Fahrt hatte er die Gattin des Demokraten Carl Schurz (1829–1906) kennengelernt, der nach Niederschlagung des badisch-pfälzischen Aufstandes 1849 zum Tode verurteilt worden war, 1852 nach Amerika emigrieren konnte und sich im nordamerikanischen Bürgerkrieg (1861–1865) als Divisionskommandeur große Verdienste erwarb. Rohlfs versprach, den prominenten Landsmann, der bei Buffalo eine Farm besaß, zu besuchen.

Am 4. November 1875 begann in der amerikanischen Metropole die Veranstaltungsreihe. Am folgenden Tage schrieb Rohlfs an seine Frau: »Gestern abend habe ich meinen ersten Vortrag gehalten und einen durchschlagenden Erfolg gehabt. Alle Blätter, an der Spitze der Herald, bringen die schmeichelhaftesten Referate.« Weniger gefiel ihm allerdings, obgleich er – oder besser, gerade weil er – ein großer Musikliebhaber war, die Unsitte, die Pausen durch klägliches Klavierspiel auszufüllen, was einen höchst sonderbaren Kontrast zu seinem Vortrag gab. Die Damen und Herren der amerikanischen Geschäftswelt drängten sich um seine Gunst: »So bin ich denn mitten in die amerikanischen Kreise geraten, in die selten ein Deutscher, und wenn er auch jahrelang hier ist, hineinkommt; und noch dazu in die aristokratischen und feinsten.«

Nach 16stündiger anstrengender Bahnfahrt traf Rohlfs am 30. November in Buffalo ein. Selbstverständlich machte er von der am Nordostufer des Eriesees gelegenen Stadt einen Ausflug nach den Niagarafällen. Zu seinem Leidwesen hatte man ihn nach der Rückkehr bereits weiter verplant: »Gestern abend, als ich glaubte, mich von meiner Niagaratour ausruhen zu können, ich war wirklich etwas müde, da ich fünf Stunden beständig auf den Beinen gewesen war, wurde ich noch ins Theater der Deutschen geschleppt«. Hier mußte er eine höchst mittelmäßige Aufführung über sich ergehen lassen.

Die Weihnachtszeit verbrachte Rohlfs auf dem Wege zur Westküste in St. Louis. In der Nähe der Stadt hatte der revolutionäre Demokrat Friedrich Hecker (1811–1881), der ebenso wie Carl Schurz von der Konterrevolution ins Ausland getrieben worden war und im amerikanischen Bürgerkrieg gekämpft hatte, eine Farm. Gern nahm Rohlfs die Einladung an, Silvester bei ihm zu verbringen. Er schrieb seiner Frau: »Hecker ist die bedeutendste Persönlichkeit der 48er Jahre und wird immer eine geschichtliche Größe unseres Vaterlandes bleiben. Übermorgen, am Sylvester und Neujahr wo ich nichts zu tun habe, will ich der Einladung des alten Hecker folgen und ihn in Summerfield besuchen«. Über das Zusammentreffen berichtete er: »Nach dem Essen blieben Hecker, Frau, Sohn und ich noch bis Mitternacht zusammen, und ich habe einen der interessantesten Abende mit ihm verbracht, den ich je hatte. Hecker ist wohl roh in seinem Äußeren, ungeschliffen in seinen Ausdrükken und sucht sogar etwas darin, sich durch Kraftausdrücke, Flüche usw. stets auszuzeichnen, aber eine gerade und ehrliche Natur. Und was hat der Mann alles durchgemacht! Seine 64 Jahre sieht man ihm kaum an, obschon er jetzt etwas schwach wird und namentlich noch immer an den Wunden leidet, die er 1863 im amerikanischen Sezessionskrieg erhielt ... Nach dem Frühstück unterhielt ich mich wieder mit dem alten Hecker, der hier in Amerika hauptsächlich den Kampf mit der Geistlichkeit aufgenommen hat und sie entsetzlich vermöbelt. Hecker ist ursprünglich Jurist, kennt gut das kanonische Recht, ist vorzüglich in der Kirchengeschichte bewandert und versetzt Katholiken und Protestanten so wichtige Hiebe, daß sie es vorziehen, gar nicht mehr darauf zu erwidern.« Die Sympathien, die Gerhard Rohlfs dem Revolutionär und dessen Ideen entgegenbrachte, sind unverkennbar. Das Gespräch wurde dadurch belebt, daß Hecker 1846 Algerien bereist hatte und sie gemeinsame Erlebnisse austauschen konnten.

Ende des Monats befand sich Gerhard Rohlfs bereits in Denver, der inmitten des Felsengebirges der Rocky Mountains gelegenen Hauptstadt von Colorado. Die Weiterreise an die amerikanische Westküste war schwierig. Der Zug war im Schnee steckengeblieben und konnte erst nach Tagen wieder flottgemacht werden. Angesichts der endlosen Schneemassen erinnerte sich der Forscher an die Weiten der Sahara: »Als ich vor zwei Jahren in der libyschen Wüste war, dachte ich nicht, daß ich bald darauf in der amerikanischen festsitzen würde, denn viel besser als Wüste ist es hier auch nicht.«

Die Ungeduld hatte ihn »im langweiligsten Neste der Welt«, wo ihm ein Zwangsaufenthalt auferlegt wurde, gepackt. Doch die Weiterreise entschädigte ihn: »Es war prachtvolles Wetter und die Gegend, welche wir von jetzt an noch bis San Franzisko zu durchziehen hatten, eine der großartigsten auf der Welt.«

Am Endziel der Hunderte Kilometer langen Vortragsreise angekommen, nutzte er die Gelegenheit zu einer Wanderung entlang der Brandung, wo er vor der Küste Seelöwen beobachtete.

Die Rückfahrt führte quer durch die Vereinigten Staaten. Wieder an der Ostküste eingetroffen, machte Rohlfs ein letztes Mal in Boston Station. Hier besuchte er Henry Wadsworth

Longfellow (1807–1882), einen der beliebtesten Dichter seiner Zeit, der sich in Amerika vor allem als Vermittler europäischer Literatur verdient gemacht hatte. Rohlfs verband mit Longfellow die tiefe Abscheu vor der Sklaverei, die dieser in seinen berühmten »Poems on Slavery« zum Ausdruck brachte.

Am 28. März 1876 schloß ein letzter Vortrag in New York die nahezu halbjährliche Reise ab, und Mitte April traf Rohlfs wieder in Weimar ein. Leider konnte er das Vorhaben, eine Schilderung der amerikanischen Reiseerlebnisse vorzulegen, aus Zeitgründen nicht verwirklichen.

Erforschung der Kufra-Oasen. In den folgenden Monaten widmete sich Gerhard Rohlfs Manuskriptarbeiten. Gemeinsam mit seinem Bruder, dem Arzt und Medizinhistoriker Heinrich Rohlfs, gründete er im Jahre 1878 das »Deutsche Archiv für Geschichte der Medicin und medicinische Geographie«, an dem er bis zum Band 3 (1880) als Herausgeber wirkte. Dabei zeichnete Gerhard Rohlfs für die medizinische Geographie, in die er insbesondere Fragen der Hygiene einbezog, verantwortlich. Diesem Anliegen waren auch die eigenen Publikationen im Rahmen des »Archivs«, »Beiträge zur Geschichte der Medicin und medicinischen Geographie Marokkos« und »Bu-Dabus«. Ein Beitrag zur medizinischen Geographie«, gewidmet.

Insgeheim hoffte Frau Lony, daß der inzwischen 45jährige »seßhaft« geworden wäre. Es gefiel ihr deshalb gar nicht, daß die lebhafte Korrespondenz mit Forschern und geographischen Gesellschaften aus aller Welt in ihrem Mann immer wieder die Sehnsucht nach der Ferne weckte. Sie merkte es an seiner wachsenden Unruhe, an seinen intensiven Kartenstudien, daß sich wieder etwas anbahnte, daß es den »Zugvogel« erneut hinaustrieb. Rohlfs ließen die noch immer nicht entdeckten Kufra-Oasen keine Ruhe. Mit dieser Tat wollte er seine Forscherlaufbahn abschließen. Doch er mußte sich beeilen, denn in seinem Alter verringerte jedes Jahr die Möglichkeit, sich noch den ungeheuren Strapazen einer Wüstenreise aussetzen zu können. Wie ein Magnet zog ihn der weiße Fleck auf der Landkarte an. Erneut war zunächst die Frage der Finanzierung das große Problem.

Im Jahre 1873 war auf Initiative des Völkerkundlers Adolf Bastian (1826–1905) die »Deutsche Gesellschaft zur Erforschung Zentralafrikas« gegründet worden. Im Rahmen der von dem belgischen König Leopold II. zur Durchsetzung seiner kolonialen Bestrebungen ins Leben gerufenen »Internationalen afrikanischen Assoziation« bestand ebenfalls eine deutsche Abteilung. Diese beiden Gremien wurden zu der »Afrikanischen Gesellschaft in Deutschland« zusammengeführt, von der sich Gerhard Rohlfs die Finanzierung seiner Expedition erhoffte. Allerdings war das mit der Zielstellung Kufra-Oasen schwerlich zu erwarten, da die Finanzgeber ein lukrativeres Ergebnis anstrebten. Man einigte sich schließlich auf »die Erforschung des nördlichen Teils des Beckens des Kongo und der angrenzenden Gebiete, insbesondere der Wasserscheide des Schari und Osowe, sowie beider Flüsse gegen den Kongo hin«. Bereits ein flüchtiger Blick auf die Landkarte macht deutlich, daß die von Rohlfs vorgeschlagene Route durch die Libysche Wüste wohl der unzweckmäßigste Weg war, den man, um dieses Ziel zu erreichen, wählen konnte. Das war dem Forscher natürlich bewußt, doch war der eigentliche Zweck seiner Expedition nach wie vor die Entdeckung der Kufra-Oasen. Nach offizieller Auftragserteilung wurde sofort mit der Vorbereitung begonnen. Aus der großen Zahl der Bewerber wählte Rohlfs den Zoologen Anton Stecker, der auch für die astronomischen Geräte verantwortlich war, sowie als Gehilfen den Schlosser Franz Ecker und den Uhrmacher Karl Hubmer aus. Auf eigene Kosten begleitete Leopold von Csillagh die Expedition bis Sokna.

August Petermann nahm an dem Vorhaben lebhaft Anteil und schrieb über seinen Freund: »Jene selbstlose, echte Hingabe für die Sache um der Sache willen läßt ihn nicht ruhen und treibt ihn fort zu neuer Arbeit auf seinem Ehrenfeld, dem Schwarzen Kontinente.

Nicht die liebenswürdige Gattin, nicht das schöne selbstgegründete Heim, die reizende Villa an der Ilm, der reiche Freundeskreis können ihn halten, er muß wieder fort, Libyens weite Wüstengebiete der Wissenschaft zu erobern.«

Völlig überraschend traf am 25. September 1878 die schockierende Nachricht vom Freitod des bedeutenden Förderers der geographischen Wissenschaft ein. Gerhard Rohlfs nahm an der Beisetzung teil. »Hatte doch von allen Reisenden keiner dem Verschiedenen so nahe gestanden wie ich, hatte vielleicht niemand so viele gute Ratschläge, so viele moralische Unterstützung von ihm erhalten wie ich, und weiß vielleicht keiner mehr als ich, was er gelitten und wie er gekämpft haben mag, ehe er zu dem verzweifelten Entschluß kam, sich das Leben zu nehmen und so der Wissenschaft viel zu früh eine der besten Stützen zu entziehen«, vermerkt er voller Trauer über den schweren Verlust.

Die Brüder Rohlfs als Herausgeber einer medizinhistorischen Zeitschrift

DEUTSCHES ARCHIV

FÜR

GESCHICHTE DER MEDICIN

UND

MEDICINISCHE GEOGRAPHIE.

UNTER MITWIRKUNG VON

Dr. **Albert**, Professor in Innsbruck, Dr. **Arnd**, Director des geographischen Instituts in Weimar, Dr. **Avé Lallemant** in Lübeck, Dr. **Baas** in Worms, Dr. **Bertillon** in Paris, Dr. **Bessels** in Washington, Dr. **Betz**, Redacteur der „Memorabilien“ in Heilbronn, Dr. **Bouchut**, Professor in Paris, Dr. **Broberg**, Bibliothekar in Stockholm, Dr. **Corradi**, Professor in Pavia, Baron Dr. **von Dumreicher**, Professor in Wien, Dr. **Ebers**, Professor in Leipzig, Dr. **von Eye** in Dresden, Dr. **Frölich**, Oberstabsarzt in Dresden, Dr. **Gernet** in Hamburg, Dr. **Goldschmidt**, Geh. Obermedicinalrath in Oldenburg, Dr. **Greenhill**, Professor in Hastings, Dr. **Hasner** Ritter von **Artha**, Professor in Prag, Dr. **Hedenius**, Professor in Upsala, **Friedrich von Hellwald**, Redacteur des „Auslandes“ in Cannstatt, Dr. **von Heusinger**, Professor und Geh. Obermedicinalrath in Marburg, Dr. **Hofmann**, Professor in Wien, Dr. **Honegger**, Professor in Zürich, Dr. **Janowsky**, Docent in Prag, Dr. **Kleinwächter**, Professor in Innsbruck, Dr. **Kohl** †, Stadtbibliothekar in Bremen, Dr. **Krieger**, Docent in Strassburg, Dr. **Laubmann**, Oberbibliothekar in München, Hofrath Dr. **von Leutsch**, Professor in Göttingen, Dr. **Magnus** sen., Professor in Breslau, Dr. **Hugo Magnus** jun., Docent in Breslau, Dr. **Robert v. Mayer** † in Heilbronn, Dr. **Ivan Müller**, Professor in Erlangen, Dr. **Müller**, Oberstabsarzt in Berlin, Dr. **Petermann** †, Professor in Gotha, Dr. **Pfeiffer**, Medicinalrath in Weimar, Dr. **Proksch**, Redacteur des „med. chirurgischen Centralblattes“ in Wien, Dr. **von Renz**, Geh. Hofrath in Wildbad, Dr. **Max Salomon** in Berlin, Dr. **Seitz**, Professor in München, Dr. **Sigmund** Ritter von **Ilanor**, Professor in Wien, Dr. **Steinschneider** in Berlin, Dr. **Stricker** in Frankfurt a. M., Dr. **Moriz Wagner**, Professor in München, Dr. **Wernher**, Professor in Giessen, Dr. **Wernich** in Berlin u. A.

REDIGIRT UND HERAUSGEGEBEN

VON

HEINRICH ROHLFS UND GERHARD ROHLFS

IN GÖTTINGEN IN WEIMAR.

ERSTER BAND.

LEIPZIG,
VERLAG VON C. L. HIRSCHFELD.
1878.

In Begleitung seiner Frau begab er sich am 8. Oktober 1878 nach Marseille, um von dort mit dem Schiff über Malta nach Tripolis zu reisen. Hier kaufte er Kamele und Proviant und nahm die Begleiter in Dienst. Nachdem eine Versuchsexpedition in die nahe der Stadt gelegenen Dünenzonen den Beweis erbracht hatte, daß alles in Ordnung war, trat die Expedition am 18. Dezember 1878 den Marsch an. In der südlich von Tripolis gelegenen Oase Ain Sarah mußte Rohlfs von seiner Frau Abschied nehmen. Wenn alles planmäßig ablief, würde die Expedition etwa drei Jahre in Anspruch nehmen. Frau Lony wollte nicht allein in der verwaisten Weimarer Villa leben. Das Haus war deshalb vor der Abreise verkauft worden, und sie beabsichtigte, in Tripolis auf die Rückkehr ihres Mannes zu warten. Der italienische Konsul Marquis de Goyzetta gewährte ihr für diese lange Zeit Gastfreundschaft.

Erstes Etappenziel der Karawane war Sokna, Hauptort der Oase Djofra. Hier mußte endgültig über die einzuschlagende Route entschieden werden. An die Stelle des die Gruppe verlassenden Csillagh, der sich nach Mursuk begab, trat der Sohn des treuen Mohammed el Gatroni, der, nachdem er von dem neuen Unternehmen gehört hatte, sofort aus dem Fessan herbeigeeilt war, um seine Dienste anzubieten. Nur allzugern griff Rohlfs den Vorschlag auf und sollte es nicht bereuen. Wie schon sein Vater wurde Ali Gatroni eine wertvolle Stütze des Unternehmens. Von Sokna aus erforschte Rohlfs eingehend das umliegende Oasengebiet, so daß sich die Weiterreise bis zum 10. März verzögerte. Er hatte sich entschlossen, über Sella nach Audjila zu gehen. Dabei durchquerte die Karawane noch unerforschtes Gebiet: »Während wir bis Sokna durch Gegenden zogen, welche Reisende vor uns erforscht hatten (Hornemann, Barth, Vogel, W. G.), betraten wir von jetzt an vollkommen jungfräuliches Gebiet. Der Weg vor uns war noch von niemand begangen worden.«

Nach vier Tagesmärschen von jeweils durchschnittlich 50 Kilometern hielt man in Sella Einzug. Hier lebte der Araber Mohammed el Tarrhoni, der den Gegenbeweis wider die Behauptung geliefert hatte, Einheimische wären an der Erkundung ihrer Nachbargebiete nicht interessiert. Zweifellos hatten die von Existenznot geplagten Stämme in der Regel andere Sorgen als die Ausrüstung von Expeditionen, für die ihnen ohnehin die materiellen Voraussetzungen fehlten. Die Wüstenvölker begaben sich mit ihren Herden dann auf den Marsch ins Ungewisse, wenn die Dürre sie zur Suche nach neuen Weideplätzen zwang. Die Klärung, ob und wo sich in erreichbarer Entfernung Lebensmöglichkeiten boten, war von elementarem Interesse;

Tripolis

das hatte im Jahre 1876 die Bewohner von Sella veranlaßt, Mohammed el Tarrhoni zu einer Erkundungsreise auszusenden, in deren Verlauf es ihm gelungen war, die im Süden gelegene Nachbaroase Wau en-Namus zu entdecken. Dieser früher offenbar von Tibbus bewohnte Ort wurde nur noch zeitweilig von nomadisierenden Stämmen aufgesucht. Tarrhoni hielt sich einige Zeit in der Oase auf, um Tierwelt und Vegetation zu erkunden und kehrte über Wau el-Kebir nach Sella zurück. Erst viele Jahre später kam 1916 Laurant Lapierre, allerdings unfreiwillig als Kriegsgefangener auf dem Transport nach Kufra, als erster Europäer in die Oase.

Rohlfs hatte in Sella von der mutigen Tat Tarrhonis gehört, und es gelang ihm, den Araber als Führer der Expedition bis Djalo durch unwegsam gebirgiges und unsicheres Gebiet zu gewinnen:

»Es war am 20. März 1879, als wir die hübschen Palmenwälder verließen und bald, in Südsüdost-Richtung uns haltend, in eine äußerst wilde und großartige Gebirgsgegend gelangten. Wir hielten deshalb diesen ungewöhnlichen Kurs, weil wir sicherheitshalber die eigentliche Straße nach Audjila mieden, da zu viele vertriebene Stämme jene Gegenden im Norden, wo eine Oase die andere ablöst und große krautreiche Ebenen den Kamelen vorzüglich Weide bieten, unsicher machten. Ganze Stämme hatten sich nämlich aus ihrer Heimat entfernt, um aus dem Bereiche der türkischen Regierung zu kommen, welche die Steuern so gewaltig erhöhte und mit so großer Willkür eintrieb, daß sie lieber vorzogen, alles aufzugeben, als länger solchen Erpressungen ausgesetzt zu sein. Und wo konnten sie in der Tat besser leben als auf der Grenze der Syrtensteppen, wo sie Weide für ihre Tiere, Gerara zum Ackern und unzählige Schlupfwinkel im Charaschaf fanden, um sich nötigenfalls dem Arme der türkischen Ungerechtigkeit zu entziehen.«

So war man heilfroh, am 2. April 1879 ohne Zwischenfälle Audjila zu erreichen. Vor genau zehn Jahren hatte Gerhard Rohlfs schon einmal hier geweilt und damals freundliche Aufnahme gefunden. Ganz im Gegensatz dazu verhielten sich die Bewohner jetzt kalt und abweisend, ja geradezu feindselig, so daß er es vorzog, unmittelbar nach der Nachbaroase Djalo weiterzuziehen. Hier aber war die Situation keinesfalls günstiger, so daß er das Zeltlager sicherheitshalber in einem Palmenhain aufschlug, um am nächsten Tag nach Audjila zurückzukehren. Das schlimmste war, daß es weder in Djalo noch in Audjila möglich war, einen Führer nach den Kufra-Oasen zu gewinnen. Die dem Sanusi-Orden angehörenden bzw. nahestehenden Einheimischen befürchteten, daß Rohlfs als Abgesandter einer feindlichen Macht ihr Gebiet erkunden wollte. Die Unterdrükkungsfeldzüge der Kolonialmächte waren nicht unbekannt geblieben. Es galt, wachsam zu sein, dem Fremden so wenig wie

Oase Djofra

möglich zu zeigen und ihn möglichst bald aus dem Lande zu treiben.

Als Rohlfs die Nutzlosigkeit weiterer Verhandlungen erkannte, schickte er seinen Begleiter Anton Stecker nach Benghasi, um von dem türkischen Gouverneur Unterstützung zu erbitten. Da Stecker zu keinem positiven Ergebnis kam, machte sich schließlich Rohlfs selbst auf den Weg. Gouverneur Ali Kemali Pascha hatte eigene »bewährte« Methoden, um seinen Willen bei den Einheimischen durchzusetzen. So ließ er kurzerhand drei in Benghasi weilende Scheichs wegen angeblicher Schulden inhaftieren. Damit zwang er Scheich Bu Bekr Bu Guetin, einen Vertrag abzuschließen, nach dem Rohlfs gegen Zahlung von 18000 Piastern bis Kufra geleitet werden sollte. Welchen Nutzen eine auf Erpressung beruhende Vereinbarung hatte, sollte sich alsbald zeigen. Die massive Drohung des türkischen Gouverneurs mußte das ohnehin große Mißtrauen der Wüstenbewohner noch verstärken.

Am 15. Juli traf Rohlfs wieder in Audjila ein. Da bereits viel Zeit verlorengegangen war, drängte er auf baldigen Aufbruch. Die 400 Kilometer Sandwüste bis zu den Kufra-Oasen sollten möglichst im Eilmarsch überwunden werden. Rohlfs' Aufzeichnungen lassen die ungeheuren Strapazen ahnen: »Wenn wir anfangs den Anstrengungen der Märsche gut widerstanden hatten, so bemächtigte sich zuletzt aller eine unwiderstehliche Schlafsucht. Vier Nächte waren Menschen und Tiere ohne Schlaf und stets unterwegs gewesen ... Man sprach gar nicht mehr, sondern taumelte vorwärts. Mensch und Tier bewegten sich wie Maschinen. Dieser schlief im Gehen, jener auf dem Kamel. Hier hatte sich einer wie ein Sack quer über ein beladenes Tier geworfen, der Kopf baumelte nach der einen, die Füße nach der andern Seite herab; dort wackelte einer mit seinem Oberkörper auf seinem Gaule hin und her, welches selbst bedenklich schwankte und nur noch mit Mühe sich aufrecht erhielt.«

Die unermeßlichen Weiten des Sandozeans erschienen in ihrer trostlosen Öde als das Entsetzlichste, was die Erde aufzuweisen hatte. Nach vier Tage und vier Nächte währenden ununterbrochenem kräftezehrendem Gewaltmarsch kam endlich am 1. August Taserbo, der nördlichste Ort der Kufra-Oasen, in Sicht. Die früher von Tibbu bewohnte Oase war jetzt menschenleer. Nach wenigen Tagen Aufenthalt, als sich die Mannschaft etwas erholt hatte, wurde am 7. August die Weiterreise angetreten. Sollte doch möglichst das gesamte Oasengebiet erforscht werden.

Buseima, der nächste Ort, lag 100 Kilometer in südöstlicher

Richtung entfernt. Hier fand Rohlfs zwar ein wahres Vogelparadies vor, doch von Bewohnern wiederum keine Spur. Erforschen bedeutete für ihn nicht, in erster Linie geographisch-topographische Bestimmungen durchzuführen und Meßwerte zu verzeichnen. Sein Ziel war es, vor allem Lebensweise und Gewohnheiten der Einwohner kennenzulernen. So zog er alsbald in gleicher Richtung nach der wiederum 100 Kilometer entfernten nächsten Oase weiter. Am 13. August wurde nach beschwerlichem Wüstenmarsch Kebabo, das Zentrum der Kufra-Oasen, erreicht und in einem Palmenhain gerastet. Die freundliche Aufnahme, die Scheich Krim Bu Abd el Rbas, der Besitzer des Hains, der Karawane gewährte, ließ hoffen, sehr bald mit allen Einwohnern in guten Kontakt zu kommen. Noch am Abend des gleichen Tages strömte eine große Menschenmenge zusammen. Lautstärke und Gestik ihrer Debatten ließen wenig Gutes vermuten. Rohlfs konnte nur aus der Ferne das Geschehen verfolgen: »Es wurde unfern unseres Lagers eine mehrstündige lebhafte Sitzung gehalten, die sich zuweilen zu einem wahren Höllenlärm steigerte. Ich glaubte damals, es handle sich um interne Angelegenheiten, wie solche ja so häufig zu langen und lauten Erörterungen Veranlassung geben. Aber mitnichten. Wie ich später erfuhr, hatten jene Sendlinge einfach unsere Auslieferung verlangt, um uns zu töten. Unser Hab und Gut sollte geteilt werden. Aber es siegte damals der Wille der Schiuch der Suya, die es gut mit uns meinten, und namentlich der Umstand, daß wir uns auf Grund und Boden unseres spätern Lebensretters befanden, trug wohl nicht wenig dazu bei, unsere Auslieferung zu verhindern.«

Um der Gefahr zu entgehen, beschloß Krim Bu Abd el Rbas, der sich in der Debatte zunächst noch durchgesetzt hatte, aber für das weitere Schicksal seiner Gäste fürchtete, sie in das nahe gelegene Dorf Boema umzusiedeln. Als Geleitschutz wurde ihnen Bu Guetin mitgegeben, der die Karawane nach Kufra geführt hatte und von Rohlfs in großzügiger Weise entlohnt worden war. Damit wurde eine folgenschwere Fehlentscheidung getroffen. Bu Guetin, der insgeheim schon lange den Entschluß gefaßt hatte, die Karawane auszurauben, hielt die Stunde der Abrechnung für die erduldete Erpressung für gekommen. Am zweiten Tag des Aufenthalts stürzte eine von dem Schwiegersohn Bu Guetins angeführte Gruppe Bewaffneter in das Zeltlager und forderte eine größere Summe Wegegeld. Nur mit Ruhe und Besonnenheit gelang es Rohlfs, dem Überfall zu entgehen. Doch die Geldforderungen wiederholten sich und nahmen an Aggressivität zu. Unter dem Eindruck des Geschehens vermerkte Rohlfs in sein Tagebuch: »Ich weiß, wir treiben einem

Oase Buseima

großen Unglück entgegen.» Seine Lage verschlechterte sich durch einen Brief, in dem die in Benghasi inhaftierten Scheichs ein gut Teil ihres Schicksals Gerhard Rohlfs anlasteten. Das löste verständlicherweise große Empörung aus. Erneut wurde in stürmischen Debatten über das Los der Reisenden beraten. Als Bu Guetin Rohlfs am 24. August mitteilte, er habe sich als Gefangener zu betrachten und müsse mit seiner Hinrichtung rechnen, erlosch auch die letzte Hoffnung auf Rettung. Gefaßt führte Rohlfs seine Arbeiten in der Erwartung weiter, daß die Aufzeichnungen erhalten bleiben würden. Die Tage vergingen voller Ungewißheit. Hätte die Mannschaft nicht in Krim Bu Abd el Rbas noch immer einen Fürsprecher gehabt, wäre ihr Schicksal längst besiegelt gewesen. Doch sein Gegenspieler Bu Guetin entfachte immer mehr den Zorn der Einwohner, die er für seine egoistischen Ziele ausnutzte. Am 11. September drangen 30 Bewaffnete ins Lager ein und forderten 1000 Taler. Ihr Verhalten ließ keinen Zweifel darüber zu, was geschehen würde, falls sich Rohlfs erneut weigerte: »Die drohenden Gebärden, die fremden Gesichter, von denen wir viele zum ersten Mal sahen, das Geldgierige in ihren Mienen, das Schreien und Schimpfen der Rotte hätte mich trotzdem kaum bewogen, ihrem Verlangen nachzugeben. Erst als ich sah, daß sie wirklich Ernst machten und mein Leben sowie das meiner drei Landsleute auf dem Spiel stand, wich ich.«

Das Lager vor dem Überfall

In der kommenden Nacht sollte nach dem Plan Bu Guetins Rohlfs getötet und das Lager völlig ausgeraubt werden. Der Attentäter beging aber den Fehler, Krim Bu Abd el Rbas in das Vorhaben einzuweihen, der Rohlfs warnte und rettete. Nach Anbruch der Dunkelheit wurden zunächst Rohlfs' Gefährten Hubmer, Ecker und Stecker und schließlich er selbst aus dem Lager geführt. Sie sollten bei ihrem Retter einen sicheren Aufenthaltsort finden. Es ging alles geräuschlos und sicher vonstatten. Rohlfs erinnerte sich: »Es war ein fürchterlicher Marsch, um so entsetzlicher, als wir aus der Richtung kamen, in einen Sebcha (Salzsumpf), dann wieder zwischen Had (Gras) und Binsen uns durcharbeiten mußten, außerdem der Sack platzte, in welchem Hubmer, der eine Gehilfe, einige Hundert Maria-Theresiataler trug, und schließlich, als wir nach vielen Mühen schweißtriefend die großen Palmenbüsche von Surk erreichten, Smeida erklärte, er könne die Hausch seines Schwiegervaters nicht finden, wir sollten nur warten, er wolle auf die Suche gehen.

Jetzt glaubte ich in der Tat, wir wären verraten, ich rief meinen Gefährten zu, die Revolver zu ziehen und auf alles gefaßt zu sein.« Doch bald waren Stimmen zu hören. Ein freundlicher Händedruck besiegelte die gute Absicht der im Dunkeln unsichtbaren Helfer. Rohlfs und seine Begleiter waren in Sicherheit.

Etwa zwei Stunden nach der Flucht war Bu Guetin mit seinem Gefolge in das Lager eingedrungen. Die Wut, daß ihr Plan durchkreuzt worden war, ließen sie an den zurückgelassenen Gegenständen aus. So wurde nicht nur der gesamte Besitz der Expedition geplündert, sondern auch die wissenschaftlichen Instrumente, Aufzeichnungen und Sammlungen zerstört.

Die Nachricht, daß Rohlfs dem Anschlag entgangen und gerettet sei, ließ die Stimmung der Einwohner allmählich wieder umschlagen. Der Scheich eines Nachbarortes sprach sein Bedauern über das Vorgefallene aus, einige sammelten für die Ausgeraubten Lebensmittel und Gebrauchsgegenstände. Damit wurde ihnen zwar eine große Hilfe zuteil, an die Weiterführung der Expedition in das Innere Afrikas aber war nicht mehr zu denken. Schweren Herzens mußte Rohlfs sich für die Rückkehr entscheiden. Am 29. September brach die Mannschaft auf und verließ am 9. Oktober die Oase Kufra in Richtung Benghasi.

Die Ereignisse hatten bei dem furchtlosen Forscher Spuren hinterlassen. Er schrieb seiner Frau: »Ich sehne mich jetzt sehr nach Ruhe und hoffe sie zu finden ... Ich bin sehr gealtert, dies eine Jahr mit den vielen Emotionen und Sorgen hat mich grau gemacht. Die Kleidungsstücke schlodderen an meinem Körper.

Sauja (Kloster) in Kufra

Aber was ist ein Leben ohne Aufregung: Für Tausende möchte ich solche Tage, wie ich in Kufra erlebte, nicht noch einmal durchmachen, und doch freue ich mich, daß ich sie erlebte.«

Wenn auch auf Grund des Überfalls das eigentliche Ziel der Expedition nicht erfüllt werden konnte, so war doch die Entdekkung der Kufra-Oasen eine hervorragende Leistung, mit der die Erforschung der Libyschen Wüste in ihren Grundzügen als abgeschlossen betrachtet werden konnte. Spätere Expeditionen ergänzten und vertieften mit Detailforschungen das Erreichte. Allerdings vergingen mehr als vier Jahrzehnte, ehe, eingeleitet durch den Ägypter Hasanein bei, in den zwanziger Jahren diese Aufgabe in Angriff genommen wurde. Die italienischen Faschisten zerstörten 1930 mit barbarischen Bombenangriffen die Kufra-Oasen und sandten anschließend Hunderte Soldaten mit 5000 Kamelen, 400 Lastkraftwagen und 20 Flugzeugen zur »heldenhaften« Eroberung aus.

Da Rohlfs' Frau, die viele Monate in Tripolis gewartet hatte, inzwischen nach Bremen zurückgereist war, begab sich der Forscher sofort über Alexandria und nach einem Abstecher nach Kairo, wo er Georg Schweinfurth begegnete, nach Europa. Frau Lony reiste ihrem Mann entgegen, so daß sich das Ehepaar kurz vor Weihnachten in Rom traf, wo es von ihrem Freund Franz Liszt, der bei der Fürstin Wittgenstein weilte, aufs herzlichste begrüßt wurde. Glücklich traten Lony und Gerhard Rohlfs die Heimreise an. Da sie ihre Villa in der Paulinenstraße verkauft hatten, bezogen sie vorübergehend eine Etagenwohnung in der Bahnhofstraße, gaben aber den Bau eines Hauses in der Belvedereallee in Auftrag. Die verdiente Ruhe war nur von kurzer Dauer. Auf den 47jährigen wartete ein neuer Auftrag, der ihn noch im selben Jahre erneut nach Afrika führte.

Für den Staatsdienst ungeeignet

Reise zum Kaiser von Äthiopien. Der Auftrag, den die Regierung dem bedeutenden Entdecker erteilte, hatte mit wissenschaftlicher Forschung und geographischer Erkundung nichts zu tun. Er sollte, seine im Jahre 1868 gesammelten Erfahrungen nutzend, den Kaiser von Äthiopien in diplomatischer Mission aufsuchen, um den außenpolitischen Bestrebungen des preu-

KUFRA.

REISE VON TRIPOLIS NACH DER OASE KUFRA.

AUSGEFÜHRT IM AUFTRAGE

DER

AFRIKANISCHEN GESELLSCHAFT IN DEUTSCHLAND

VON

GERHARD ROHLFS.

NEBST BEITRÄGEN VON

P. ASCHERSON, J. HANN, F. KARSCH, W. PETERS, A. STECKER.

Mit 11 Abbildungen und 3 Karten.

LEIPZIG:

F. A. BROCKHAUS.

1881.

ßisch-deutschen Reichs Geltung zu verschaffen. Rohlfs wurde damit erstmals (von der kurzen Reise in Begleitung des englischen Expeditionskorps abgesehen) offiziell in den Dienst der Machtpolitik gestellt. Würde er die Erwartungen der Auftraggeber erfüllen?

Die strategische Schlüsselstellung des Landes am Roten Meer hatte seit langem das Interesse der europäischen Mächte geweckt, die sich feste Positionen sichern wollten. Das Deutsche Reich hatte gegenüber seinen früher wirksam gewordenen Konkurrenten einiges aufzuholen. Gerhard Rohlfs waren bei Übernahme der Mission zweifellos die komplizierten politischen Zusammenhänge nicht bewußt. Ihm kam der Auftrag nicht ungelegen, da er sich für die Geschichte des alten Kulturlandes und die Schönheiten seiner Landschaft interessierte.

Wie Funde und Felszeichnungen beweisen, war das Territorium des heutigen Äthiopien bereits in ältesten Zeiten besiedelt. Die politische Geschichte Äthiopiens als unabhängiger Staat reicht bis in das 2. Jahrhundert zurück. Die Bezeichnung Äthiopien wird von dem griechischen Wort aithiopes (braune Gesichter) abgeleitet und fand in der europäischen Literatur Aufnahme.

Das Land faszinierte die Forscher seit langem. Bereits im Mittelalter wurden in Europa Nachrichten über das »geheimnisvolle« Land verbreitet, die jedoch meist dem Reich der Legende entlehnt waren.

Nachdem im letzten Drittel des 13. Jahrhunderts die durch lokale Dynastien zerstörte Zentralgewalt wieder hergestellt worden war, erlebte Äthiopien unter Amda Seyum I. (1314–1344) einen Höhepunkt seiner Geschichte. Der Kaiser festigte, unterstützt von der Kirche, die ebenfalls an der Stärkung des Staates interessiert war, seine Autorität. Mit der wirtschaftlichen Entwicklung war eine kulturelle Blüte des Landes verbunden.

Nach mehrfachen kurzzeitigen Thronwechseln, durch die die Sultanate immer wieder zu Autonomiebestrebungen ermuntert wurden, übernahm 1438 mit Zara Jakob ein Herrscher die Macht, dessen weitsichtige politische Konzeptionen für die Geschichte Äthiopiens von grundlegender Konsequenz waren. Seinen mit der Einführung eines einheitlichen Verwaltungssystems verbundenen Zentralisierungsbestrebungen verlieh er nicht nur mit eiserner Hand Nachdruck. Zara Jakob erwarb sich Kenntnisse über die vielfältigen Bräuche und Traditionen der ethnischen Gruppen des Reiches und verfolgte das Ziel der Fe-

Gerhard Rohlfs Anfang der 80er Jahre

stigung der Zentralgewalt durch Beseitigung der Widersprüche zwischen den ethnisch heterogenen Provinzen. Auf der Grundlage einer festen Machtposition beabsichtigte er, seinen Einfluß auch in den nördlichen Küstengebieten zu stärken, um damit den wirtschaftlich bedeutsamen Zugang zum Meer zu sichern.

Bereits unter seinem Nachfolger, der eine lockere Föderation nur noch formal unter der kaiserlichen Macht verbundener Gebiete zuließ, wurde die Zentralgewalt geschwächt. Innere Machtkämpfe sowie die Überfälle der islamischen Sultanate, die den äthiopischen Truppen schwere Niederlagen zufügten, schwächten das Reich. So trug eine Reihe innerer und äußerer Faktoren zum Verfall der Zentralgewalt im 18. Jahrhundert bei. Die Statthalter (Ras) der Provinzen machten sich selbständig. In den ausbrechenden schweren Feudalfehden gewann Ras Kasa von Quara die Oberhand und brachte Äthiopien unter seine Herrschaft. Als Theodor II. (1855–1868) zum Kaiser gekrönt, unterdrückte er mit Waffengewalt alle separatistischen Tendenzen. In dem geeinten Reich leitete er zur Festigung der Macht eine Reihe Reformen ein. Er reorganisierte das Verwaltungs- und Steuersystem und schränkte damit den Einfluß des Hochadels und der örtlichen Machthaber vor allem auf ökonomischem Gebiet ein. Theodors Maßnahmen zur Schaffung eines modernen Staates wurden jedoch durch außenpolitische Einwirkungen behindert.

Khedive Muhammad Ali, der nach Eroberung des Sudan ein ägyptisches Großreich anstrebte, richtete seinen Expansionsdrang auch auf äthiopisches Land. Sein besonderes Interesse galt den Häfen am Roten Meer. Dabei stieß er auf den entschiedenen Widerstand Theodors II., der seinerseits die Kontrolle über das Küstengebiet anstrebte. Zur Verdrängung der hier ansässigen Mohammedaner versuchte er sich des Wohlwollens Großbritanniens zu versichern. Zunächst schien die britische Regierung seine antitürkischen Bestrebungen zu unterstützen. Die veränderte außenpolitische Konstellation, in der Großbritannien die Türkei als Bündnispartner gegen Rußland benötigte, brachte jedoch eine Wende der britisch-äthiopischen Beziehungen, die in den 60er Jahren zu einem Konflikt und schließlich 1867/68 zu der bereits geschilderten militärischen Intervention der Briten geführt hatte, an der Gerhard Rohlfs als Beobachter zugegen war. Damit wurde die Zentralgewalt Theodors II. geschwächt, so daß es erneut zu Aufständen in den Provinzen kam. Der Ras Kasa von Tigre, durch dessen Gebiet die englischen Truppen vordrangen, verbündete sich sogar mit den Interventen gegen den Kaiser, der im belagerten Magdala eine vernichtende Niederlage erlitt und Selbstmord beging.

Johannes IV., Kaiser von Äthiopien

Nach dem Tode Theodors II. entbrannten erneut heftige Rivalitäten um die Krone, aus denen schließlich mit britischer Hilfe Ras Kasa von Tigre als Sieger hervorging und sich zum Kaiser Johannes IV. (1872–1889) krönen ließ. Seine Innenpolitik wurde von dem Bestreben um Wiederherstellung der politischen Einheit des Landes gekennzeichnet. Das erreichte er durch den konsequenten Kampf gegen alle dezentralisierenden Kräfte und die Weiterführung der durch Theodor eingeleiteten inneren Reformen. Johannes IV. verstand es dabei, die Religion als einigenden Faktor zur Durchsetzung seiner politischen Ziele zu nutzen.

Gondar mit dem Gemp (Kaiserschloß)

Außenpolitisch drohte dem Land nach Beendigung der britischen Aggression eine neue Invasion. Khedive Ismail von Ägypten hoffte, mit einem militärischen Einfall seine hoffnungslos gewordene Finanzsituation zu verbessern und die Kontrolle auf Küstengebiete des Roten Meeres ausüben zu können. Im Dienste der Interventionstruppen stand wiederum der Afrikareisende Werner Munzinger, der sich bereits 1868 als Führer der britischen Expansion große »Verdienste« erworben hatte. Nachdem er maßgeblich an der Planung des militärischen Überfalls beteiligt war, wurde ihm 1875 vom Khedive der Oberbefehl über die nach Zentraläthiopien vorrückenden Truppen erteilt. Bei Assuan erlitt seine Einheit eine schwere Niederlage, und er selbst fand dabei den Tod. Auch alle weiteren ägyptischen Feldzüge blieben erfolglos.

Die Siege im Verteidigungskrieg erhöhten das Ansehen Johannes IV. im In- und Ausland. Zielstrebig förderte er die wirtschaftliche Entwicklung seines Landes. Um die wachsende innere Stabilisierung außenpolitisch zu stützen, hatte er sich Anfang 1879 an die europäischen Mächte gewandt, um sie für die äthiopische Sache zu gewinnen.

Nachdem Khedive Ismail 1876 den finanziellen Staatsbankrott erklären mußte, hatte sich das britische Kapital in Ägypten festgesetzt und das Land systematisch unter seine Herrschaft gebracht. Damit entstanden für Äthiopien neue, durch die britischen Interessen am Roten Meer bedingte Gefahren. Bismarck hatte aufmerksam die Entwicklung der Lage verfolgt und Möglichkeiten zur Begünstigung seiner Außenpolitik erkannt. Um die Widersprüche zwischen England und seinem Rivalen Frankreich zu schüren, hatte er London beim »Erwerb« Ägyptens bestärkt. Seine Leitlinie war: »Es würde ein Triumph unserer Staatskunst sein, wenn es uns gelänge, das orientalische Geschwür offen zu halten und dadurch die Einigkeit der Großmächte zu vereiteln und unseren eigenen Frieden zu sichern.«

Der Hilferuf des äthiopischen Kaisers veranlaßte Bismarck nicht etwa dazu, Rohlfs in offizieller Mission als Helfer in der Not zu entsenden. Deutschland wollte eine die eigene Machtposition stärkende Schiedsrichterrolle übernehmen und dabei getreu den Bismarckschen Richtlinien in der Orientfrage die Interessen des preußisch-deutschen Reiches mit Nachdruck vertreten.

Die verschlungenen Pfade der Diplomatie mit ihren verschleierten Intrigen und Zusammenhängen waren Gerhard Rohlfs fremd.

Die Fahrt zum Sitz des äthiopischen Kaisers war keineswegs eine Entdeckungsreise. Sosehr es Rohlfs reizte, das durchwanderte Gebiet mit seiner Umgebung eingehend kennenzulernen, war er doch an seinen Auftrag gebunden. Das äthiopische Hochland hatte bereits zu Beginn der 40er Jahre der Missionar Charles T. Beke durchzogen. Während er sich auf die Landschaften Schoa und Godscham beschränken mußte, drangen die Brüder Antoine (1810–1897) und Arnaud d'Abbadie (1815–1893) 1837 bis 1848 bis in die südlichen Gebiete Enarea und Kaffa vor. Dabei erforschten sie nicht nur die geographischen Verhältnisse, sondern ermittelten auch reiche kulturelle Ergebnisse. Die Forschungen Werner Munzingers, die er freilich ausschließlich in den Dienst seiner Auftraggeber und deren kolonialer Eroberungen stellte, wurden bereits erwähnt. Der Italiener Antonio Cecchi führte die Entdeckungen der Brüder d'Abbadie im Süden Äthiopiens weiter.

Rohlfs wußte, daß er keineswegs in Neuland vordrang. »Im großen Ganzen ist das alte Äthiopien ein entdecktes Land zu nennen«, hatte er bei Antritt seiner Reise erklärt. Diese Feststellung traf auf die Geographie, Bodengestaltung und Geologie des Landes zu, während es noch Fund- und Lagerstätten der Bodenschätze zu erschließen galt. Auch Flora und Fauna des Landes gaben noch manche Rätsel auf. Dieser Aufgabe widmete sich Anton Stecker, der Rohlfs erneut begleitete, sich im Interesse seiner wissenschaftlichen Arbeit aber bald selbständig machte, da deren Ausführung sich nicht mit der Route des »Diplomaten« Rohlfs in Übereinstimmung bringen ließ. Gerhard Rohlfs hatte sich mit der neueren Geschichte des Landes vertraut gemacht und war dabei zu der bemerkenswerten Feststellung gekommen: »König Theodor sagte, zuerst kommen die Missionare, dann die Konsuln, endlich die Soldaten. So unrecht hatte er eigentlich nicht. Der Verlauf der ganzen Kolonialisierungsgeschichte zeigt fast überall diese, wenn auch öfters umgekehrte Reihenfolge.«

Die Ausstattung der Reisenden unterschied sich beträchtlich von dem »Komfort« früherer Expeditionen. Rohlfs stand ein geräumiges Leinwandhaus mit allen Bequemlichkeiten einschließlich Bad und Küche zur Verfügung. Auch für seine Begleitung wurden weitere vier Großzelte mit ähnlichen Annehmlichkeiten errichtet. So fand Rohlfs zum ersten Male auch die Möglichkeit, ungetrübt von Sorgen und Nöten die Schönheiten der Natur zu genießen: »Unser Lagerplatz befand sich auf einer kleinen luftigen Anhöhe und bot eine entzückende Aussicht. Nach Westen zu hatte man das unvergleichliche Alpenpanorama von Abessinien vor sich. Gegen Abend, zuweilen allerdings auch bei Tage, lagen gewöhnlich schwere Haufenwolken auf den Bergriesen, und an irgendeiner Stelle, das sah man deutlich – witterte und regnete es. Aber des Morgens, wenn die aus dem Meer auftauchende Sonne der Gebirgswand neues Licht spendete, zeichneten sich mit wunderbarer Klarheit die Umrisse der einzelnen Berge ab.«

Am Tag vor Weihnachten wurde das nahe bei Massaua gelegene Lager verlassen und der Marsch ins Landesinnere angetreten. 16 Kamele trugen Ausrüstung und Geschenke, eine Eskorte ägyptischer Soldaten gab das Geleit. In dem gebirgigen Terrain kam man nur äußerst langsam voran: »Aber was waren das für Märsche. Man bedenke nur, daß Kasen in gerader Linie von Massaua nur 60 km, von Ailet, wo doch schon die Schwierigkeiten beginnen, etwa 40 km entfernt ist. Aber mit der Schönheit der Natur wachsen die Hindernisse. Wasser überall in Hülle und Fülle und bald auch Regen dazu, als wir uns auf der schon bedeutenden Höhe von 1900 m befanden! Um nur diese kurze Entfernung von ca. 40 km zu überwinden, brauchten wir sechs Tagesmärsche, denn erst am 29. Dezember hatten wir bei Kasen die eigentliche Hochebene von Hamasen erreicht.«

Damit betraten sie das eigentliche Herrschaftsgebiet des Kaisers von Äthiopien, dessen autokratische Macht die Zentralgewalt gegen innere und äußere Feinde sichern sollte. Auch Rohlfs war sich der Gewalt des Alleinherrschers bewußt: »Jetzt waren wir also in der Machtsphäre des Negus Negesti. Von

Alter Königspalast in Gondar

dem Augenblick an hörte man auf, ein freier Mensch zu sein, denn im Grunde genommen ist jeder, einerlei ob Fremder oder Eingeborener, Privatmann oder Gesandter, im Bereiche des abessinischen Herrschers weiter nichts als ein Objekt, eine Persönlichkeit ohne eigenen Willen.«

Bei Eintreffen im ersten äthiopischen Dorf herrschte große Aufregung. Jeder wollte die Fremden sehen, die sich auf den Weg zum Allgewaltigen begaben. Auch die Ortsgeistlichkeit war erschienen. Obwohl sie Anhänger der monophysitischen Lehre war (auf Grund der engen Beziehungen zur hellenistischen Welt und zu Byzanz wurde im 5. Jahrhundert in Äthiopien das monophysitische Christentum angenommen), die im Gegensatz zur Zwei-Naturen-Lehre nur eine gottmenschliche Natur in Christus anerkannte, betrachteten sie den Gast als Glaubensbruder.

Nach kurzem Aufenthalt begab sich Rohlfs zum Lager des ersten Generals des Kaiserlichen Heeres, Ras Alula, der wegen seiner Verdienste im Abwehrkampf gegen die Ägypter zum Gouverneur einer Provinz erkannt worden war. Der Weg nach Adua, der Hauptstadt der Provinz Tigre, führte durch eine herrliche fruchtbare Gegend. In schrecklichem Kontrast dazu waren allerorts noch die Spuren des grausamen Krieges anzutreffen.

Hinter Adua begann der beschwerliche Aufstieg in das Hochland von Semien, dessen höchster Gipfel der Ras Daghan mit 4620 m ist. Berge und tiefe Schluchten wechselten einander ab. Die von steilen Felswänden umrahmten Engpässe konnten bei plötzlich losbrechenden Regenfällen zum Verhängnis werden, da es vor den in kürzester Zeit meterhoch ansteigenden Wassermassen kein Entrinnen gab. Sosehr ihn die Landschaft fesselte, vermißte Rohlfs doch in den weiten unbesiedelten Gebieten die Bewohner, denen bei all seinen Forschungen seit eh und je seine besondere Aufmerksamkeit galt: »Immer bergauf und bergab geht es in Abessinien. So hatten wir denn auch, ehe wir Sokota erreichten, noch manche Höhe, jede über 2000 m hoch, zu überwinden. Einzige Belohnung war der Blick auf die stets wechselnde Szenerie, welcher aber leider sehr häufig die Hauptsache fehlte: das Allbelebende des Menschen. Denn mag eine Natur noch so schön sein, mag der Gebirgscharakter sich noch so großartig entfalten, mögen zahlreiche Waldströme und Wasserfälle dem Auge ihre mächtigen Spiegel bieten, wenn der Mensch fehlt, entsteht eine Lücke, eine Öde, welche selbst durch die Anwesenheit einer regsamen Tierwelt nicht ausgefüllt wird.«

Sokota, einst eine blühende Stadt, war von einer schweren Seuche heimgesucht worden, die unzählige Einwohner dahingerafft hatte. Am 2. Februar 1881 verließ Rohlfs den Ort, um sich an die kaiserliche Residenz nach Debra Tabor zu begeben. Über die Motive des Wechsels der Residenz informiert Rohlfs: »Seit einem Menschenalter haben die Herrscher Abessiniens die alte Hauptstadt Gondar, unfern vom herrlichen Tanasee gelegen, aufgegeben. Sie zogen östlicher, um in dem zentralen Distrikte von Debra Tabor den Regierungssitz aufzuschlagen, während die ehemalige Königsstadt nach und nach zum Mittelpunkt der Geistlichkeit wurde.

Debra Tabor liegt in der Tat bedeutend mehr im Zentrum als Gondar. Während letztere Stadt bei dem herrschenden Mangel an Brücken einen großen Teil des Jahres hindurch ganz vom Norden Abessiniens abgeschnitten ist – denn der Takase kann zwischen Wolkait und Schire in der Regenzeit nicht passiert werden – ist Debra Tabor zu jeder Jahreszeit von allen Punkten des Landes zu erreichen. Und die Entfernung nach dem äußersten Süden, nach Schoa, Enarea und Kaffa ist von diesem Orte ungefähr ebenso groß wie die nach dem entferntesten Norden, nach Mensa und Bogos …

Während aber zur Zeit Theodors Gafat der eigentliche Mittelpunkt der Regierung war – denn hier befanden sich die damals zahlreich anwesenden Europäer mit ihren Werkstätten – ist

Residenz in Debra Tabor

heute Samara, etwas weiter östlich gelegen, der Sitz des Negus.«

Noch immer stieg der Weg an, so daß man glaubte, sich inmitten der Wolken zu befinden. Der Kaiser schickte seinem Gast eine Ehreneskorte entgegen und ließ ihn wissen, daß er ihn zu einer baldigen Begrüßungsaudienz erwarte. Rohlfs erhielt ein großes Staatszelt als Unterkunft zugewiesen. Die feierliche Staatsaudienz, die den Auftakt zu einer Reihe weiterer Gespräche gab, wurde bereits am folgenden Tage gewährt. Dabei fand ein reger Gedankenaustausch über politische und religiöse Fragen statt. Abschließend wurde das Hauptanliegen des Kaisers, durch äußeren Frieden die weitere innere Stellung des Reiches zu sichern, erörtert. Dabei übermittelte Kaiser Johannes Rohlfs den ehrenvollen Auftrag, für ihn als Missionar des Friedens zu wirken.

Ganz im Gegensatz zum Streben des »eisernen Kanzlers«, das »orientalische Geschwür offen zu halten«, um damit einen günstigen Nährboden zur Entfaltung der Machtansprüche des Deutschen Reiches zu schaffen, sah Rohlfs in Übereinstimmung mit Johannes in der Sicherung des Friedens eine der edelsten und vordringlichsten Aufgaben. Mit einem Beitrag zur Versöhnung der Völker und Bewahrung des Friedens wollte er sein Lebenswerk krönen. Er informiert über die bedeutungsvolle Audienz beim Kaiser von Äthiopien: »Dabei legte er denn auch mir die Frage vor, ob ich als sein Bevollmächtigter für ihn Frie-

Am Tanasee

den schließen wolle. Ich erwiderte, falls meine Regierung dies gestatte, würde ich es als eine große Ehre und für eine meiner schönsten Aufgaben betrachten, Frieden zwischen zwei Völkern zu stiften ... Was in der Tat gab es Schöneres und Edleres, als zwischen zwei großen Ländern Frieden zu schließen, dazu beizutragen, daß man endlich jenen Raubzügen, jenen Plünderungen, jenem Abfangen von Menschen ein Ziel setze! Ist nicht Frieden vermitteln eine der erhabensten Taten? Der Krieg erzeugt das Böse, der Friede das Gute.«

Am 17. Februar 1881 verließ der Kaiser mit seinem Gefolge die Residenz, und Gerhard Rohlfs trat am folgenden Tage die Rückreise an, für die er einen anderen Kurs gewählt hatte, um noch etwas mehr von dem äthiopischen Reich kennenzulernen. Erstes Ziel war der 1830 Meter hoch gelegene, 3100 km^2 große Tanasee, Quellsee des Blauen Nils. Rohlfs lagerte unmittelbar am Ufer des herrlichen Gewässers, das zum erfrischenden Bad einlud. Durch reizvolle Landschaft gelangte man nach der alten Kaiserstadt Gondar, die bis 1850 Hauptstadt und Residenz der Kaiser gewesen war. Rohlfs besichtigte die Ruinen der imposanten Bauten, besonders des Kaiserschlosses, die durch Theodor zerstört worden waren.

Die großartige Gebirgslandschaft, in den Kammlagen eine Region ewigen Schnees, mündete in tropisches Gebiet. Am

19. März wurde die historische Königsresidenz Aksum erreicht. Das alte Aksum war als Hauptstadt des Aksumitischen Reiches, der ältesten Staatsgründung auf äthiopischem Boden (1. bis 7. Jh.), ein wirtschaftliches, politisches und kulturelles Zentrum Ostafrikas. Infolge der arabischen Eroberungen wurde das Aksumitische Reich im 8. Jahrhundert von der Verbindung zum Mittelmeer abgeschnitten und verfiel. Aksum wahrte seine Bedeutung als traditionsreiche heilige Stadt (sie ist noch heute Sitz des äthiopisch-orthodoxen Metropoliten) und als Krönungsort äthiopischer Kaiser. Rohlfs besichtigte die Ruinen der Grab- und Palastbauten, die Überreste der alten Königsresidenz.

Über Adua gelangte er schließlich wieder auf die während des Hinwegs verfolgte Route. In Massaua schlug die Abschiedsstunde von den liebgewordenen äthiopischen Begleitern. Die Trennung fiel allen sehr schwer: »Ja, ich mußte von meinen Abessiniern scheiden! Es rührte mich tief, als ich sie noch weinend am Ufer stehen sah, während der Dampfer sich langsam aus dem Hafen von Massaua entfernte.«

In Suez führte Rohlfs noch einige Gespräche mit dem Khediven und reiste über Neapel nach Friedrichshafen am Bodensee, wo ihn nach nahezu achtmonatiger Trennung seine Frau erwartete. Gemeinsam fuhren sie nach Berlin, wo Rohlfs Kaiser Wilhelm I. und Reichskanzler Bismarck Bericht erstatten mußte. Ende Mai 1881 war das Ehepaar endlich wieder in Weimar und konnte bald das neuerbaute Haus, genannt »Villa Meinheim«, in der Belvedereallee beziehen. Hier hielt auch ein neues Familienmitglied, die wachsame Hündin Bullit, eine Kreuzung von Schakal und Hund, die Rohlfs aus Äthiopien mitgebracht hatte, ihren Einzug. Allerdings übertrieb sie ihre Wachsamkeit allzusehr, so daß bald kein Besucher mehr den Mut aufbrachte, das Grundstück zu betreten. So mußte Bullit schweren Herzens abgeschafft werden. Doch auch ihr Sohn war nicht weniger scharf und als »Rohlfssche Bestie« in ganz Weimar bekannt. Im Hause Rohlfs fehlte es nie an Tieren. Das tierliebe Ehepaar fand in den vierbeinigen Hausgenossen eine unerschöpfliche Quelle der Freude und Entspannung.

Mehr als das in den früheren Wohnungen möglich gewesen war, wurde Villa Meinheim zu einem geistigen Zentrum der Stadt. Im Salon stand ein prächtiger Flügel, auf dem Franz Liszt, Anton Rubinstein und Eugen d'Albert musizierten. Das Reich des Hausherrn waren eine umfangreiche Bibliothek und das Arbeitszimmer. Im Dachgeschoß hatte der Forscher ein kleines Museum eingerichtet, in dem er die Erinnerungsstücke der Reisen unterbrachte. Rohlfs besondere Liebhaberei war eine Schuhsammlung, die er mit Stücken aus aller Welt vervollständigte. Großen Wert besaß auch seine Handschriftensammlung. Den Grundstock dafür legte sein reichhaltiger Briefwechsel mit bedeutenden Persönlichkeiten.

Endlich hatte der Forscher die Voraussetzungen gefunden, sich für einige Jahre ungestört der Auswertung seiner Expeditionen zu widmen. Der Tagesablauf war streng geregelt. Rohlfs stand sehr zeitig auf und ging noch vor dem Frühstück mindestens eine Stunde spazieren, wobei er seinen Tagesplan durchdachte. Danach nahm er ein Bad, las die Morgenzeitung, trank Kaffee, ohne zu essen. Dann begann er in seinem Arbeitszimmer das Tagespensum. Um 11 Uhr wurde gefrühstückt. Etwa um 14 Uhr ging Rohlfs mit seiner Frau und dem Vierbeiner spazieren. Danach begab er sich wieder an die Arbeit, und um 17 Uhr wurde die Hauptmahlzeit eingenommen. Dabei war nicht nur gutes Essen, sondern vor allem auch die Schönheit der Tafel, die stets anregend geschmückt war, von großem Wert. Die hohe Rohlfssche Eßkultur wurde allseits gerühmt. Namentlich die vorzüglichen kleinen Zwischenmahlzeiten waren unübertrefflich.

Nach dem Essen widmete sich Rohlfs dem Literaturstudium. Sein besonderes Interesse galt geographischen, naturwissenschaftlichen und philosophischen Neuerscheinungen. Er beschäftigte sich intensiv mit den Werken Ernst Haeckels, Charles Darwins und des Junghegelianers Emil Strauß. Nur von einer kurzen Ruhepause unterbrochen, setzte er die Arbeit bis 21 Uhr fort. Die Zeit bis Mitternacht war der Geselligkeit und den Musen gewidmet. Rohlfs' besondere Liebe galt der Musik. Deshalb zählten Musiker zu den bevorzugten Gästen. Ihre Bekanntschaft hatte er vor allem der engen Freundschaft mit Franz Liszt zu danken, der Rohlfs tief beeindruckte: »Liszt bezauberte mich sofort. Er war ja eigentlich nicht schön zu nennen, aber er hatte ein Etwas, das in seinem Auge lag, was unwiderstehlich einen jeden anzog. Und später, als ich ihn näher kennen lernte, habe ich die Kraft noch oft erproben können, in steigendem Maße. Namentlich wenn er am Klavier saß, umgeben von einer großen Menge von Anhängern und Schülern, konnte er mit seinem Blick, wenn sich dieser gerade auf einen richtete, eine ordentlich bezaubernde Wirkung ausüben … Die Matineen bei Liszt in der Hofgärtnerei, wo er auch seine Wohnung hatte, bildeten einen der Hauptanziehungspunkte für Weimar. Er war mit Einladungen aber sehr wählerisch, und eigentliche Weimaraner traf man dort fast nie … Wir hatten einmal sogar den Vor-

Bericht über die »Abessinien-Mission«

Meine Mission

nach

ABESSINIEN.

Auf Befehl Sr. Maj. des Deutschen Kaisers

unternommen

von

GERHARD ROHLFS.

Mit zwanzig Bildern und einer Karte.

LEIPZIG.

F. A. BROCKHAUS.

Villa Meinheim in Weimar

zug, Liszt und Rubinstein vierhändig spielen zu hören ... Wir erlebten bei Liszt auch Eugen d'Alberts erstes Auftreten, der damals ein etwa fünfzehnjähriges Bürschchen war.«

Bei Liszt, der die Freuden der Tafel sehr liebte, war die Speisekultur höchst mäßig. Häufig ergaben nur Konserven seine »kalte Behandlung«. Allzugern weilte der Künstler deshalb zu Gast in der Villa Meinheim und genoß die vorzügliche Rohlfssche Küche. Und er wußte, seine Bedürfnisse auf nette, aber unmißverständliche Weise zum Ausdruck zu bringen. So lautete z. B. eine Einladung: »Morgen, Dienstag, gibt es Quartett-Schmaus-Tschaikowsky und Beethoven – nebst Maitrank in der ›Hofgärtnerei‹. Hierzu lade ich Sie und Ihre liebe Frau freundschaftlich ein, und wenn Sie erlauben, gehen wir dann zusammen um fünf Uhr zur Villa Rohlfs dinieren«.

Oder ein anderes Mal: »F. Liszt dankt bestens – erwartet Sie heute (musikalisch) sechs Uhr und kommt mit Vergnügen morgen (dinatorisch) zu Ihnen«.

Unter den vielen berühmten Besuchern des gastlichen Hauses – hier weilten u. a. Heinrich Schliemann, der Entdecker von Troja, Richard Wagner, Hans von Bülow, der »Tiervater« Alfred Edmund Brehm (1829–1884), der sich auch als Reisender in Afrika und Asien einen Namen gemacht hatte, auch Goethes

Enkel, Wolfgang und Walter, sowie deren Mutter Ottilie von Goethe zählten zu dem Freundeskreis – hatten natürlich Fachkollegen, namentlich Afrikaforscher, den Vorrang. Sie fanden sich zum Gedanken- und Erfahrungsaustausch ein. Die Jüngeren unter ihnen, wie Gustav Nachtigal, Wilhelm Junker (1840–1892) und Hermann von Wissmann (1853–1905), holten sich bei Rohlfs manchen Rat. Häufigster Gast war natürlich »Onkel« Georg Schweinfurth, der alle seine Vorhaben mit Rohlfs eingehend beriet. Bei aller Freude der Geselligkeiten, in denen der Humor nicht zu kurz kam, galt als oberstes Prinzip des Hausherrn: »Sammeln, nicht zerstreuen«. Rohlfs haßte einfallslose banale Plaudereien. Seine Gäste sollten nicht nur miteinander sprechen, sie mußten sich auch etwas zu sagen haben. Jedes Gespräch sollte Wissen erweitern. Bei Gesellschaften sorgte Rohlfs dafür, daß es stets einen Vortrag gab, oder daß ein Konzert den festlichen Rahmen bot.

Die allseits geachtete Persönlichkeit des Forschers, seine Redlichkeit und Güte, seine Bescheidenheit und sein Humor, Eigenschaften, die durch die Natürlichkeit und Liebenswürdigkeit von Frau Lony vortrefflich ergänzt wurden, ließen »Villa Meinheim« zu einem wahren Magneten werden.

Bibliothek

Die ihm vom äthiopischen Kaiser übertragene Friedensmission hatte Rohlfs nicht verwirklichen können. Er hatte sich in dieser Angelegenheit an Gordon Pascha (1833–1885) gewandt, der, nachdem er 1877 bis 1879 als Gouverneur des Sudan in ägyptischem Sold gestanden hatte, 1880 in den britischen Kolonialdienst zurückgekehrt war. Von ihm erhoffte sich Rohlfs, der beim Auswärtigen Amt kein Verständnis gefunden hatte, eine seinen Friedensbemühungen dienliche Vermittlung. Obwohl Gordon Pascha Rohlfs' Meinung weitgehend teilte, fanden die Argumente in Ägypten, das nur noch ausführendes Organ des Kabinetts Gladstone war, kein Gehör. Wie sehr Rohlfs sich noch immer die äthiopische Sache zu eigen machte, zeigt ein Brief, den er am 8. August 1882 an die britische Gesellschaft zur Bekämpfung der Sklaverei richtete: »Obgleich ich dem König Johann von Abessinien geschrieben habe, daß ich die Ehre, sein Agent zu bleiben, ablehnen muß, seit England, wie es sich aus einer mir zugehenden direkten Mitteilung des englischen Auswärtigen Amtes ergibt, Ägypten und Abessinien nicht mehr als im Kriegszustande betrachtet, halte ich es doch für nützlich, Ihnen die folgende Betrachtung zu unterbreiten: Das christliche Abessinien kennt die Sklaverei nicht; Ägypten ist eines der Länder, wo der Handel mit Menschenfleisch noch betrieben wird ... Niemand möchte heute zu behaupten wagen, daß Ägypten und Abessinien nicht noch im Kriege sind, und obgleich die Aufmerksamkeit Europas sich auf Oberägypten konzentriert, würde eine aus abessinischen Bergen abgefeuerte Kanonenkugel sie sehr schnell nach Süden wenden. Nichts wäre dem König von Abessinien leichter als von Massowah Besitz zu nehmen, sich den Zutritt zum Roten Meere zu gewinnen und die zwei ihm entrissenen Provinzen Bogas und Menza wieder zu gewinnen. Wenn der schwarze Souverän dies nicht tut, geschieht es nicht aus Mangel an Macht – denn welchen Widerstand könnte ihm eben Ägypten engegensetzen – sondern ganz einfach, weil er immer noch hofft, daß die großen christlichen Mächte zu seinen Gunsten eintreten werden. Und das wäre nur Gerechtigkeit.«

Rohlfs erläuterte seine Vorstellungen einer Friedensregelung in dem Krisengebiet: »Wie General Gordon hervorgehoben hat, was Montenegro zugestanden wurde, den Zutritt zum Meere, sollte Abessinien nicht verweigert werden. Da zu hoffen steht, es werde in kurzer Zeit ein dauerhafter Zustand am Nil hergestellt werden, sollten bei derselben Gelegenheit die Beziehungen zwischen Ägypten und Abessinien geregelt werden.«

Auftakt deutscher Kolonialpolitik. Mit seiner Mission in Äthiopien hatte Gerhard Rohlfs nicht das letzte Mal afrikanischen Boden betreten. Doch auch seine nächste Reise sah ihn nicht mehr als Entdecker, sondern erneut in diplomatischen Diensten. Die deutsche Reichsregierung hatte ihm im Herbst 1884 das Amt des Generalkonsuls in Sansibar übertragen. Bevor wir uns dieser glücklicherweise nur sehr kurzen Episode im Leben des Forschers zuwenden, eine Charakteristik der deutschen Kolonialpolitik, in deren Dienst Gerhard Rohlfs treten sollte. Bis zur Errichtung des Deutschen Reiches hatte die deutsche Bourgeoisie kolonialen Bestrebungen nur geringe Aufmerksamkeit gewidmet. Im Vordergrund ihres Strebens standen unmittelbare Lebensfragen, wie die Errichtung eines inneren Marktes. So war die Zahl der »Kolonialenthusiasten«, die es zweifellos auch in Deutschland gab, bis zum Ende der 70er Jahre nur sehr klein geblieben. Das änderte sich von dem Zeitpunkt an, als die stürmische industrielle Entwicklung ein politisches und ökonomisches Interesse an kolonialen Expansionen hervorrief. Die Vorschläge für Kolonialobjekte häuften sich, wobei diese Wunschträume in Ermangelung der Voraussetzungen zumeist ins Reich der Phantastik führten. Bevorzugte Ziele waren dabei u. a. die Rifküste Nordafrikas, Surinam, die Philippinen, Gambia, Borneo, Kreta, Kuba, Tripolis und auch Gebiete Innerafrikas!

Ende der 70er Jahre hatte sich im Zusammenhang mit der Bildung erster Kartell- und Monopolorganisationen das koloniale Streben einflußreicher Kreise der Großbourgeoisie verstärkt. Unter ihrem Einfluß wurde auch das Kleinbürgertum von der Kolonialbewegung erfaßt, die alsbald auch als Ventil für innenpolitische Probleme diente. Ökonomischer Wegbereiter der Kolonialexpansion war die Handelsbourgeoisie der Hansestädte.

Otto von Bismarck, der zunächst vor allem aus außenpolitischen Erwägungen Zurückhaltung geübt hatte, paßte sich den neuen Erfordernissen an und zeigte sich seit Anfang der 80er Jahre gegenüber den kolonialen Bestrebungen, soweit sie mit den Interessen des Reiches in Übereinstimmung standen, aufgeschlossen. Die von ihm am 14. April 1880 im Reichstag eingebrachte Samoa-Vorlage leitete das Zeitalter der offiziellen deutschen Kolonialpolitik ein. Die Tatsache, daß die Gesetzesvorlage mit 128 gegen 112 Stimmen abgelehnt wurde, kennzeichnet die durchaus noch sehr widersprüchliche Haltung der deutschen Bourgeoisie.

Wegbereiter der kolonialen Praxis war der Bremer Großkaufmann Adolf Lüderitz (1834–1896). Er finanzierte Anfang des Jahres 1883 eine Expedition nach Südwestafrika und erteilte seinem Emissär Heinrich Vogelsang alle Vollmachten zum Erwerb von Ländereien und Besitzrechten. In der Bucht von Angra Pequena an Land gegangen, erhandelte er mit dem lächerlichen Betrag von 100 Pfund Sterling und dem Tauschobjekt von 200 Gewehren von dem Häuptling des Namastammes Joseph Fredericks ein etwa 1400 km^2 großes Gebiet und legte damit das Fundament der späteren deutschen Kolonie Südwestafrika. Wenige Monate später »erwarb« Vogelsang für 500 Pfund Sterling und 60 Gewehre weitere Gebiete. Allmählich brachte Lüderitz nahezu die ganze Küste vom Oranjefluß bis zum Cap Frio unter seine Verfügungsgewalt.

Der Startschuß zum Wettlauf der deutschen Bourgeoisie mit den imperialistischen Rivalen, die bereits einen beträchtlichen Vorsprung hatten, war gegeben. Als Bismarck die Besitzungen des Lüderitz 1883 unter den »Schutz« des Reiches stellte und zur Demonstration des »Rechtsanspruches« die Kriegsschiffe »Elisabeth« und »Leipzig« auslaufen ließ, war auch die staatliche Kolonialexpansion des Deutschen Reiches eingeleitet. Zur Unterzeichnung eines »ordentlichen Schutzvertrages« wurde der seit 1882 in Tunis als Generalkonsul wirkende Afrikaforscher Gustav Nachtigal an Bord des Kanonenbootes »Möwe« als Reichskommissar nach Angra Pequena geschickt. Das Land wurde »zu Ehren« des »Bahnbrechers« Lüderitzbucht genannt. In kurzen Abständen folgten weitere »Erwerbungen«. Am 5. Juli 1884 wurde Togo durch Reichskommissar Gustav Nachtigal zum deutschen Schutzgebiet erklärt. Bereits neun Tage später nahm er im »Namen des Deutschen Reiches« Kamerun, wo die Handelsfirma und Reederei Woermann eine Faktorei unterhielt, in Besitz. Ende Oktober des gleichen Jahres wurden ein Teil von Neuguinea (Kaiser-Wilhelm-Land) und der Bismarck-Archipel im Pazifik deutsche Kolonien. 1885 folgten die Marshallinseln; hier hatte die Hamburger Handelsfirma Hernsheim eine Niederlassung. Seit 1884 trieb der Kolonialist Carl Peters (1856–1918), bezeichnenderweise »Hängepeters« genannt, in Ostafrika sein blutiges Unwesen.

Zur organisatorischen Zusammenfassung aller kolonialen Interessengemeinschaften und Vereine war am 6. Dezember 1882 auf Initiative des Bankiers und späteren preußischen Finanzministers Johannes von Miquel (1828–1901) als Zentralorganisation der Deutsche Kolonialverein ins Leben gerufen worden. Diese Organisation sollte durch nationalistische Agitation dem Gedanken des Kolonialismus in Kreisen der Mittelschichten eine Massenbasis verschaffen und Druck auf den noch immer schwankenden Reichstag ausüben, der wiederum die Regierung zu stärkeren kolonialen Aktivitäten veranlassen sollte.

Die Führung der Organisation lag in den Händen von Hochfinanz, Schwerindustrie und – das allerdings mehr zur Dekoration – der Hocharistokratie. Agitatoren des Kolonialvereins waren nationalistische Intellektuelle, seine Basis war der chauvinistische Mittelstand. Neben Einzelpersonen erwarben auch Interessenverbände und Firmen in corpore die Mitgliedschaft.

Als die Kolonialagitation einen ersten Höhepunkt erreicht hatte, sich nicht mehr mit Worten begnügen wollte und verstärkt auch nach Aktionen drängte, wurde am 28. März 1884 zur Verwirklichung dieses Strebens unter Führung von Carl Peters die »Gesellschaft für Deutsche Kolonisation« gegründet. Hier fanden vorwiegend Glücksritter und Abenteurer, verkrachte Existenzen, die sich möglichst bald bereichern wollten, ihr Betätigungsfeld. Die Führung des Kolonialvereins verhielt sich gegenüber diesen Habenichtsen, die allenfalls für politische Schmutzarbeiten geeignet waren, mehr als reserviert. Erstes Ziel der Petersclique war die Geldbeschaffung für eine Kolonialexpedition. Nach anfänglichen Streitereien über das Zielgebiet setzte sich Peters durch und wurde am 16. September 1884 »bevollmächtigt und beauftragt, an der Ostküste Afrikas, in erster Linie in Usagara, eine Landerwerbung behufs Anlegung einer deutschen Ackerbau- und Handelskolonie zu vollziehen«.

Gleichermaßen bar von Skrupeln und Sachkenntnis, aber dafür um so besitzgieriger, brachen die Abenteurer in Eile auf, um »irgendwo gegenüber Sansibar« ihr Kolonialunternehmen zu starten. Als die Konquistadoren am 17. Dezember 1884 von ihrem 37tägigen Raubzug ins Innere des Landes zurückkehrten, war ein Gebiet von etwa 140 000 km^2 »in Besitz genommen«. Zehn ostafrikanische Dorfhäuptlinge hatten unter ein ihnen unverständliches Schriftstück ein Kreuz gemalt. Die Gesamtkosten der Expedition, einschließlich »Kauf« des Landes, beliefen sich auf 17 000 Mark. Unmittelbar nach der Rückkehr leitete Peters Schritte zur Anerkennung seiner »Erwerbungen« durch die Reichsregierung ein, die inzwischen die Errichtung eines Generalkonsulats in Sansibar, mit dessen Wahrnehmung Gerhard Rohlfs betraut worden war, verfügt hatte.

Selbst dem Abenteurer Peters war es bewußt geworden, daß er aus eigener Kraft keineswegs den Landraub aufrechterhalten und daraus profitieren konnte. Bismarck hatte die Problematik wilder Aktionen deutlich zum Ausdruck gebracht: »Was heißt Erwerbung? Ein Stück Papier mit Negerkreuzen darunter. Die Sicherstellung, soweit sie überhaupt reicht, d. h. gegen europäische Rivalen, liegt erst in unserem Abkommen mit England«.

Im Gegensatz zu den Abenteurern, deren Hauptanliegen die persönliche Bereicherung war, hatte die Reichsregierung bei den Kolonialunternehmungen weiterreichende Konsequenzen zu bedenken. Ihre größere Aufgeschlossenheit gegenüber den afrikanischen Annexionen Mitte der 80er Jahre ergab sich aus der diese Vorhaben begünstigenden außenpolitischen Konstellation: Frankreich war in einen Kolonialkrieg mit China verwikkelt. Zwischen England und Frankreich bestanden seit der englischen Besetzung Ägyptens schwere Differenzen, in denen sich Bismarck gern als Schiedsrichter aufspielte. Englands Kräfte waren weitgehend in den Auseinandersetzungen mit Rußland um Afghanistan gebunden. Doch die internationale Lage war alles andere als stabil, und Bismarck zeigte sich in seiner Außenpolitik, der er die Kolonialpolitik unterordnete, klug genug, diesem Aspekt Rechnung zu tragen. So wurden die ostafrikanischen Kolonien nicht unter das unmittelbare Reichsprotektorat genommen, sondern eine privatrechtliche Gesellschaft erhielt zur Sicherung ihrer Ansprüche am 27. Februar 1885 einen kaiserlichen Schutzbrief. Damit konnte die Regierung bei außenpolitischen Verwicklungen jede Verantwortung für die Kolonie als »Privatangelegenheit« ablehnen, ganz abgesehen davon, daß dem Staatsetat auch Kosten erspart blieben.

So sind in den ersten Jahren der deutschen Kolonialpolitik zwei Arten von Kolonien zu unterscheiden: Kolonien, in denen die Herrschaft des Reiches durch Reichsorgane ausgeübt wurde (Kamerun, Togo, Südwestafrika), und sogenannte Schutzgebiete, die de jure in Händen privater Unternehmer oder Vereinigungen lagen (Deutsch-Ostafrika, Neu-Guinea). Als »Eigentümer« der neuen Kolonie Deutsch-Ostafrika wurde auf Betreiben der Petersgruppe als Zweig der »Gesellschaft für Deutsche Kolonisation« im Februar 1885 die »Deutsch-Ostafrikanische Gesellschaft« gegründet. In der neuen Vereinigung war der Vorstand unter sich und hoffte, mit dem Geld der betrogenen Mitglieder das große Geschäft zu machen. Damit mehr Einnahmen in die Kasse kamen, wurde versucht, für das »erworbene« Kolonialland Käufer zu werben. In unzähligen Broschüren wurde die Trommel gerührt, um Dumme zu finden. Es schien das reinste Schlaraffenland zu sein, das da der Käufer harrte. »Die Erde ist so fruchtbar, daß sie die Arbeiten des Menschen fast überflüssig macht«, wurde ebenso propagiert wie der Hinweis, daß unvorstellbarer Reichtum an Mineralien und Erzen nur darauf wartete, geborgen zu werden. Obwohl der erhoffte Andrang kapitalkräftiger Interessenten ausblieb, fanden sich doch genug Gutgläubige, die auf den Schwindel hereinfielen.

So besuchte den überraschten Generalkonsul Rohlfs im Mai 1885 ein Gutsbesitzer aus dem Kreise Löbau, der in Berlin

15 000 Morgen ostafrikanisches Land erworben hatte und nun erstaunt zur Kenntnis nehmen mußte, daß diese Angelegenheit, die sich keineswegs so gestaltete, wie es die Werbebroschüren, denen er auf den Leim gegangen war, angepriesen hatten, »Privatsache« sei und nicht in die Obliegenheiten des Reiches gehörte. Mit aller Entschiedenheit protestierte Rohlfs wiederholt gegen die betrügerischen Machenschaften: »Wie ich gehört habe«, schrieb er am 29. 6. 1885, »verkauft Dr. Peters Land in Berlin. Das ist der reine Schwindel. Die Leute, die in Berlin in Usagara gelegenes Land kaufen, werden sich schön umsehen, wenn sie dahin kommen.«

Als Generalkonsul von Sansibar. An Bord der Panzerfregatte »Bismarck« hatte sich Gerhard Rohlfs am 27. Oktober 1884 auf die Reise begeben, um sein neues Amt anzutreten. Es darf keineswegs verschwiegen werden, daß die Reichsregierung sich nicht unberechtigte Hoffnungen machte, in ihm den richtigen Mann gefunden zu haben. Hatte Rohlfs doch in seinem 1884 veröffentlichten Buch »Angra Pequena« die »Erwerbung« der ersten deutschen Kolonie in Afrika durch Lüderitz lebhaft gefeiert: »Ein freudiges Gefühl durchbebte die Brust eines jeden Deutschen, als im Sommer 1883 die Zeitungen die wunderbare Mär verkündeten, ein Deutscher habe ein bisher unabhängig gewesenes Gebiet an der Westküste von Afrika als eigen erworben.«

So war man auf ihn aufmerksam geworden. Zur völligen Absicherung, daß er nicht wie in Äthiopien von humanitären Gefühlen getrieben, eigene Wege ginge, die schwerlich in das Konzept der Kolonialpolitik einzuordnen waren, hatte man ihm zunächst die Ausarbeitung einer Studie über Ostafrika übertragen. Nach näherer Beschäftigung mit der Problematik, wobei er sich jedoch auf höchst lückenhafte und, wie es sich erweisen sollte, ebenso fragwürdige Quellen stützen mußte, legte Rohlfs am 31. August 1884 seine Denkschrift »Über die Zustände an der Ostküste Afrikas« vor. Darin empfahl er vor allem eine Aktivierung der wirtschaftlichen Kontakte durch die Errichtung von Faktoreien, insbesondere an der Küste Somalias. Mit seiner Ausarbeitung hatte er den verantwortlichen Instanzen den Beweis erbracht, für die vorgesehene Funktion geeignet zu sein, und der Berufung zum ersten deutschen Generalkonsul für Sansibar schien nichts mehr im Wege zu stehen. Dabei beging man jedoch den Fehler, sich ausschließlich von den theoretischen Erwägungen des Amtskandidaten leiten zu lassen, die er fern von den konkreten örtlichen Bedingungen, noch dazu unter fal-

Sansibar

schen Informationsvoraussetzungen am Schreibtisch, fixiert hatte. Wie er sich in der Praxis, die eine alsbaldige Korrektur der Fehlinformationen bewirken mußte, »bewähren« würde, stand offen. Zweifellos hatte Rohlfs, noch von patriotischen »Wallungen« getrieben, das Kanonenboot betreten. Doch angesichts des militärischen Gehabes an Bord des Kriegsschiffes sind diese Gefühle offenbar mehr und mehr verebbt, denn noch am Anfang der Reise verließ der »Patriot« in Madeira kurzerhand die »schwimmende Bastion« des Deutschen Reiches und zog es vor, auf einen zivilen englischen(!) Dampfer überzuwechseln, der ihm Ruhe und Bequemlichkeit bot. Eine Brüskierung der Kaiserlichen Admiralität, ein unverzeihlicher Fauxpas, der die Reichsregierung schockieren mußte und den Anfang vom Ende seiner noch nciht einmal begonnenen diplomatischen Karriere einleitete. Rohlfs hatte offenbar auch wenig Eile, sein Amt anzutreten. Auf St. Helena besuchte er Napoleons letzte Zufluchtsstätte, weilte mehrere Wochen an der Lüderitzbucht und traf schließlich Anfang Dezember in Kapstadt ein. Als Gast einiger englischer Herren verlebte er hier wiederum einige schöne Tage. Anfang des neuen Jahres brachte das Kriegsschiff »Gneisenau« den Generalkonsul endlich mit dem gebührenden Schneid an den Bestimmungsort. Am 27. Januar 1885 traf Rohlfs in Sansibar ein, seine Frau Lony folgte auf direktem Wege, um den Hausstand einzurichten.

Sansibar war bereits im Altertum als Handelszentrum bekannt. Mit Beginn des 8. Jahrhunderts ließen sich hier Araber nieder, und auch an der afrikanischen Ostküste entstanden zwischen Mogadischu und Sofala eine Anzahl Sultanate und Stadtstaaten. Diese wurden zwischen 1498 und 1520 von den Portugiesen erobert, die 1503 auch die Insel Sansibar in Besitz nahmen. Mit Hilfe der omanischen Seemacht waren Ende des 17. Jahrhunderts die Eindringlinge zunächst von der Küste und schließlich auch von der Insel vertrieben worden. Damit unterwarfen die Herrscher Maskat-Omans das Küstengebiet vom Kap Guardafu bis zum Kap Delgado ihrem Einfluß, ohne jedoch im 18. Jahrhundert ihre Stützpunkte ausbauen und festigen zu können.

Aus verschiedenen dynastischen Zwistigkeiten als Sieger hervorgegangen, baute Sayyid Said zu Beginn des 19. Jahrhunderts Insel und Stadt Sansibar zum Machtzentrum des neuen etablierten Reiches von Maskat-Oman aus. Die Verlegung der Residenz von Maskat nach Sansibar und die damit verbundene forcierte Einwanderung der arabischen Aristokratie, die sich mit den ansässigen arabischen Grundbesitzern und Kaufleuten verband, bewirkte auf der Insel entscheidende sozialökonomische Wandlungen.

Die indigene Bevölkerung wurde von den Neuankömmlingen aus den fruchtbaren Gebieten in weniger ergiebige Regionen verdrängt. Der Sultan teilte die gewonnenen Ländereien als eine Art feudaler Kronlehen unter der arabischen Eroberer-Aristokratie auf. Die Großplantagen wurden von aus dem Festland stammenden Sklaven bearbeitet, die bereits Mitte des Jahrhunderts infolge des intensivierten Sklavenhandels mehr als ein Drittel der Inselbevölkerung ausmachten. Um 1870 hatte sich ihre Zahl auf etwa 100000 erhöht.

Neben der einheimischen Landbevölkerung, die den ihr verbliebenen Boden in Dorfgemeinschaften kollektiv nutzte, gab es im Sultanat noch freie städtische Bevölkerungsschichten, die als Handwerker, Kleinhändler, Hafenarbeiter und Seeleute tätig waren.

Das Sultanat war ein Feudalstaat, in dem der über den Grund und Boden verfügende Sultan, der selbst der größte Grundbesitzer war, gestützt auf die arabische Oligarchie, nahezu absolutistische Macht ausübte.

Nach dem Tode Sayyid Saids zerfiel das Reich in voneinander unabhängige afrikanische und asiatische Sultanate, was auf die sozialökonomischen Machtverhältnisse der Insel ohne Einfluß war.

Die herrschende arabische Aristokratie und die Schicht der

Fernhändler, die bereits 1738 mit der britischen Ostindien-Kompanie einen Handels- und »Freundschaftsvertrag« abgeschlossen hatten, gerieten auf Grund ihrer frühen ökonomischen Bindung an den kapitalistischen Weltmarkt in zunehmende Abhängigkeit von den europäischen Industriestaaten, deren Interessengegensätze in Ostafrika und Sansibar aufeinanderstießen.

Während Sayyid Said auf der Grundlage seiner relativ gefestigten sozialökonomischen Machtbasis von den rivalisierenden Mächten noch im gewissen Umfang eigene politische und ökonomische Initiativen zugestanden worden waren, wurde das Sultanat unter seinen Nachfolgern zum Spielball der Kolonialmächte.

Englische und französische Handelshäuser hatten sich seit 1830 durch Handelsverbindungen mit dem Sultanat, die in Handels- und »Freundschaftsverträgen« – der erste wurde allerdings 1833 durch die USA abgeschlossen – fundiert wurden, die Wahrung ihrer Interessen gesichert.

Hanseatische Kaufleute weilten seit Ende der 40er Jahre am Hofe des Sultans, mit dem sie 1859 einen Vertrag abschlossen, der 1868 auf die Staaten des Norddeutschen Bundes und 1871 auf das Deutsche Reich ausgedehnt wurde. Im Wettlauf der kapitalistischen Mächte verstärkte die deutsche Bourgeoisie ihre kolonialpolitischen Ambitionen und erstrebte seit 1880 ein Berufskonsulat. (Die Konsuln nahmen in Sansibar praktisch die Stellung von Gesandten ihrer Länder ein.) Zunächst wurden von einer Reihe Kennern des Landes (Forscher, Missionare, Kauf- und Seeleute) durch das Auswärtige Amt Gutachten angefordert, mit dem Resultat, daß es durchaus wünschenswert sei, ein Konsulat einzurichten. Gustav Nachtigal war für dieses Amt vorgesehen. Die Angelegenheit geriet in den langwierigen Instanzenweg der preußischen Amtsbürokratie und wurde nach längerer Verschleppung erst im Sommer 1884 erneut aufgegriffen. Da Nachtigal jetzt bereits als kaiserlicher Kommissar in Togo und Kamerun tätig war, man aber gern einen international angesehenen Forscher für dieses Amt einsetzen wollte, fiel die Wahl schließlich auf Gerhard Rohlfs. Er erhielt die Instruktion, vornehmlich »das freundschaftliche Verhältnis mit dem Sultan weiter (zu) entwickeln«, um schließlich den Abschluß eines günstigen Handelsvertrages einzuleiten.

Die Durchsetzung dieser Politik war allerdings nur durch eine Veränderung der Haltung des seit 1870 herrschenden Sultans Bargash bin Said gegenüber Großbritannien denkbar. Die Rohlfs gegebene Orientierung basierte auf einer Fehlinformation, die der Afrikareisende Wilhelm Joest dem Auswärtigen

Amt übermittelt hatte. Danach wünschte der Sultan angeblich eine engere »Anlehnung an Deutschland«. So vermittelte das Auswärtige Amt Gerhard Rohlfs die Fehleinschätzung, »daß der Sultan die Bevormundung Englands, d. h. des britischen Generalkonsuls Sir John Kirk, gründlich verabscheue, daß die deutschen Kaufleute die erste Rolle spielten und der Sultan sie überhaupt bevorzöge und lieber hätte als die Engländer«. Nur zu bald mußte Rohlfs, konfrontiert mit der Wirklichkeit, feststellen, daß diese Auffassung völlig unrealistisches Wunschdenken war. Rohlfs war auch nicht der Mann, der geeignet und geneigt gewesen wäre, wenn der Sultan keine Ambitionen zeigte, die englische gegen die deutsche Bevormundung auszutauschen, den Rivalen John Kirk, der, wie er feststellen konnte, bei Sultan Said Bargash eine »Vertrauensstellung« besaß, durch Intrigen und Ränkespiele zu verdrängen. Im Gegenteil, er bemühte sich, ungeachtet der sich vertiefenden britisch-deutschen Gegensätze, um ein gutes persönliches Einvernehmen und nahm Kirks Angebot, ihn zeitweilig bei einem befreundeten englischen Arzt unterzubringen, dankbar an. Rohlfs sah in Kirk keinen Kontrahenten, sondern vor allem einen Forscherkollegen. John Kirk hatte in Begleitung Livingstones 1858 bis 1863 am Sambesi geweilt und war 1866 als Konsularzt und Vizekonsul nach Sansibar berufen worden, wo er den häufig erkrankten Konsul vertreten und schließlich im Dezember 1870 dessen Amt übernehmen mußte. Am 1. August 1873 wurde er zum Generalkonsul ernannt und hatte diese Funktion bis zum Jahre 1886 inne.

Nach Fertigstellung des deutschen Konsulatsgebäudes wurde es vor allem dank der Gastfreundschaft von Lony Rohlfs zu einem Ort der Geselligkeit und des Gedankenaustauschs. Hier hatte kein harter Kämpfer für die »deutsche Sache« Einzug gehalten, hier amtierte ein von Toleranz erfüllter Forscher, der sich um Ausgleich und friedliche Beziehungen bemühte. Das Auswärtige Amt wartete vergebens auf Vollzugsmeldungen und Siegesberichte. Dessenungeachtet rief natürlich die Einrichtung eines deutschen Generalkonsulats, über dessen Zielstellung es keine Zweifel geben konnte, in Großbritannien große Aufregung hervor.

Kontroversen zwischen dem Sultan und Rohlfs wurden wehiger wegen der von ihm betriebenen Durchsetzung von Interessen des Deutschen Reiches hervorgerufen, sondern waren in Rohlfs' konsequenter Ablehnung der Sklaverei begründet. Noch in der ersten Hälfte des 19. Jahrhunderts hatten Sklaven das wichtigste Handelsobjekt Sansibars gebildet. Und obwohl laut Verfügung vom 5. Juni 1873 der Sklavenhandel offiziell verboten worden war, ging der illegale Handel durchaus mit Wissen des Sultans in erheblichem Umfang weiter. Rohlfs war geneigt, zur Unterbindung des Sklavenhandels Sanktionen gegen den Sultan zu verhängen. Das aber lag nicht in seinem Kompetenzbereich, und vor allem deshalb wurde er von Bismarck scharf gerügt: »Außerhalb Ihrer Aufgaben liegt die Beteiligung an der Anti-Sklaverei-Politik der Engländer ... Ihr Vorschlag, unberufener Weise aus angeblich philanthropischen Gründen in dieser Frage gegen den Sultan vorzugehen, ist absolut unvereinbar mit Ihrer ersten Aufgabe, Freundschaft mit demselben zu pflegen.«

Bismarck verharrte noch in der unrealistischen Hoffnung, die Engländer aus der Vorzugsstellung verdrängen zu können.

Protagonist eines gewaltsamen Vorgehens gegen den Sultan war Carl Peters. Es besteht kein Zweifel darüber, daß zwischen der Rohlfsschen Mission und der Kolonialexpedition des Peters keinerlei ursächlicher Zusammenhang besteht. Als Rohlfs in Sansibar eintraf, hatten die Konquistadoren in Ostafrika bereits vollendete Tatsachen geschaffen. Durch hemmungslose Hetze versuchte Peters, in Deutschland gegen Sansibar eine chauvinistische Bewegung auszulösen, die Bismarck zu bewaffneten Aktionen veranlassen sollte. Für den Kanzler aber hatten Probleme der europäischen Machtpolitik Vorrang. Hier wollte er vor allem die deutschen Positionen festigen. Allerdings hatte das, wie folgende Bemerkungen beweisen, nicht das geringste mit Antikolonialismus zu tun: »Wir können uns nicht in das Schlepptau der Gesellschaft und ihres unbegrenzten Annexionsdranges nehmen lassen, der Weg der Verständigung mit England und Frankreich würde dadurch ungangbar werden können. Die Gesellschaft mag nehmen, was sie ohne unsere Ermunterung und Einmischung zu nehmen sich getraut, wir werden dann später sehen, was wir amtlich decken können.«

Eine solche amtliche Sanktion war der Kaiserliche Schutzbrief. Als der Sultan die deutsche »Schutzherrschaft« nicht anerkennen wollte, ließ Bismarck mit einer Flottendemonstration dem Anliegen »größeren Nachdruck verleihen«. Nicht schießen, nur drohen, befahl er. Doch ist der erste verhängnisvolle Schritt erst getan, sind bewaffnete Interventionen nicht mehr auszuschließen. Es muß festgestellt werden, daß Rohlfs keineswegs dazu beitrug, die sich zuspitzende Krise zu entschärfen, doch hatte er andererseits, als die erpresserische Flottenaktion mit dem Einlaufen des deutschen Geschwaders in den Hafen von Sansibar am 7. August 1885 begann, die Insel bereits verlassen. An den Zwangsmaßnahmen, die den Sultan zur Kapitulation nötigten, war er keinesfalls beteiligt. Nach einem nur 5monatigem »Gastspiel« als Generalkonsul war er abberufen worden. Die Akten schweigen darüber, ob er den »Ultras« vom Schlage Peters' zu wenig forsch war. Nachzuweisen ist, daß er den Vertretern der Handelsbourgeoisie in Sansibar, und die waren vor allem Nutznießer des »harten Kurses«, wie die Notiz eines Vertreters der Firma Hansing belegt, äußerst ungelegen war: »Wir sehen Rohlfs gerne scheiden, der Generalkonsul mag in seinem Metier – dem Reisen – am Platze gewesen sein, zum Diplomaten taugt er nicht.«

Auch die Art und Weise, wie seine Amtsenthebung vonstatten ging, bestärkt die Vermutung, daß Rohlfs der Intervention reaktionärer Kräfte weichen mußte (was allerdings für ihn nicht von Nachteil war). Rohlfs wurde zu einer angeblichen Berichterstattung nach Berlin gerufen. In der Annahme, es handle sich tatsächlich nur um einen Routinerapport, ließ er seine Frau in Sansibar zurück und begab sich am 8. Juli 1885 auf die Reise. Bei einem Gespräch mit deutschen Offizieren erfuhr er zufällig bereits in Aden, daß sein Nachfolger schon in Sansibar eingetroffen sei. Im Auswärtigen Amt wurde ihm das, ohne ihn über die Gründe der Abberufung zu informieren, bestätigt. Für das »großzügige Angebot«, ihn mit einer anderen Aufgabe zu betrauen, dankte Rohlfs entschieden. Im Grunde war er froh, daß die seinem Wesen und Streben zutiefst fremde Episode ein Ende gefunden hatte, und er telegraphierte seiner noch immer in Sansibar weilenden Frau, sie möchte sofort in die Heimat zurückkehren.

Nach Rohlfs' Abberufung nahm das Geschehen in Ostafrika im Interesse der »deutschen Sache« einen rasanten Verlauf. Das deutsche Geschwader »überzeugte« den Sultan nicht nur von der »Gültigkeit« des Kaiserlichen Schutzbriefes, mehr noch, er »sah alsbald ein«, daß es durchaus in seinem Interesse lag, auch die Häfen Dar es Salam und Pangani dem »Schutz« der Deutschen zu unterstellen, die im Jahre 1888 auch die »Verwaltung« der Küstengebiete übernahmen.

Letzte Jahre. Fazit. Das Ehepaar Rohlfs war nach Weimar zurückgekehrt, und der Forscher nahm seine wissenschaftliche Arbeit wieder auf, die nur durch kurze Vortragsreisen, die aber nicht mehr über die deutschen Grenzen hinausführten, unterbrochen wurden. Aus gesundheitlichen Gründen zog er es vor, in ein klimatisch wärmeres Gebiet umzusiedeln. Dabei spielte auch die Notwendigkeit, sich finanziell einschränken zu müssen, eine wesentliche Rolle. Bei Bad Godesberg bezog Gerhard Rohlfs im Jahre 1890 eine kleinere Villa, in der er mit seiner Frau den Lebensabend ruhig und zufrieden verbrachte und

Villa Meinheim in Godesberg

noch immer ein gastliches Haus führte. Allerdings waren die Besucher jetzt vor allem Familienangehörige. Trotz eifrigen Zuredens seiner Frau konnte er sich nicht dazu entschließen, seine Lebenserinnerungen zu schreiben oder zu diktieren.

Die Strapazen der Forschungsreisen forderten mit zunehmendem Alter ihren Tribut. Während eines Kuraufenthalts erlitt Gerhard Rohlfs im Jahre 1894 in Wiesbaden einen Schlaganfall, dessen Folgen er nicht mehr überwinden konnte. Im Juni 1895 beging das Ehepaar im kleinen Kreis das Fest der silbernen Hochzeit. Wenige Monate später versagte dem noch immer intensiv geistig arbeitenden Forscher nach erneutem Schlaganfall die Sprache, und am 2. Juni 1896 verstarb er fünfundsechzigjährig an Herzlähmung. Seine Frau überlebte ihn um vierzig Jahre.

Zwei Jahrzehnte seines Lebens hatte Gerhard Rohlfs der Erforschung des afrikanischen Kontinents gewidmet. Dabei vermochte er im Ergebnis von sechs Forschungsreisen, bei denen er mehr als 15 000 Kilometer unwegsames Wüstengebiet durch-

Gerhard Rohlfs 1895

zogen hatte, weite Teile der Sahara zu erschließen. Noch vor seiner großen Afrikadurchquerung (1865–1867), die ihn von Tripolis bis zum Golf von Guinea geführt und in aller Welt bekannt gemacht hatte, war es ihm auf seinen Streifzügen durch Marokko gelungen, die bisher in Europa unbekannte Oase Tafilelt zu entdecken (1862) und die Erstbeschreibung der Tuatoasen zu geben.

Weitere Expeditionen waren dem Gebiet der östlichen Sahara, vor allem der Libyschen Wüste gewidmet. Zu seinen bahnbrechenden Leistungen zählt die Erforschung der Oasen Audjila, Djalo und Siwa (1868–1869), Dachla, Farafra und Baharije (1873–1874). Seine aufsehenerregendste Tat war das Vordringen bis zu den geheimnisumwitterten Kufra-Oasen (1878–1879). Gerhard Rohlfs hat Entscheidendes zur geographischen Erkundung des afrikanischen Kontinents beigetragen und wird mit vollem Recht neben Heinrich Barth zu den größten deutschen Afrikaforschern gezählt.

Rohlfs war einer der letzten klassischen Afrikaforscher, die selbstlos in friedlicher Absicht im Dienste der Wissenschaft ohne großen Aufwand allein oder mit nur wenigen Begleitern den Weg in unerforschte Weiten antraten.

In Ermangelung wissenschaftlicher Instrumente und der entsprechenden Vorbildung waren ihm minutiöse Messungen und detaillierte wissenschaftliche Beobachtungen nicht möglich. Wo ihm, wie bei der Kufra-Expedition, die entsprechenden Hilfsmittel zur Verfügung standen, waren auch die wissenschaftlichen Detailergebnisse exakter. Hauptanliegen seiner Arbeit war das Studium der Menschen und ihrer sozialen und wirtschaftlichen Lebensbedingungen. Das gelang ihm beispielhaft. Vor allem war er bereit und in der Lage, seine Beobachtungen anschaulich und fesselnd einem großen Leserkreis zugänglich zu machen. Mit seinen Reiseberichten war Gerhard Rohlfs der meistgelesene und populärste deutsche Afrikaforscher des 19. Jahrhunderts.

Dort, wo er das unmittelbare praktische Erleben schildert, ist er auf der Höhe seiner Schaffenskraft, dort, wo er den Versuch unternimmt, theoretische gesellschaftspolitische Konsequenzen abzuleiten, sowie in einigen, nach Abschluß seiner Forschungslaufbahn entstandenen Spätwerken und Artikeln verläßt er den Boden der Wissenschaftlichkeit, bietet er den Kolonialapologeten Ansatzpunkte für entstellende Interpretationen. In praxi unterlag Rohlfs dieser Gefahr jedoch nie. Er lebte unter den afrika-

Heft 4. Band XIX.

Deutsche

Geographische Blätter.

Herausgegeben von der

Geographischen Gesellschaft in Bremen.

Beiträge und sonstige Sendungen an die Redaktion werden unter der Adresse
Geographische Gesellschaft in Bremen
erbeten.

Gerhard Rohlfs.

1831—1896.

Von W. Wolkenhauer.

Am 2. Juni d. J. starb zu Rüngsdorf bei Godesberg a. Rh. Dr. Gerhard Rohlfs in seinem 66. Lebensjahre; in ihm verloren die deutschen Afrikareisenden ihren Altmeister, verlor die Afrikaforschung einen ihrer bekanntesten und verdienstvollsten Vertreter. Der Verstorbene hat viel für die Erforschung Afrikas, insbesondere für die Kenntnis der Nordhälfte des schwarzen Erdteils geleistet: die von ihm durchzogenen Gebiete erstrecken sich vom Atlantischen Ozean, dem meerumbrandeten öden Küstensaum und den Oasen und Hochthälern Abessiniens und von den Gestaden des Mittelmeers bis zum Golf von Guinea. Mit Recht galt er als der beste Kenner der Wüste Sahara unter allen deutschen und fremden Afrikareisenden.

In allen Blättern unsrer Tagespresse und besonders in den geographischen Zeitschriften des In- und Auslandes ist deshalb denn auch seiner bei der Kunde von seinem Tode ehrend gedacht, und kürzere wie längere Nachrufe sind ihm in grofser Zahl gewidmet.[1])

Wenn unsre Zeitschrift es als eine Ehrenpflicht ansieht, von dem Lebenslaufe Gerhard Rohlfs in ihren Blättern eine etwas ausführlichere Darstellung zu geben, so glaubt sie dazu vor vielen

[1]) Unter den mir bekannt gewordenen Nachrufen hebe ich folgende hervor: Petermanns Mitteilungen, 1896, Heft 6, von H. Wichmann. — Globus, LXX. Bd., Nr. 2, von W. Wolkenhauer. — Geographical Journal, Vol. VIII, Heft 2., von E. G. Ravenstein. — Deutsche Rundschau f. Geogr. und Statistik, 18. Bd., S. 518-522, mit Porträt, von W. Wolkenhauer. — Weser-Zeitung, 1896, Nr. 17 793, von M. L. — Kölnische Zeitung, 1896, Nr. 525. — Beilage zur Allgemeinen Zeitung, 1896, Nr. 140, Rohlfs Bedeutung als Afrikaforscher, von H. S. — Sonntagsbeilage Nr. 24 und 25 zur Vossischen Zeitung, 1896, Nr. 275 und 287, von Georg Schweinfurth. — Neue Preufsische Kreuz-Zeitung, 1896, Nr. 323, 325 und 327, von Gottlob Adolf Krause. — Leipziger Illustrierte Zeitung, 1896, Nr. 2763 mit Porträt.

nischen Menschen, die ihm Hilfe und Unterstützung zuteil werden ließen. Auftretende Schwierigkeiten wußte er richtig als Reaktion eines von Interventen verfolgten Volkes zu werten und stellte sein Handeln darauf ein.

Kritikwürdig ist auch sein zeitweiliges Unterliegen der – ähnlich dem »Hurrapatriotismus« bei Ausbruch des 1. Weltkriegs – entfesselten nationalistischen Woge kolonialen Expansionsdranges, die sogar unter dem demagogischen Deckmantel des »sozialen Kolonialismus« ihr Unwesen trieb und das deutsche Bürgertum und Kleinbürgertum, insbesondere weite Kreise der Intelligenz, erfaßt hatte. So war z. B. auch Ernst Haeckel eifriger Verfechter expansionistischer Ansprüche, ganz zu schweigen von den Elaboraten »deutscher Dichter und Denker«, allen voran Felix Dahn, dessen kolportagehaften chauvinistischen Machwerke die Bücherschränke füllten. Rohlfs fehlte der Kontakt zu den progressiven gesellschaftlichen Kräften, als deren Exponent August Bebel in seiner großen Reichstagsrede am 26. Januar 1889 dem Kolonialismus die Maske vom Gesicht riß: »Wer ist denn diese Ostafrikanische Gesellschaft? Ein kleiner Kreis von Großkapitalisten, Bankiers, Kaufleuten und Fabrikanten, d. h. ein kleiner Kreis von sehr reichen Leuten, deren Interessen mit den Interessen des deutschen Volkes gar nichts zu tun haben, die bei ihrer Kolonialpolitik nichts als ihr eigenes persönliches Interesse im Auge haben, die ... nur den Zweck hatten, auf Grund größerer Mittel gegenüber einer schwächeren Bevölkerung sich auf alle mögliche Weise zu bereichern. Einer solchen Kolonialpolitik werden wir nie unsere Zustimmung geben. Im Grunde genommen ist das Wesen aller Kolonialpolitik die Ausbeutung einer fremden Bevölkerung in der höchsten Potenz. Wo immer wir die Geschichte der Kolonialpolitik in den letzten drei Jahrhunderten aufschlagen, überall begegnen wir Gewalttätigkeiten und der Unterdrückung der betreffenden Völkerschaften, die nicht selten schließlich mit deren vollständiger Ausrottung endet. Und das treibende Motiv ist immer Gold, Gold und wieder nur Gold zu erwerben. Und um die Ausbeutung der afrikanischen Bevölkerung im vollen Umfange und möglichst ungestört betreiben zu können, sollen aus den Taschen des Reichs, aus den Taschen der Steuerzahler Millionen verwendet werden, soll die Ostafrikanische Gesellschaft aus den Mitteln des Reichs unterstützt werden, damit ihr das Ausbeutungsgeschäft gesichert wird.«

Zu einer solchen klaren Position konnte Gerhard Rohlfs auf Grund seiner Herkunft, sozialen Lage und fehlender Verbindung zu progressiven Kräften nicht gelangen. Ihm das aus heutiger Sicht anzulasten wäre unhistorisch und ungerecht.

Letzte Ruhestätte

Die fehlende Einsicht in die gesellschaftlichen Zusammenhänge versagte es Rohlfs, die schamlose Kolonialpolitik der Eroberer zu durchschauen, die den Forschern folgten, um Land und Bevölkerung zu unterwerfen. So war er im September 1876 dem Ruf des belgischen Königs Leopold II. gefolgt, der Afrikareisende und die Vorsitzenden der Geographischen Gesellschaft nach Brüssel eingeladen hatte, um zu beraten, wie Afrika

»Freiheit und Kultur, Licht und Zivilisation gebracht werden könne«. Es ist erstaunlich, mit welcher Arglosigkeit Rohlfs und andere Wissenschaftler den Winkelzügen Leopolds II. Glauben schenkten. Er nannte den Eroberer in seinem Konferenzbericht einen »hochherzigen Menschenfreund« und war von dessen angeblichem Streben, die Sklaverei abzuschaffen und zivilisatorisch-humanitäre Ziele zu verfolgen, überzeugt. Als während der Brüsseler Beratungen jedoch voreilige Heißsporne, wie Admiral Heath, unzweideutig die Absicht erkennen ließen, die »Segnungen der Zivilisation« mit Gewalt zu verbreiten, mahnte Rohlfs, nicht mit Macht, sondern mit »moralischer Superiosität« zu wirken. Gemeinsam mit seinen deutschen Forscherkollegen Schweinfurth und Nachtigal, die ebenfalls der Einladung gefolgt waren, betonte er im Gegensatz zu der englischen Fraktion, die offen ökonomische Ziele proklamierte, das wissenschaftliche Anliegen. Nachtigal ließ sich freilich in das Exekutiv-Komitee der in Brüssel unter Leopolds Vorsitz gebildeten internationalen Kommission wählen und beschritt damit einen Weg, der folgerichtig zu seinen späteren kolonialen Aktivitäten in Togo und Kamerun führte.

Rohlfs, dessen Expeditionen unter größten Mühen und Entbehrungen, gleichsam »im Alleingang« vonstatten gegangen waren, kehrte aus Brüssel mit der Hoffnung zurück, er und andere Forscher könnten künftig, gestützt auf ein internationales Potential, im Interesse der Wissenschaft ihre Kräfte vervielfachen. Ein tragischer Irrtum, dessen er sich letztlich nie bewußt wurde.

Entscheidend aber ist, Gerhard Rohlfs wurde nie zum Apologeten des Kolonialismus, sondern er trug mit seinem Werk wesentlich dazu bei, das Wissen um die Völker des afrikanischen Kontinents zu erweitern. Den Widerspruch zwischen seinem humanitären Anliegen und der gesellschaftlichen Wirklichkeit fühlte er, doch vermochte er ihn weder zu erkennen, geschweige denn zu seiner Lösung beizutragen. So verfiel er nach seinem diplomatischen Zwischenspiel zunehmend der Vereinsamung, in der er sich auf enge Lebensbereiche zurückzog und zu widersprüchlichen und anfechtbaren theoretischen Auffassungen gelangte, ohne jedoch jemals in intellektuelles Kolonialgeschrei einzustimmen. Gerhard Rohlfs bietet so das Beispiel eines widersprüchlichen, aber in seiner Grundhaltung humanistischen bürgerlichen Wissenschaftlers. Sein erkenntnisförderndes Werk, in dem er sich zu dem humanitären Auftrag des Forschers bekennt, zählt zu unserem wissenschaftlich-kulturellen Erbe, zu dessen kritischer Aneignung versucht wurde, einen Beitrag zu leisten.

Anhang

Literaturverzeichnis

Werke von Gerhard Rohlfs (in zeitlicher Folge des Erscheinens)

Reise durch Marokko, Übersteigung des großen Atlas, Exploration der Oasen von Tafilelt, Tuat und Tidikelt und Reise durch die große Wüste über Rhadames nach Tripolis. Norden 1868.
Im Auftrage Sr. Majestät des Königs von Preußen mit dem Englischen Expeditionskorps in Abessinien. Bremen 1869.
Land und Volk in Afrika. Bremen 1870.
Von Tripolis nach Alexandria. Band 1–2. Norden 1871.
Mein erster Aufenthalt in Marokko und Reise vom Atlas durch die Oasen Draa und Tafilelt. Bremen 1873.
Quer durch Afrika. Reise vom Mittelmeer nach dem Tschad-See und zum Golf von Guinea. Band 1–2. Leipzig 1874–1875.
Drei Monate in der libyschen Wüste. Cassel 1875.
Beiträge zur Entdeckung und Erforschung Afrikas. Berichte aus den Jahren 1870–1875. Leipzig 1876.
Kufra. Reise von Tripolis nach der Oase Kufra, ausgeführt im Auftrage der afrikanischen Gesellschaft in Deutschland. Leipzig 1881.
Neue Beiträge zur Entdeckung und Erforschung Afrikas. Cassel 1881.
Expedition zur Erforschung der Libyschen Wüste unter den Auspizien Sr. H. d. Chedive von Ägypten im Winter 1874/1875 ausgeführt. Cassel 1883.
Meine Mission nach Abessinien. Auf Befehl Sr. Maj. des deutschen Kaisers, im Winter 1880/1881 unternommen. Leipzig 1883.
Angra Pequena. Leipzig 1884.
Quid novi ex Africa. Kassel 1886.

Werke über Gerhard Rohlfs

Günther, Konrad: Gerhard Rohlfs. Lebensbild eines Afrikaforschers. Freiburg 1912.
Meissner, Hans-Otto: Durch die sengende Glut der Sahara. Stuttgart 1982.
Müller, Martin: Im Gluthauch der Sahara. Leipzig 1963.
Schweinfurth, Georg: Zur Erinnerung an Gerhard Rohlfs. In: Westermanns illustrierte Monatshefte. Band 82. 1897.
Wolkenhauer, W.: Gerhard Rohlfs. In: Deutsche Geographische Blätter. Band 19, H. 4. Bremen 1896.

Die Darstellung des historischen Kontextes basiert auf folgenden Werken:
Bartnicki, Andrzej und Johanna Mantel-Niećko: Geschichte Äthiopiens. Band 1–2. Berlin 1978.
Büttner, Thea: Geschichte Afrikas. Teil 1. Berlin 1976.
Die Entdeckung und Erforschung der Erde. Herausgegeben von Walter Krämer. 8. Auflage. Leipzig 1979.
Geschichte der Araber. Herausgegeben von Lothar Rathmann. Band 1–2. Berlin 1975.
Loth, Heinrich: Geschichte Afrikas. Teil 2. Berlin 1976.
Werner, Ernst und Walter Markov: Geschichte der Türken von den Anfängen bis zur Gegenwart. Berlin 1979.

Personen- und Ortsregister